대한민국
재개발 분양자격의 정석
― 가로주택 · 뉴타운 · 단독재건축사업 포함

대한민국 재개발 분양자격의 정석
– 가로주택 · 뉴타운 · 단독재건축사업 포함

발 행 일	2021년 3월 31일
지 은 이	전연규, 김선철
펴 낸 이	전연규
출판등록	2006년 5월 17일 2006-000105호
펴 낸 곳	도시개발신문(주)
주 소	서울 강남구 테헤란로 322, 동관 901호 (역삼동, 한신인터밸리24)
전 화	02-2183-2855
팩 스	02-2183-2865

편집 및 인쇄 빅스코(02-336-1022)

ISBN 979-11-969579-1-9

가격 28,000원

※무단 전재와 복제를 금합니다.
※잘못된 책은 바꾸어 드립니다.

대한민국
재개발 분양자격의 정석
― 가로주택 · 뉴타운 · 단독재건축사업 포함

저자 **전연규·김선철**

2021. 3

서 문

이 책은 서울특별시, 대전, 부산, 인천, 광주, 대구, 울산광역시, 경기도 및 수원시의 재개발사업(뉴타운사업 포함) 분양대상자 분석서로, 조합설립인가, 사업시행계획 및 관리처분계획인가 담당공무원 또는 조합(추진위원회) 관계자들이 쉽게 펴볼 수 있는 요약서다.

필자가 재개발·재건축사업에 뛰어든 지 벌써 20년이 훌쩍 넘었다.

사실 재개발사업에서 분양대상자 여부를 묻는 독자들에게 쉽게 설명이 어려웠다. 도시정비조례 상 예외가 많아 법리적 설명이 불가능했기 때문이었다.

이 사이에 도시재정비법이 만들어지며, 뉴타운사업(재정비촉진사업)이 출현하면서 더 혼란스러웠다.

필자는 2011.3.30 "재개발·재건축사업에서 알려지지 않은 18가지 비법(이하 "18가지 비법")이란 책을 출간하여, 서울특별시 재개발사업의 분양자격을 정리하였다. 2014년엔 "서울특별시 도시정비조례 조문해설"에선 전반적인 도시정비조례 해설도 썼다.

그동안 서울특별시 등에서 1년에 서너 차례 조례가 개정되고 정비구역등이 해제되었다. 해제지역의 대체사업을 위해 도시정비법에서 소규모주택정비법이 독립되었다.

최근엔 공공재개발·재건축사업이 화두로 떠올랐다.

지난 2월 4일 이후 매입한 부동산의 경우 현금청산의 우려가 높은 상태에서, 이제라도 대한민국을 대상으로 법적근거에 따른 부동산 투자 분석, 요약서가 필요하다.

30여 차례 개정을 거친 지금, 서울특별시를 살펴서 다른 지역을 비교, 설명할 수 있도록 하였다.

서울특별시 도시정비조례와 소규모주택정비조례를 먼저 설명하고, 대전·부산·인천·광주·대구·울산시·경기도·수원시 순으로 배열하였다.

독자 여러분들은 먼저 서울특별시 도시정비조례에서 기간별 분양자격 요건을 이해한 뒤에, 자신의 지역을 비교하면 이해가 빠를 것이다.

25번째 부동산대책으로 공공재개발(재건축), 소규모재개발사업 등과 관련 도시정비법, 소규모주택정비법, 토지보상법, 공공주택특별법, 주택법 등 관련법 개정을 기다리고 있다.

신설 공공재개발(재건축)사업, 소규모재개발사업에서의 권리산정기준일, 우선공급권(입주자격)기준이 나오면서 그 골자를 부록에 실었다.

모든 사람들이 행복하기를 기원한다.

2021년 3월

도시개발신문 대표
법무사법인 기린(麒麟) 대표
전 연 규

머리말

도시는 혜성과의 충돌이나 상상을 초월하는 기후와 환경 변화에 의해서가 아니고서는 지속적으로 발전해 왔다. 그러나 지금은 경제성장 둔화에 따른 경기침체, 인구감소, 급격한 고령화 등 다양한 요인으로 인하여 장담할 수 없게 되었다.

우리나라 주거형태의 과반수가 넘는 공동주택인 아파트로 인하여 도시의 사막화 또한 가속화 되어가고 있다. 이제는 우리 생활의 터전을 지키고 삶의 질을 향상시키기 위해 도시재생을 최우선 정책으로 추진할 수밖에 없는 시대가 되었다.

도시재생은 도시계획을 기준으로 도시커뮤니티 유지 및 활성화의 과정적 활동으로써 이해관계자간의 합리적인 협의 과정 등 관계형성을 중시하며, 기존 거주자의 지속적인 생활여건 확보의 물리적인 측면, 사회·문화적 기능회복의 사회적 측면, 그리고 도시경제 회복의 경제적 측면을 동시에 고려하는 통합적 접근방식으로 추진되어야 한다.

우리나라 대부분의 도시계획은「국토의 계획 및 이용에 관한 법률(이하 국토계획법)」에 근거하여 시행되며, 국토계획법에 따라「도시 및 주거환경정비법」에 의한 도시·주거환경정비기본계획이 수립되어 정비사업, 도시재생사업 등이 추진된다.

그러나 도시재생사업의 주체이고 중심인 소유자들은 일반적으로 절차법이라고 표현하는 도시재생의 추진절차에 대해서 잘 알지 못하는 것이 현실이다. 특히 소유자들이 가장 민감한 분양권의 유무에 대한 판단의 거의 불가능하다.

이를 악용해 공인되거나 허가 받지 않은 정비사업 브로커들이 활개를 치며, 정확한 내용 고지나 설명 없이 막무가내로 단계별 사업추진 동의서만을 징구하려고 하는 현상이 2002년 도시정비법 제정 이전부터 발생하여 지금까지 사라지지 않고 있다.

특히, 2018년 시행된 '빈집 및 소규모주택 정비에 관한 특례법(이하 소규모주택정비법)'을 기반

으로 정부의 적극적인 지원 아래 소규모주택 정비사업이 활성화 되자, 경험이 부족한 관련 업무의 중·소 업체들이 참여하면서 권리산정기준에 대한 부정확한 해석과 설명으로 분양권과 청산에 대한 권리분쟁이 날이 갈수록 증가하는 추세이다.

모든 것이 손 안의 스마트폰으로 해결되는 시대이지만, 부동산 투자나 자산관리만큼은 그렇지 못하다. 소유자나 투자자들은 스스로의 자산을 지키기고 이익을 확보하기 위해서라도 최소한의 관련지식을 쌓아야 한다. 왜냐하면, 부동산 투자는 경험이 중요하지만, 경험의 근간은 관련지식이 뒷받침이 되어야 하기 때문이다.

분양권 부여 여부와 청산에 관한 권리산정기준의 법적 권리분석은 도시재생사업을 통한 부동산가치 결정의 핵심사항이며, 도시재생사업관련 투자의 기본이다. 그러나 관련법령이나 조례를 찾아 분석하고, 체계적으로 정리하여 실제 프로젝트에 적용하기까지는 많은 시간과 노력이 필요하다. 현실적으로 어려움이 많다.

이에 이 책이 기존 부동산 소유자들과 투자자들의 관련 수고를 덜어줄 것이라고 확신한다.

도시재생과 관련한 모든 부동산 소유자들과 투자자들이 부동산, 금융, 주식 중 가장 안정적인 부의 축적 방법인 부동산의 자산관리와 개발, 그리고 투자를 통해 경제적 자유로움에 도달하기를 기원하다.

2021년 3월

두궁화신탁 도시재생사업부문 부대표
명지대학교 부동산대학원 겸임교수
KDI한구개발연구원 경제자문의원

김 선 철

목 차

제1편 재개발, 가로주택정비사업 분양대상자

■ 서울특별시 제36조제1항제1호

1. 도시정비조례【개정연혁】...26
   - **1** 조례 제36조제1항제1호←제27조제1항제1호(21.3 현재~11.5.26)...............26
   - **2** 조례 제27조제1항제1호←제24조제1항제1호(11.5.25~08.7.30)..................28
   - **3** 조례 제24조제1항제1호(08.7.29~03.12.30)..32
2. 소규모주택정비조례【개정연혁】...33
   - **1** 조례 제37조제1항제1호(21.3 현재~18.12.31)..33
- ■ 대전광역시..36
- ■ 부산광역시..40
- ■ 인천광역시..43
- ■ 광주광역시..47
- ■ 대구광역시..51
- ■ 울산광역시..55

■ 서울특별시 제36조제1항제2호

1. 도시정비조례【개정연혁】...60
   - **1** 조례 제36조제1항제2호←제27조제1항제2호(21.3 현재~10.7.16)...............60
   - **2** 조례 제27조제1항제2호←제24조제1항제2호(10.7.15~03.12.30)................63
2. 소규모주택정비조례【개정연혁】...66
   - **1** 조례 제37조제1항제2호, 제3항(21.3 현재~18.12.31)...............................66
- ■ 대전광역시..69
- ■ 부산광역시..75
- ■ 인천광역시..79

- 광주광역시 85
- 대구광역시 91
- 울산광역시 95

■ 서울특별시 제36조제1항제3호

1. 도시정비조례 【개정연혁】 101
   - **1** 조례 제36조제1항제3호←제27조제1항제3호(21.3 현재~10.7.16) 101
   - **2** 조례 제27조제1항제3호←제24조제1항제3호(10.7.15~03.12.30) 103
2. 소규모주택정비조례 【개정연혁】 104
   - **1** 조례 제37조제1항제3호, 제3항 및 제4항(21.3 현재~18.12.31) 104
- 대전광역시 105
- 부산광역시 109
- 인천광역시 112
- 광주광역시 117
- 대구광역시 121
- 울산광역시 125

■ 서울특별시 제36조제1항제4호

1. 도시정비조례 【개정연혁】 130
   - **1** 조례 제36조제1항제4호←제27조제1항제4호←제24조제1항제4호(21.3현재~03.12.30) 130
2. 소규모주택정비조례 【개정연혁】 없음 131
- 대전광역시 132
- 부산광역시 133
- 인천광역시 134
- 광주광역시 135

목차

- 대구광역시 136
- 울산광역시 137

■ 서울특별시 제36조제1항제5호(재정비촉진사업)

1. 도시정비조례【개정연혁】 141
   1 조례 제36조제1항제5호←제27조제1항제5호←제24조제1항제5호(21.3 현재~08.7.30) 141
2. 소규모주택정비조례【개정연혁】 없음 142
- 대전광역시, 부산광역시, 인천광역시, 광주광역시, 대구광역시, 울산광역시 142

■ 서울특별시 제36조제2항제1호

1. 도시정비조례【개정연혁】 145
   1 조례 제36조제2항제1호←제27조제2항제1호(21.3 현재~10.7.16) 145
   2 조례 제27조제2항제1호←제24조제2항제1호(10.7.15~03.12.30) 148
2. 소규모주택정비조례【개정연혁】 151
   1 조례 제37조제2항제1호(21.3 현재~18.12.31) 151
- 대전광역시 152
- 부산광역시 155
- 인천광역시 157
- 광주광역시 160
- 대구광역시 163
- 울산광역시 165
- 경기도 167
- 수원시 170

Contents

■ 서울특별시 제36조제2항제2호

1. 도시정비조례【개정연혁】 174
   - **1** 조례 제36조제2항제2호(21.3 현재~18.7.19) 174
   - **2** 조례 제27조제2항제2호(18.7.18~10.7.16) 176
   - **3** 조례 제27조제2항제2호(10.7.15~09.7.30) 178
   - **4** 조례 제24조제2항제2호(09.7.29~03.12.30) 180
2. 소규모주택정비조례【개정연혁】 181
   - **1** 조례 제37조제2항제2호(21.3 현재~18.12.31) 181
- 대전광역시 182
- 부산광역시 184
- 인천광역시 186
- 광주광역시 190
- 대구광역시 192
- 울산광역시 194
- 경기도 196
- 수원시 198

■ 서울특별시 제36조제2항제3호

1. 도시정비조례【개정연혁】 202
   - **1** 조례 제36조제2항제3호←제27조제2항제3호(21.3 현재~14.5.14) ... 202
   - **2** 조례 제27조제2항제3호(14.5.13~10.7.16) 205
   - **3** 조례 제27조제2항제3호←제24조제2항제3호(10.7.15~03.12.30) ... 206
2. 소규모주택정비조례【개정연혁】 208
   - **1** 조례 제37조제2항제3호(21.3 현재~18.12.31) 208
- 대전광역시 210

목 차

- 부산광역시 212
- 인천광역시 214
- 광주광역시 216
- 대구광역시 219
- 울산광역시 222
- 경기도 225
- 수원시 228

■ 서울특별시 제36조제2항제4호

1. 도시정비조례 【개정연혁】 231
   - **1** 조례 제36조제2항제4호←제27조제2항제4호(21.3 현재~10.7.16) 231
   - **2** 조례 제27조제2항제4호←제24조제2항제4호(10.7.15~03.12.30) 231
2. 소규모주택정비조례 【개정연혁】 233
   - **1** 조례 제37조제2항제4호(21.3 현재~18.12.31) 233
- 대전광역시 234
- 부산광역시 236
- 인천광역시 238
- 광주광역시 240
- 대구광역시 242
- 울산광역시 244
- 경기도 246
- 수원시 248

■ 서울특별시 제36조제2항제5호

1. 도시정비조례 【개정연혁】 251

Contents

    1 조례 제36조제2항제5호←제27조제2항제5호(21.3 현재~10.7.16) 251

    2 조례 제27조제2항제5호←제24조제2항제5호(10.7.15~06.1.1) 252

    3 조례 제24조제2항제5호(05.12.31~03.12.30) 253

  2. 소규모주택정비조례【개정연혁】............................. 254

    1 조례 제37조제2항제5호(21.3 현재~18.12.31) 254

- 대전광역시 255
- 부산광역시 257
- 인천광역시 259
- 광주광역시 262
- 대구광역시 266
- 울산광역시 268
- 경기도 271
- 수원시 273

■ 서울특별시 제36조제2항제6호

1. 도시정비조례【개정연혁】............................. 277

    1 조례 제36조제2항제6호←제27조제2항제6호(21.3 현재~10.7.15) 277

    2 조례 제27조제2항제6호(10.7.15~09.7.30) 278

    3 조례 제24조제2항제6호(09.7.29~08.7.30) 280

2. 소규모주택정비조례【개정연혁】............................. 281

    1 조례 제37조제2항제6호(21.3 현재~18.12.31) 281

- 대전광역시 282
- 부산광역시 284
- 인천광역시 287
- 광주광역시 289

목차

- 대구광역시 291
- 울산광역시 294
- 경기도 296
- 수원시 298

제2편 (서울특별시) 단독주택 재건축사업 분양대상자

■ 서울특별시 제37조제1항제1호

1. 도시정비조례 【개정연혁】.. 304
   - **1** 조례 제37조제1항제1호←제28조제1항제1호←제24조의2제1항제1호(21.3 현재~09.4.22) 304
2. 소규모주택정비조례 【개정연혁】 없음 305
- 대전, 부산, 인천, 광주, 대구, 울산, 경기도, 수원시 305

■ 서울특별시 제37조제1항제2호

1. 도시정비조례 【개정연혁】.. 307
   - **1** 조례 제37조제1항제2호←제28조제1항제2호(21.3 현재~10.7.16) 307
   - **2** 조례 제28조제1항제2호←제24조의2제1항제2호(10.7.15~09.4.22) 309
2. 소규모주택정비조례 【개정연혁】 없음 309
- 대전, 부산, 인천, 광주, 대구, 울산, 경기도, 수원시 309

■ 서울특별시 제37조제2항제1호

1. 도시정비조례 【개정 연혁】... 311
   - **1** 조례 제37조제2항제1호←제28조제2항제1호(21.3 현재~10.7.16) 311

Contents

　　2 조례 제28조제2항제1호←제24조의2제2항제1호(10.7.15~09.4.22) 312
　2. 소규모주택정비조례【개정연혁】없음 313
　■ 대전, 부산, 인천, 광주, 대구, 울산, 경기도, 수원시 313

■ 서울특별시 제37조제2항제2호

　1. 도시정비조례【개정 연혁】 315
　　1 조례 제37조제2항제2호(21.3 현재~18.7.19) 315
　　2 조례 제28조제2항제2호(18.7.18~10.7.16) 316
　　3 조례 제28조제2항제2호←제24조의2제2항제1호(10.7.15~09.4.22) 317
　2. 소규모주택정비조례【개정연혁】없음 317
　■ 대전, 부산, 인천, 광주, 대구, 울산, 경기도, 수원시 317

■ 서울특별시 제37조제2항제3호

　1. 도시정비조례【개정 연혁】 319
　　1 조례 제37조제2항제3호←제28조제2항제3호←제24조의2제2항제3호(21.3 현재~09.4.22) 319
　2. 소규모주택정비조례【개정연혁】없음 322
　■ 대전, 부산, 인천, 광주, 대구, 울산, 경기도, 수원시 322

■ 서울특별시 제37조제2항제4호

　1. 도시정비조례【개정 연혁】 324
　　1 조례 제37조제2항제4호←제28조제2항제4호(21.3 현재~10.7.16) 324
　　2 조례 제28조제2항제4호←제24조의2제2항제4호(10.7.15~09.4.22) 325
　2. 소규모주택정비조례【개정연혁】없음 326
　■ 대전, 부산, 인천, 광주, 대구, 울산, 경기도, 수원시 326

목차

부록
2021년 개정 예정 공공재개발(재건축), 소규모재개발사업의 권리산정기준일 등

1. 2021.3월 선정 대상 서울시 공공재개발 후보지 권리산정기준일 332
2. 공공 직접시행 재개발(재건축)사업의 우선공급 권리산정기준일 336
3. 소규모주택정비사업 권리산정기준일 및 분양신청 제한 339
   1) 소규모재개발사업의 권리산정기준일 339
   2) 관리지역 가로주택정비사업의 권리산정기준일 341
   3) 자율주택정비사업의 분양신청 제한(현금청산) 342
4. 도심 공공주택 복합지구사업(서울역 쪽방촌 개발) 관련, 우선공급기준일 344

재개발, 가로주택정비사업 분양대상자

서울특별시·대전·부산·인천·광주·대구·울산광역시, 경기도 및 수원시의 재개발(뉴타운사업, 즉 재정비촉진사업으로서 재개발 포함)·단독주택재건축·가로주택정비사업의 분양대상자를 식별하는 지침서의 목적으로 출간함.

조문 성격상 서울특별시 제36조제2항제1호 이후부터 경기도와 수원시가 등장함.

제1편에서는 9개 도시의 도시정비조례를 대상으로 하되 서울특별시를 기준으로 재개발, 가로주택정비사업의 분양대상자를 대비하여 비교함. 뉴타운(재정비촉진사업)의 경우, 도시정비조례의 적용을 받음.

제2편에서는 단독주택재건축사업이 그 대상으로 서울특별시 외엔 다른 시도에선 규정이 없지만 이를 준용이 가능할 수 있을 것임.

◆ 도시정비조례상 단독주택 재건축은 공동주택재건축에 적용 안 돼
공동주택 재건축 분양대상에 대해선 도시정비조례를 적용할 수 없느냐는 질문이 종종 있었으며, 최근 서울특별시는 도시정비조례상 분양대상은 재개발사업조례의 분양대상을 승계한 것이어서 이를 공동주택 재건축에 적용하기 어렵다는 견해를 밝힌 바 있음.

서울특별시는 03.12.30~09.4.22까지 제28조(주택재건축사업의 관리처분방법 및 기준)가 있었지만, 이는 공동주택 재건축사업이 아닌 단독주택 재건축사업에 대한 규정이었음. 이를 증명하듯 09.4.22 조례 제24조의2에 단독주택 재건축사업의 분양대상 조문을 두면서 주택재건축사업의 관리처분방법 및 기준을 삭제함.

부산광역시는 05.2.15 조례 제27조(재건축사업의 관리처분방법)가 있었으나, 10.3.3 삭제함[1](대구광역시도 04.7.12 규정이 있었으나 10.6.30 삭제)

광주광역시도 06.11.3 국민고충처리위원회 제도개선 권고에 의해 04.3.25 조례 제정시부터 있었던 '주택재건축사업 관리처분계획의 방법 및 기준(조례 제29조)'을 10.1.1 삭제함.

◆ 개정연혁 읽기

요약서에 맞게 간략체로 기술하였음. 이하의 조문이나 부칙에서 「도시 및 주거환경정비법」(이하 "도시정비법"), 「빈집 및 소규모 주택정비에 관한 특별법」(이하 "소규모 주택정비법") 외에는 별도의 명칭이 없는 경우에는 도시정비조례를 말하는 것임.

개정연혁 중 "조례 제36조제1항제1호←제27조제1항제1호(21.3 현재~11.5.26)"의 경우, 괄호안의 날짜는 조문이 바뀐 날짜로, 11.5.26에 제27조제1항제1호이었으나 21.3 현재 제36조제1항제1호로 바뀐 것을 의미함.

---

1) 부산광역시 도시정비조례 〈2006.2.1 조례 제4060호〉 2010.3.3 삭제
   제27조(주택재건축사업의 관리처분 방법) 영 제52조제2항에서 "시·도 조례가 따로 정하는 경우"라 함은 다음 각 호의 경우를 말한다. 〈개정 2005.2.16〉
   1. 조합원이 출자한 종전 토지 및 건축물의 가치 또는 면적을 기준으로 새로이 건설되는 주택 등을 분양한다. 이 경우 새로이 건축되는 주택의 규모별 배정은 조합원 소유 기존 주택 등의 동별·위치·층수 등을 고려하여 관리처분계획이 정하는 절차에 따라 결정한다.
   2. 임대사업자에게 소유 주택 수만큼 주택을 공급하고자 할 경우에는 구역지정공람공고일 현재 「임대주택법」에 의한 임대사업자 등록을 하고 당해 정비구역 안에 소유한 임대주택에 한한다. 다만, 정비구역 밖에서 주택재건축사업을 시행하는 경우에는 구청장에게 추진위원회의 승인을 받은 날을 말한다. 〈개정 2005.2.16〉 〈2007.8.8 삭제〉
   3. 제2호에 의하여 임대사업자에게 공급하는 주택은 사업시행구역 안에서 공급되는 주택의 규모 중 기존에 소유한 임대주택의 규모에 가장 근접한 규모의 주택을 공급한다. 〈2007.8.8 삭제〉
   4. 단독주택재건축사업의 경우에는 제22조 각 호의 규정을 준용한다. 〈제22조(재개발사업의 분양대상 등)를 말함〉
   5. 상가 등 부대복리시설의 분양에 관하여는 영 제52조제2항제2호에 의한다.
   6. 그 밖에 관리처분에 관하여 필요한 사항은 정관등으로 정한다.

제1편 재개발, 가로주택정비사업 분양대상자

서울특별시 도시정비조례 제36조제1항

① 영 제63조제1항제3호에 따라 재개발사업으로 건립되는 공동주택의 분양대상자는 관리처분계획기준일 현재 다음 각 호의 어느 하나에 해당하는 토지등소유자로 한다.

　1. 종전의 건축물 중 주택(주거용으로 사용하고 있는 특정무허가건축물 중 조합의 정관등에서 정한 건축물을 포함한다)을 소유한 자

08.7.30 개정으로 미사용승인건축물은 기존무허가건축물에 포함돼 분양대상이 가능하게 된 반면, 신축쪼개기 금지도 동시에 규정함

특정(기존)무허가건축물은 '창립총회→조합설립인가'로 조합원 자격 및 분양대상이 되었지만, 창립총회 동의자 수에는 포함 안 됨.

"사실상 주거용으로 사용되고 있는 건축물"이란 주택 아닌 근린생활시설을 말하는 것으로, 주로 도시정비형 재개발사업에 해당됨.

03.12.30~08.7.30 사실상 주거용으로 사용되고 있는 건축물의 등장은 도시정비형 재개발사업(구 도시환경정비사업)이 주택재개발사업 분양대상을 준용하였기 때문임.[2]
기존(특정)무허가건축물의 경우 양도, 양수인의 무주택 요건이 없으나, "사실상 주거용으로 사용되고 있는 건축물"에 존재함.

---

2) 서울특별시 도시정비조례[시행 2018.3.22] [조례 제6843호, 2018.3.22, 일부개정]
　　제27조(주택재개발사업의 분양대상 등)
　　　① 영 제52조제1항제3호에 따라 주택재개발사업으로 건립되는 공동주택의 분양대상자는 관리처분계획기준일 현재 다음 각 호의 어느 하나에 해당하는 토지등소유자로 한다. 〈개정 2010.3.2, 2010.7.15, 2011.5.26〉
　　　　1. 종전의 건축물 중 주택(주거용으로 사용하고 있는 특정무허가건축물 중 조합정관 등에서 정한 건축물을 포함한다)을 소유한 자
　제36조(도시환경정비사업의 임대주택 및 주택공급 등) 도시환경정비사업에 따른 임대주택 및 주택의 공급 등에 관하여는 제21조제1항, 제22조, 제23조, 제27조, 제29조제1항·제2항, 제30조, 제31조 및 제33조부터 제35조까지 규정을 준용한다. 〈개정 2010.3.2, 2012.7.30〉 [전문개정 2009.7.30]
　서울특별시는 2018.7.19 전부개정 전까지는 주택재개발사업과 도시환경정비사업으로 구분하고, 도시환경정비사업의 분양대상은 별도의 조문이 없이 주택재개발사업의 것(조례 제24조)을 준용해 왔다.

재개발사업으로 건립되는 공동주택의 분양대상자는 관리처분계획기준일 현재 제1호~제5호의 어느 하나에 해당하는 토지등소유자이다.

도시정비법상 합법적 건축물 소유자인 토지등소유자에게 공급하는 것이 원칙이다.
관리처분계획을 수립하면서 도시정비법 시행령 제63조에 의해 시도 도시정비조례로 정하는 금액·규모·취득 시기 또는 유형에 대한 기준에 부합에 맞도록 분양대상자를 정할 수 있다.

※ 영 제63조(관리처분의 방법 등)
① 법 제23조제1항제4호의 방법으로 시행하는 주거환경개선사업과 재개발사업의 경우 법 제74조제4항에 따른 관리처분은 다음 각 호의 방법에 따른다.
   3. 정비구역의 토지등소유자(지상권자는 제외한다. 이하 이 항에서 같다)에게 분양할 것.

다만, 공동주택을 분양하는 경우 시도 조례로 정하는 금액·규모·취득 시기 또는 유형에 대한 기준에 부합하지 아니하는 토지등소유자는 시도 조례로 정하는 바에 따라 분양대상에서 제외할 수 있다.

● 조례 제36조제1항제1호 "키워드"
- 미사용승인(위법)건축물 또는 사실상 주거용으로 사용하는 건축물

서울특별시의 특정(←기존)무허가건축물은 토지보상법 시행규칙 제5조인 89.1.24 당시를 기준으로 하는 무허가건축물로서 창립총회에서 정한 정관에 따라 분양대상 여부를 정해야 함.

08.7.30 미사용승인건축물[3]란 용어를 신설하여 종전 기존무허가건축물의 범위에 포함함.

---

[3] 미사용승인건축물
   기존무허가건축물, 신발생무허가건축물과는 달리 건축법 등에 따른 허가 등을 받았으나, 사용승인 또는 준공인가 등을 받지 못한 사실상 준공완료된 건축물을 말한다. 일부 시도에서는 '위법(시공)건축물'이라고도 한다.
   최초 다세대주택 등으로 건축허가를 받았으나 허가대로 건축하지 않아 사용승인을 받지 못하면 건축물대상이 없고 토지등기부등본만 있는데 이것이 대표적인 미사용승인건축물 사례다.
   참고로 기존무허가건축물은 이행강제금 부과 대상이 아니지만, 신발생무허가 건축물과 미사용승인건축물은 이행강제금의 부과 대상이다.

▲미사용승인(위법시공)건축물

① 21.3 현재~11.5.26 : 특정무허가건축물

동작구 지덕사 소재 재개발구역 지정 취소소송(대법원 10.5.13.선고 20두2715판결)에서 서울특별시가 패소하면서, 11.5.26 개정되었음.

'기존무허가건축물→특정무허가건축물'로 명칭이 변경되고, 정관에 의한 조합원 자격과 분양대상자로 될 수 있는 규정을 둠.

제2조(정의) 이 조례에서 사용하는 용어의 뜻은 다음과 같다.
1. "특정무허가건축물"이란 건설교통부령 제344호 토지보상법 시행규칙 부칙 제5조에서 "1989.1.24 당시의 무허가건축물등"을 말한다.

제34조(관리처분계획의 수립 기준) 법 제74조제1항에 따른 정비사업의 관리처분계획은 다음 각 호의 기준에 적합하게 수립하여야 한다.
4. 종전 토지 등의 소유권은 관리처분계획기준일 현재 부동산등기부(사업시행방식전환의 경우에는 환지예정지증명원)에 따르며, 소유권 취득일은 부동산등기부상의 접수일자를 기준으로 한다. 다만, 특정무허가건축물(미사용승인건축물을 포함한다)인 경우에는 구청장 또는 동장이 발행한 기존무허가건축물확인원이나 그밖에 소유자임을 증명하는 자료를 기준으로 한다.

또한 특정무허가건축물에 미사용승인 건축물을 포함하게 하면서, 분양대상이 되도록 함.

Q. 1993년도에 허가를 받았으나 장기간 사용승인을 받지 못한 건축물이 신발생무허가인지 및 분양대상자가 될 수 있는지?

A. 서울시 도시정비조례 제2조제8호에 "미사용승인건축물"이란 관계 법령에 따라 건축허가 등을 받았으나 사용승인·준공인가 등을 받지 못한 건축물로서 사실상 준공된 건축물로 규정하고 있고,

도시정비조례 제36조(재개발사업의 분양대상 등)제1항에 재개발사업으로 건립되는 공동주택 분양대상자는 관리처분계획기준일 현재 제1호부터 제5호까지 어느 하나에 해당하는 토지등소유자로 보면서 제1호에 종전의 건축물 중 주택(주거용으로 사용하고 있는 특정무허가건

축물 중 조합의 정관등에서 정한 건축물을 포함한다)을 소유한 자로 규정하고 있으며,

도시정비조례 제34조(관리처분계획의 수립 기준)제4호에 '종전 토지 등의 소유권은 관리처분계획기준일 현재 부동산등기부에 따르며, 소유권 취득일은 부동산등기부상의 접수일자를 기준으로 한다. 다만, 특정무허가건축물(미사용승인건축물을 포함한다)인 경우에는 구청장 또는 동장이 발행한 기존무허가건축물확인원이나 그밖에 소유자임을 증명하는 자료를 기준으로 한다'고 명시하고 있으므로,

분양대상 여부는 해당 미사용승인건축물, 건축물의 사용용도 및 소유자임을 증명하는 자료 등을 토대로 관리처분계획인가권자인 해당 자치구청장에게 문의바람(서울시 주거정비과 2020.9.10).

※ 다만 <u>미사용승인건축물 소유자는 조합원 자격</u>[4]을 부여하는 규정이 없음(서울시 주거정비과 2021.1.18)

Q. 「서울시 도시정비조례」 제2조제8호에서 규정하는 미사용승인건축물 소유자의 경우 종전 건축물의 소유면적으로 인정할 수 있는지?

A. 「서울시 도시정비조례」 제26조제4호에 특정무허가건축물(미사용승인건축물을 포함한다)인 경우에는 구청장 또는 동장이 발행한 기존무허가건축물확인원이나 그밖에 소유자임을 입증하는 자료를 기준으로 소유권을 인정하도록 규정하고 있고,

같은 조 제3호에 법령에 위반하여 건축된 부분의 면적은 제외하도록 규정하고 있음(서울시 재생협력과 2016.7.13)

---

[4] 서울시 도시정비조례[시행 2021.1.7] [조례 제7832호, 2021.1.7, 일부개정]
  제22조(조합정관에 정할 사항) 영 제38조제17호에서 "그밖에 시·도조례로 정하는 사항"이란 다음 각 호의 사항을 말한다. 〈개정 2019.9.26〉
    1. 이사회의 설치 및 소집, 사무, 의결방법 등 이사회 운영에 관한 사항
    2. <u>특정무허가건축물 소유자의 조합원 자격</u>에 관한 사항
    3. 공유지분 소유권자의 대표자 선정에 관한 사항
    4. 단독 또는 다가구주택을 건축물 준공 이후 다세대주택으로 전환한 주택을 취득한 자에 대한 분양권 부여에 관한 사항
    5. 재정비촉진지구의 도시계획사업으로 철거되는 주택을 소유한 자 중 구청장이 선정한 자에 대한 주택의 특별공급에 관한 사항
    6. 융자금액 상환에 관한 사항
    7. 융자 신청 당시 담보 등을 제공한 조합장 등이 변경될 경우 채무 승계에 관한 사항
    8. 정비구역 내 공가 발생 시 안전조치 및 보고 사항
    9. 법 제87조에 따른 권리의 확정, 법 제88조에 따른 등기 절차, 법 제89조에 따른 청산금 등의 징수 및 지급이 완료된 후 조합 해산을 위한 총회 또는 대의원회의 소집 일정에 관한 사항

② 11.5.25~03.12.31: 기존무허가건축물

제2조(정의) 이 조례에서 사용하는 용어의 정의는 「도시정비법」 제2조 각 호와 같으며, 그 밖에 용어의 정의는 다음 각 호와 같다.
1. "기존무허가건축물"이란 다음 각 목의 어느 하나에 해당하는 무허가건축물을 말한다.
    가. 1981.12.31 현재 무허가건축물대장에 등재된 무허가건축물
    나. 1981년 제2차 촬영한 항공사진에 나타나 있는 무허가건축물
    다. 재산세납부대장 등 공부상 1981.12.31 이전에 건축하였다는 확증이 있는 무허가건축물
    라. 1982.4.8 이전에 사실상 건축된 연면적 85㎡ 이하의 주거용건축물로서 1982년 제1차 촬영한 항공사진에 나타나 있거나 재산세 납부대장 등 공부상 1982.4.8 이전에 건축하였다는 확증이 있는 무허가건축물
    마. 「토지보상법 시행규칙」(건설교통부령 344호) 부칙 제5조에 따른 무허가건축물 중 조합정관에서 정한 건축물

재개발조합에선 기존무허가건축물에 대해 가~마로 나열하기도 하여, 탄력성 있게 인정해 오고 있는 것이 일반적임.

제23조(주택재개발 및 도시환경정비사업의 관리처분 기준 등) 법 제48조제1항에 의한 주택재개발사업 및 도시환경정비사업의 관리처분계획은 다음 각 호의 기준에 적합하게 수립하여야 한다.
4. 종전 토지등의 소유권은 관리처분계획기준일 현재 부동산 등기부(사업시행방식전환의 경우에는 환지예정증명원)에 의하며, 소유권 취득일은 부동산등기부상의 접수일자를 기준으로 한다. 다만 기존 무허가건축물(미사용승인건축물을 포함한다)인 경우에는 구청장 또는 동장이 발행한 기존무허가건축물 확인원이나 그밖에 소유자임을 입증하는 자료를 기준으로 한다.(개정 2008.7.30)

08.7.30 기존무허가건축물 요건이 충족되면, 미사용승인건축물이 기존무허가건축물에 포함되며 분양대상이 됨.

▲ (사실상) 주거용으로 사용하고 있는 건축물

주로 도시정비형 재개발사업(구 도시환경정비사업)에서 발생된 것으로, 조례 개정 시에는 기존무허가건축물과 함께 양립해 왔던 개념으로서 분양대상에 포함되었음.
대표적 사례로 용산구 모 도시정비형 재개발구역 내 근린생활시설을 주거용 무단 용도변경 및 지분쪼개기를 함에 따라 이를 규제하기 위해 기존무허가건축물이면서 사실상 주거용 건축물이어야 분양대상 되도록 바꿈.
현재는 조합정관에서 분양대상자 규정을 넣어, 조합설립인가 동의율을 확보해야 분양대상이 됨.

① 21.3 현재~11.5.26
  - 주거용으로 사용하고 있는 특정무허가건축물 중 정관등에서 정한 건축물

아래 ②, ③이 기존무허가건축물로, 이 경우 정관등에서 정하지 않아도 분양대상이 되었음.
반면 ①인 특정무허가건축물의 경우 정관등에서 조합원임을 정해서 조합설립 동의율을 충족해야 분양대상자가 됨

② 11.5.25~08.7.30
  - 기존무허가건축물로서 사실상 주거용으로 사용되고 있는 건축물

08.7.30 신축다세대(신축쪼개기) 금지하면서 기존무허가건축물이면서 사실상 주거용으로 사용되고 있는 건축물이어야 분양대상이 되도록 함.

③ 08.7.29~03.12.30
  - 기존무허가건축물 및 사실상 주거용으로 사용되고 있는 건축물

기존무허가건축물이나 사실상 주거용으로 사용되고 있는 건축물도 분양대상임. 이에 분양대상의 확대를 위해 근린생활시설의 지분쪼개기가 성행하게 됨

■ 서울특별시 제36조제1항제1호

아래 개정연혁은 최근 조례를 **1**로 하고, **2**~**4** 순으로 배열함
1만 있는 경우는 조례 제정 시부터 21.1.30 현재까지 변동이 없다는 의미이며, 화살표(←)는 내용 변경 없이 조문위치가 변동된 것을 표시한 것임.

1. 도시정비조례 【개정연혁】

1 조례 제36조제1항제1호←제27조제1항제1호(21.3 현재~11.5.26)

① 영 제63조제1항제3호에 따라 재개발사업으로 건립되는 공동주택의 분양대상자는 관리처분계획기준일 현재 다음 각 호의 어느 하나에 해당하는 토지등소유자로 한다.
　1. 종전의 건축물 중 주택(주거용으로 사용하고 있는 특정무허가건축물 중 조합정관 등에서 정한 건축물을 포함한다)을 소유한 자

　　녹색으로 밑줄 친 부분은 종전규정이 개정된 것을 의미함.

11.5.26~21.3 현재: '기존무허가건축물→특정무허가건축물'로 바뀌고, 분양대상은 정관에서 정하도록 함

동작구 소재 지덕사(개인 소유인 사찰) 대지 상 무허가건축물을 대상으로 한 재개발구역 지정에 대해 대법원의 구역지정 취소 판결 확정으로 '기존무허가건축물→특정무허가건축물'이 바뀜(즉 특정무허가건축물이란 개념이 탄생됨)

종전 기존무허가건축물이면서 사실상 주거용이면 조합원으로서 분양대상자이지만, 11.5.26부터는 조합원의 자격과 함께 분양대상자가 되려면 창립총회(조합총회)에서 도시정비법 제35조인 토지등소유자 수의 3/4 이상 및 토지면적의 1/2 이상 동의를 받아야 분양대상자가 됨[5]

---

[5] 2011.2.22 서울시 도시정비조례 개정안 검토보고서(도시관리위원회 전문위원)
　- 무허가건축물 소유자의 조합원 자격과 주택재개발사업 공동주택 분양자격을 정함에 있어, 그동안 서울시는 기존 무허가건축물의 소유자를 "토지등소유자"로 간주하고, 조합원 자격 및 주택재개발사업의 공동주택 분양자격을 인정하여 왔으나,
　- 최근 대법원이 무허가건축물 소유자는 원칙적으로 도시정비법에서 규정하고 있는 "토지등소유자"에 포함되지 않으므로 조합원 자격이 없으나, 예외적으로 조합정관에서 정할 경우 조합원 자격을 인정할 수 있다고 판결(2010.5.13, 2010두2715)한 바 있음.

부 칙 〈2018.7.19 제6899호〉

제1조(시행일) 이 조례는 공포한 날부터 시행한다.

제7조(특정무허가건축물의 정의 및 재개발사업의 분양대상 등에 관한 적용례) 제2조제1호 및 제36조제1항제1호의 개정규정은 조례 제5102호[6] 도시정비조례 일부개정조례(11.5.26 개정, 시행) 시행 후 최초로 정비구역의 지정을 위한 주민공람을 하는 분부터 적용한다.

제25조(사실상 주거용으로 사용되고 있는 건축물에 관한 경과조치) 조례 제4657호 서울시 도시정비조례 일부개정조례 시행 전에 종전의 「서울시 도시정비조례」(조례 제4657호로 개정되기 전의 것을 말한다) 제24조제1항제1호에 따른 "사실상 주거용으로 사용되고 있는 건축물"로서 조례 제4657호 서울시 도시정비조례 일부개정조례 시행 전에 「도시정비법」(법률 제9047호로 개정되기 전의 것을 말한다)에 따른 정비계획을 주민에게 공람한 지역의 분양신청자와 그 외 지역에서 정비구역 지정 고시일부터 분양신청 기간이 만료되는 날까지 세대원 전원이 주택을 소유하고 있지 아니한 분양신청자는 제36조제1항제1호의 개정규정에도 불구하고 종전의 「서울특별시 도시정비조례」(조례 제4657호로 개정되기 전의 것을 말한다)에 따른다.

주택재개발사업에 도시환경정비사업인 '도시정비형 재개발사업'이 포함됨

특정무허가건축물은 11.5.26 이후 정비구역 지정을 위한 주민공람부터 적용하며, '사실상 주거용으로 사용하는 건축물'과 달리 양도, 양수인 무주택 요건이 없음

Q. 사실상 주거용 건축물 소유자의 분양대상 산정 시 청약에 당첨된 아파트 분양권 소지자는 무주택자로 볼 수 있는지?

A. 서울시 도시정비조례 부칙〈6899호, 2018.7.19〉 제25조(사실상 주거용으로 사용되고 있는 건축물에 관한 경과조치) 조례 제4657호[시행 2008.7.30] 서울시 도시정비조례 일부개정조례 시행 전

본 개정조례안은 대법원의 판결 취지를 반영하여 기존무허가건축물 소유자의 조합원 자격과 공동주택 분양자격을 둘러싼 불필요한 논란의 소지를 방지하기 위해, 창립총회(또는 조합총회)에서 조합정관이 의결될 경우, 조합원자격(조합정관에서 조합원으로 인정할 경우, 기존무허가건축물 소유자는 조합정관이 통과되기 전단계인 정비계획 입안 제안, 추진위원회 설립 및 조합설립인가 시 토지등소유자의 동의자수 산정 시 산정대상에서 제외되며, 통과 이후 조합 임원의 선임·피선임권, 의결권 및 비용납부 등 조합원으로서의 모든 권리와 의무가 부여됨)과 주택재개발사업의 분양자격을 인정하도록 개정하고자 하는 것임.

[6] 부칙 〈제5102호, 2011.5.26〉
제1조(시행일) 이 조례는 공포한 날부터 시행한다.
제2조(특정무허가건축물의 정의 및 주택재개발사업의 분양대상 등에 관한 적용례) 제2조제1호 및 제27조제1항제1호의 개정규정은 이 조례 시행 후 최초로 영 제11조제1항에 따라 주민공람을 하는 분부터 적용한다.

에 종전의 도시정비조례(조례 제4657호로 개정되기 전의 것을 말한다) 제24조제1항제1호에 따른 "사실상 주거용으로 사용되고 있는 건축물"로서 조례 제4657호 도시정비조례 일부개정조례 시행 전에 도시정비법(법률 제9047호로 개정되기 전의 것을 말한다)에 따른 정비계획을 주민에게 공람한 지역의 분양신청자와 그 외 지역에서 정비구역 지정 고시일부터 분양신청 기간이 만료되는 날까지 세대원 전원이 주택을 소유하고 있지 아니한 분양신청자는 제36조제1항제1호의 개정규정에도 불구하고 종전 규정을 따르도록 규정하고 있고, 「주택공급에 관한 규칙」 제53조에 따르면 주택소유 여부를 판단할 때 분양권등을 갖고 있거나 주택 또는 분양권등의 공유지분을 소유하고 있는 경우에는 주택을 소유하고 있는 것으로 보도록 규정하고 있음(20㎡ 이하의 분양권등을 소유하고 있는 경우는 제외)(서울시 주거정비과 2020.5.29)

2 조례 제27조제1항제1호←제24조제1항제1호(11.5.25~08.7.30)

② 제1항에 불구하고 다음 각 호의 어느 하나에 해당하는 경우에는 수인의 분양신청자를 1인의 분양대상자로 본다.
  1. 종전의 건축물 중 주택(기존무허가건축물로서 사실상 주거용으로 사용되고 있는 건축물을 포함한다)을 소유한 자

"기존무허가건축물+사실상 주거용으로 사용되고 있는 건축물"인 두 가지 요건을 충족해야 분양대상자임
"사실상 주거용으로 사용되고 있는 건축물"이란 등기부등본이나 건축대장 등 공부상 점포, 상가, 근린생활시설 등으로 표기된 것으로 실제 현황상 주거용으로 사용한 사항이 입증되면 분양대상자임.

종전 근린생활시설의 지분쪼개기 성행을 막기 위해 08.7.30 "기존무허가건축물+사실상 주거용으로 사용"되는 건축물만 분양대상이 되도록 개정됨
기존무허가건축물 기간 요건을 충족하는 미사용승인건축물이 분양대상자가 될 수 있음[7]

부 칙 〈2008.7.30〉
제2조(사실상 주거용으로 사용되고 있는 건축물에 관한 경과조치) 이 조례 개정 전 종전의 제24조제1항제1호에 따른 "사실상 주거용으로 사용되고 있는 건축물"로서 이 조례시행(08.7.30) 전에

정비계획을 주민에게 공람한 지역의 분양신청자와 이외 지역에서 정비구역 지정고시일부터 분양신청기간이 만료되는 날까지 세대원 전원이 주택을 소유하고 있지 아니한 분양신청자는 종전의 규정에 의한다(분양신청자+세대원 전원=무주택자: 종전의 규정을 적용)

Q. 재개발사업에서 사실상 주거용으로 사용되고 있는 건축물의 분양자격은?

A. 사실상 주거용 건축물은 서울시 도시정비조례 부칙(2008.7.30) 제2조에 따라 구역지정 고시일부터 분양신청기간이 만료되는 날까지 세대원 전원이 주택을 소유하고 있지 아니한 경우에 분양대상이 됨.
아울러, 조례 제27조제1항제5호는 시·도지사 또는 시장·군수·구청장이 재정비촉진계획에 의하여 기반시설을 설치하게 되는 경우로서 종전의 주택(사실상 주거용 건축물 포함)에 관한 보상을 받은 자에 대해서 분양권을 인정한 사항으로 문의하신 사항은 이에 해당되지 않음(서울시 재생협력과 2017.3.24)

- 08.7.30 이후라도 그 전에 정비계획을 주민에게 공람한 구역지정 고시일

전 양수인인 분양신청자이거나, 이외 지역에서 정비구역 지정고시일부터 분양신청기간이 만료되는 날까지 세대원 전원이 무주택자인 양수인인 새로운 분양신청자는 종전의 조례를 적용받도록 유예조치를 둠.
(종전 조례의 적용을 받음은 기존무허가건축물, 사실상 주거용으로 사용되고 있는 건축물 양쪽 다 조합원, 분양대상이 될 수 있다는 의미로, 현재는 기존무허가건축물이면서 사실상 주거용이어야 분양대상이 가능함)

분양신청자가 무주택이어야 하는 요건은 양수인, 양도인 모두 포함됨(서울특별시 유권해석), 특정(기존)무허가건축물을 제외한 사실상 주거용으로 사용되고 있는 건축물의 경우만 규정하고 있으며, 이 경우 양도 양수인 모두 세대원 전원이 무주택자이어야 함

---

7) 서울특별시 도시정비조례[시행 2008.7.30] [조례 제4657호, 2008.7.30, 일부개정]
  제23조(주택재개발 및 도시환경정비사업의 관리처분 기준 등) 법 제48조제1항에 의한 주택재개발사업 및 도시환경정비사업의 관리처분계획은 다음 각 호의 기준에 적합하게 수립하여야 한다.
   4. 종전 토지등의 소유권은 관리처분계획기준일 현재 부동산 등기부(사업시행방식전환의 경우에는 환지예정증명원)에 의하며, 소유권 취득일은 부동산등기부상의 접수일자를 기준으로 한다. 다만 기존 무허가건축물(미사용승인건축물을 포함한다)인 경우에는 구청장 또는 동장이 발한한 기존무허가건축물확인원이나 그밖에 소유자임을 입증하는 자료를 기준으로 한다.(개정 2008.7.30)
  부 칙(2008.7.30)
  제1조(시행일) 이 조례는 공포한 날부터 시행한다.

Q. 서울시 도시정비조례 제5102호(2011.5.26) 개정 전에 구역지정 된 재개발구역에서 1989.1.24 이전에 건축된 무허가 건축물 소유자 분양대상에서 제외되는지?

A. 2011.5.26 개정된 도시정비조례(제5102호) 이전 조례 제27제1항제1호에 따르면 관리처분계획기준일 현재 종전의 건축물 중 주택(기존무허가건축물로서 사실상 주거용으로 사용되고 있는 건축물을 포함한다)을 소유한 자를 주택재개발사업으로 건립되는 공동주택의 분양대상자로 규정하고 있고,

같은 조례 제2조제1호에 "기존무허가건축물"은 각 목의 어느 하나에 해당하는 무허가건축물로 정의하면서, 마목에 "토지보상법 시행규칙(건설교통부령 344호) 부칙 제5조에 따른 무허가건축물 중 조합정관에서 정한 건축물"을 명시하고 있음.

토지보상법 시행규칙(건교부령 344호) 부칙 제5조에 "1989.1.24 당시의 무허가건축물 등에 대하여는 제24조・제54조제1항 단서・제54조제2항 단서・제58조제1항 단서 및 제58조제2항 단서에 불구하고 이 규칙에서 정한 보상을 함에 있어 이를 적법한 건축물로 본다고 규정하고 있음.

따라서, 질의하신 무허가 건축물 소유자의 분양대상 여부는 상기규정에 따라 사실상 주거용으로 사용하고 있는지, 해당 정비사업의 조합정관 내용 등을 종합적으로 검토하여 판단할 사항으로 사료됨(서울시 주거정비과 2020.12.23)

Q. 2005년 구역지정 된 재개발지역에서 사실상 주거용 건축물을 소유한 경우 분양대상자가 될 수 있는지?

A. 「서울시 도시정비조례」 제36조제1항제1호에 따르면 관리처분계획기준일 현재 종전의 건축물 중 주택을 소유한 자를 재개발사업으로 건립되는 공동주택의 분양대상자로 규정하고 있으며,

「서울시 도시정비조례」 부칙〈6899호, 2018.7.19〉 제25조(사실상 주거용으로 사용되고 있는 건축물에 관한 경과조치) 조례 제4657호(시행 2008.7.30) 도시정비조례 일부개정조례 시행 전에 종전의 「서울시 도시정비조례」 (조례 제4657호로 개정되기 전의 것) 제24조제1항제1호에 따른 "사실상 주거용으로 사용되고 있는 건축물"로서,

조례 제4657호 도시정비조례 일부개정조례 시행 전에 「도시정비법」 (법률 제9047호로 개정되기 전의 것[8])을 말한다)에 따른 정비계획을 주민에게 공람한 지역의 분양신청자와 그 외 지역에서 정비구역 지정 고시일부터 분양신청 기간이 만료되는 날까지 세대원 전원이 주

택을 소유하고 있지 아니한 분양신청자는 제36조제1항제1호의 개정규정에도 불구하고 종전 규정을 따르도록 규정하고 있음.

질의에 따른 분양대상 여부는 상기규정에 따라 서울시조례 제4657호(시행 2008.7.30) 시행 전에 사실상 주거용으로 사용되었는지 등의 사실 확인이 필요한 사항임(서울시 주거정비과 2020.9.23).

Q. 사실상 주거용 건축물 분양대상 산정 시 정비구역 지정고시일부터 분양신청기간이 만료되는 날까지의 소유자가 변경된 경우, 무주택자 조건이 유지되는지?

A. 「도시정비조례」〈제6899호, 18.7.19〉 부칙 제25조(사실상 주거용으로 사용되고 있는 건축물에 관한 경과조치)에 조례 제4657호 서울시 조례 일부개정조례 시행 전에 종전의 도시정비조례(조례 제4657호로 개정되기 전의 것) 제24조제1항제1호에 따른 "사실상 주거용으로 사용되고 있는 건축물"로서

조례 제4657호 도시정비조례 일부개정조례 시행 전에 「도시정비법」(법률 제9047호로 개정되기 전의 것을 말한다)에 따른 정비계획을 주민에게 공람한 지역의 분양신청자와 그 외 지역에서 정비구역 지정 고시일부터 분양신청 기간이 만료되는 날까지 세대원 전원이 주택을 소유하고 있지 아니한 분양신청자는 제36조제1항제1호의 개정규정에도 불구하고 종전의 「서울시 도시정비조례」(조례 제4657호로 개정되기 전의 것)에 따른다고 규정하고 있음.

이 경우에 사실상 주거용으로 사용하고 있는 건축물의 소유자가 변경되었다면, 당해 물건 매매로 소유권을 새로이 취득한 자(세대원 포함) 또한 상기 규정에 따라 정비구역 지정 고시일부터 분양신청 기간이 만료되는 날까지 무주택을 유지하여야 함(서울시 주거정비과 2020.9.9)

---

8) 도시정비법[시행 2008.6.29] [법률 제9047호, 2008.3.23, 일부개정]
인구 50만 이상의 시의 시장은 시·도지사의 승인 없이 독자적으로 정비구역을 지정할 수 있도록 함으로써~~~~~~

구 도시정비법
제4조 (정비계획의 수립 및 정비구역의 지정) ①시장·군수는 기본계획에 적합한 범위 안에서 노후·불량건축물이 밀집하는 등 대통령령이 정하는 요건에 해당하는 구역에 대하여 다음 각 호의 사항이 포함된 정비계획을 수립하여 14일 이상 주민에게 공람하고 지방의회의 의견을 들은 후 이를 첨부하여 시·도지사에게 정비구역지정을 신청하여야 하며, 정비계획의 내용을 변경할 필요가 있을 때에는 같은 절차를 거쳐 변경지정을 신청하여야 한다. 다만, 대통령령이 정하는 경미한 사항을 변경하는 경우에는 주민공람 및 지방의회의 의견청취절차를 거치지 아니할 수 있다.

3 조례 제24조제1항제1호 (08.7.29~03.12.30)

② 제1항에 불구하고 다음 각 호의 어느 하나에 해당하는 경우에는 수인의 분양신청자를 1인의 분양대상자로 본다.
   1. 종전의 건축물 중 주택(기존무허가건축물 및 사실상 주거용으로 사용되고 있는 건축물을 포함한다)을 소유한 자

기존무허가건축물이거나 사실상 주거용으로 사용되는 건축물 모두 분양대상자임(서울특별시의 경우 "및"은 둘 다 모두 포함된다는 의미로 해석함)

용산구 OO도시정비형 재개발사업의 경우 당초 정비예정구역과는 달리 건축물을 1~2평의 조각지분으로 쪼개기로 당초 토지등소유자 수보다 그 수가 다수 증가하여 관리처분계획 자체가 어렵게 됨

이에 따라 정비구역 지정 및 정비계획 수립과정에서 과도하게 쪼개진 부분을 구역에서 제척하여 다수 투자자의 피해가 발생함
이 당시 양도, 양수인의 세대원 무주택 요건이 없었음

부 칙 〈2003.12.30〉
제1조(시행일) 이 조례는 공포한 날부터 시행한다.
제3조(일반적 경과조치) 이 조례 시행 당시 부칙 제2조의 각 조례에 의한 처분, 절차 및 그 밖의 행위는 이 조례의 규정[9]에 의하여 행하여진 것으로 본다.

---

[9] 서울특별시 도시재개발사업조례[시행 2003.7.25][조례 제4131호, 2003.7.25, 타법개정]
제27조(주택재개발사업의 분양대상) ① 대지 및 건축시설 중 공동주택의 분양대상자는 법 제33조제2항에 의한 분양신청자 중 관리처분계획 기준일 현재 다음 각 호의 1에 해당하는 자이어야 한다.
   1. 분양신청자가 소유하고 있는 종전 토지 및 건축물의 총가액(영 제40조제1항에 의한 가격을 말하며, 이하 "종전가액") 중 다음 각목에 해당하는 가액을 제외한 가액(이하 "권리가액") 이 당해 사업시행구역의 분양예정대지 및 건축시설 중 분양용 최소규모 공동주택 1세대의 추산액(제26조제4호에 의한 지분대지 가격을 포함한 공동주택가격을 말한다) 이상인 자. 이 경우 점유연고권이 인정되어 당해 점유자에게 불하되었거나 불하예정인 국공유지 면적에 해당하는 가격은 권리가액에 포함한다.
      가. 건축법 제2조제1호에 의한 하나의 대지범위에 속하는 토지가 수필지이거나 그 대지 범위 안에 수개의 건축물이 있는 경우로서 구역지정고시일(당해 토지 등에 대하여 법 제4조제3항제2호 내용을 최초로 결정고시한 날을 말한다. 이하 같다) 후에 그 토지의 일부를 취득(수필지 중 1필지 이상을 필지단위로 취득하였거나 필지의 일부를 공유지분으로 취득한 것을 모두 포함한다)하였거나, 그 건축물의 일부를 취득(수동의 건축물중 1동 이상을 취득 하였거나 1동의 건축물 일부를 공유지분으로 취득한 것을 모두 포함한다)한 경우 그 해당 가액
      나. 하나의 건축물이 하나의 대지범위에 속하는 토지를 점유하고 있는 경우로서 구역지정고시일 후에 그 건축물과 토지를 분리하여 취득하거나, 그 건축물 또는 토지의 일부를 취득한 경우 그 해당가액
      다. 지적법 제2조제3호에 의한 1필지의 토지를 구역지정고시일 후에 분할취득 또는 공유지분으로 취득한 경우 그 해당가액
      라. 신발생무허가 건축물의 경우 그 해당가액

2. 소규모주택정비조례 【개정연혁】

조례 상 조합설립인가일, 주민협의체 구성신고일, 공공시행자 지정고시일, 지정개발자 지정고시일을 권리산정기준일로 규정함
특정무허가건축물·신발생무허가건축물도 도시정비조례와 같은 의미로 규정함

1 조례 제37조제1항제1호 (21.3 현재~18.12.31)

① 영 제31조제1항제3호에 따라 가로주택정비사업으로 분양하는 공동주택의 분양대상자는 관리처분계획기준일 현재 다음 각 호의 어느 하나에 해당하는 토지등소유자로 한다.
  1. 종전의 건축물 중 주택(주거용으로 사용하고 있는 특정무허가건축물 중 조합정관 등에서 정한 건축물을 포함한다)을 소유한 자

21.3 현재 서울특별시 도시정비조례 제36조제1항제1호와 같음.

특정무허가건축물이면서 주거용으로 사용하고 있는 경우, 조합원 자격 및 분양대상자라는 조합정관에 대해 창립총회에서 토지등소유자의 8/10 이상 및 토지면적의 2/3 이상의 동의해야 분양대상자가 됨

부 칙 〈2018.12.31 제6946호〉
제1조(시행일) 이 조례는 공포한 날부터 시행한다.

---

2. 생략
3. 종전의 건축물 중 주택(사실상 주거용으로 사용되고 있는 건축물을 포함한다)을 소유한 자. 다만, 그 주택이 제1호 가목, 나목 또는 라목에 해당하는 경우에는 그러하지 아니하다.

〈도시정비 2020.12.〉

권리산정기준일의 복선(伏線)

복선이란 개념은 문학성이 있는지 여부와 직결된다.
우연이란 원인을 깔아놓지 않고 결과만을 나타내는 경우에 생기는 것이 보통이다.
문학성이란 우연이 아닌 '소위 기계에서 내려온 신(神)'이 아닌 필연적이라는 감성이 들도록 해야 한다는 것은 문학개론서의 기초이다.
우리 곁의 24번 부동산대책이 현행 "개정 부동산 법률"의 복선이라고 표현한다면 그건 너무 미학적인 표현이다.
최근 국토교통부와 서울특별시 합작인 공공재건축이나 공공재개발이 그렇다.
실현 가능성이 없는 공공재건축으로 주민들을 갈라치기 해 놓고 실거주 2년 제도를 도입한다며 떠들어 댔던 결과는 어떤가.
그 결과 재건축의 불씨를 살려 놓은 건 어쩌면 당연한 일이다.
이제 공공재건축은 슬그머니 사라지고, '닥치고 공공재개발'이다.
서울특별시는 2020년 9월 21일 클린업시스템에 "2020년 공공재개발사업 후보지 공모" 공고를 하고, 이 날을 '권리산정기준일'이라 하고 있다.
권리산정기준일(이하 "기준일"이라 한다)은 재개발, 재건축사업으로 신축되는 건축물을 분양받을 수 있는 날을 말한다.
이 재개발, 재건축사업은 적용법조에 따라 그 기준일이 다르다.
즉 도시정비법상 재개발, 재건축사업, 도시재정비법상 재개발, 재건축사업, 소규모주택정비법상 가로주택, 소규모재건축사업에 따라 다름은 위에서 설명한 바와 같다.

여기에 공공재개발의 탄생으로 또 다른 기준일이 필요하다는 것이다. 서울특별시는 공모한 공공재개발사업에 대해선 "2020년 9월 21일"로 정하겠다는 것이다.

공모신청 지역이 정비기본계획이 수립된 지역이라면 서울특별시가 생각한 경우의 수보다 복잡해진다.

정비구역이 해제되었어도 아직 정비예정구역이라면 "2020년 9월 21일"을 기준일로 정할 수 없다. 또한 재정비촉진사업의 전신인 뉴타운사업은 별도의 재정비촉진지구 지정일, 가로주택이나 소규모 재건축사업은 조합설립인가일이 그 기준일이다.

향후 개정법에 의해 탄생될 공공재개발은 또 다르다.

도시정비법에 '주택공급활성화지구'를 신설, 이 지구에서 공공시행자(구청장, 토지주택공사 등)이 시행하는 재개발사업이 시행된다.

주택공급활성화지구 예정구역 내에 분양받을 건축물이 주택공급활성화지구 고시가 있은 날 또는 시·도지사가 투기를 억제하기 위하여 주택공급활성화지구 지정·고시 전에 따로 정하는 날의 다음 날을 기준으로 건축물을 분양받을 권리를 산정한다는 것이다.

이 경우 시·도지사가 따로 정할 수 있는 데, 공모한 경우에는 그 공모일을 기준일로 하겠다는 것이다.

1차적 기준은 2010년 7월 16일까지 정비구역이나 정비예정구역이 취소되지 않았다면, 서울특별시 도시정비조례 부칙에 의해야 한다. 또한 재정비촉진사업은 도시정비법의 특별법이므로 특별법 우선의 원칙에 따라야 한다.

정비사업의 전문가라도 흩어져 있는 복선을 피해 정당한 기준일 찾기란 쉽지 않다.

누더기 법의 합성된 결과다.

〈도시개발신문 대표 전연규〉

● 대전광역시

조례 제정(04.10.1)시부터 현재까지 기존무허가건축물은 토지보상법 시행규칙 부칙 제5조에 의한 89.1.24 당시의 무허가건축물로서, 서울특별시 특정무허가건축물과 개념이 같음

조례 제32조제1항1호, "기존무허가건축물로서 사실상 주거용으로 사용되고 있는 건축물을 포함한다."는 "기존무허가+사실상 주거용으로 사용되는 건축물"의 복합 의미가 있음.
도시정비형 재개발사업의 경우 면적 요건과 함께 "기존무허가건축물 및 사실상 주거용으로 사용되고 있는 건축물"로의 개정이 필요함

대전광역시 무허가건축물에는 "건축법에 따른 허가를 받지 아니하거나 신고를 하지 아니하고 건축한 건축물을 말한다"고 규정함.
다른 광역시의 경우 '위법건축물 또는 위법시공건축물'로도 표현하고 있는데, 서울특별시 미사용승인건축물과 같은 개념임
다만 04.10.1~21.2 현재 위법하게 건축된 부분의 면적은 제외하며, 정관등이 따로 정하는 경우에는 재산세과세대장 또는 측량성과를 기준으로 할 수 있는 규정을 둠.

제36조(관리처분계획의 수립기준) 법 제76조제1항에 따라 사업시행자가 수립하는 관리처분계획은 다음 각 호의 기준에 적합하여야 한다.
2. 종전건축물의 소유면적은 관리처분계획 기준일 현재 소유 건축물별 건축물대장을 기준으로 한다. 이 경우 위법하게 건축된 부분의 면적은 제외하며, 정관등이 따로 정하는 경우에는 재산세과세대장 또는 측량성과를 기준으로 할 수 있다.

- 기존무허가건축물과 사실상 주거용으로 사용되고 있는 건축물

조례 제정 시부터~09.6.4: 기존무허가건축물 및 사실상 주거용으로 사용되고 있는 건축물
09.6.5~ 21.3 현재: 기존 무허가 건축물로서 사실상 주거용으로 사용되고 있는 건축물

1. 도시정비조례 【개정연혁】

1 조례 제32조제1항제1호(21.3 현재~18.10.5)
① 영 제63조제1항제3호 단서에 따라 재개발사업으로 건립되는 공동주택의 분양대상자는 관리처분계획 기준일 현재 다음 각 호의 어느 하나에 해당되는 자로 한다.
   1. 종전의 건축물 중 주택(기존 무허가건축물로서 사실상 주거용으로 사용되고 있는 건축물을 포함한다)을 소유한 자

제2조(정의) 이 조례에서 사용하는 용어의 뜻은 다음과 같다.
1. "기존무허가건축물"이란 국토부령 제344호 토지브상법 시행규칙 부칙 제5조에 따른 1989.1.24 당시의 무허가건축물(건축법에 따른 허가를 받지 아니하거나 신고를 하지 아니하고 건축한 건축물을 말한다)을 말한다.

18.10.5 전부개정으로 기존무허가건축물에 위법건축물이 포함됨.
조합정관 상 조합원 자격을 위한 동의율이 충족되면 분양대상자가 됨

내용 변경 없이 제32조제1항제1호로 바뀌었지만 기존무허가건축물이 개정됨에 따라, 89.1.24 이전 준공 받지 못한 위법건축물인 경우, 사실상 주거용 건축물로 사용되고 있으면 분양대상자가 될 수 있게 됨

부 칙 〈2018.10.5 조례 제5175호〉
제1조(시행일) 이 조례는 공포한 날부터 시행한다.
제3조(일반적 경과조치) 이 조례 시행 당시 종전의 「대전광역시 도시정비조례」에 따른 결정·처분·절차 및 그 밖의 행위는 이 조례의 규정에 따라 행하여진 것으로 본다.

2 조례 제22조제1항제1호(18.10.4~09.6.5)
① 영 제63조제1항제3호 단서에 따라 재개발사업으로 건립되는 공동주택의 분양대상자는 관리처분계획 기준일 현재 다음 각 호의 어느 하나에 해당되는 자로 한다.
   1. 종전의 건축물 중 주택(기존무허가건축물로서 사실상 주거용으로 사용되고 있는 건축물을 포함한다)을 소유한 자

기존무허가건축물의 범위에 위법건축물이 포함되지 않음

근린생활시설의 지분쪼개기를 막기 위해 09.6.5 "기존무허가건축물+사실상 주거용으로 사용"되는 건축물을 분양대상이 되도록 하고, 기존무허가건축물 기간 내 요건을 충족하는 미사용승인건축물 소유자는 분양대상자가 됨

부 칙〈2009.6.5 조례 제3747호〉
이 조례는 공포한 날부터 시행한다.

3 조례 제22조제1항제1호(09.6.4~04.10.1)

① 영 제52조제1항제3호에 의하여 주택재개발사업으로 건립되는 공동주택의 분양대상자는 관리처분계획 기준일 현재 다음 각 호의 어느 하나에 해당하는 자로 한다
   1. 종전의 건축물 중 주택(기존무허가건축물 및 사실상 주거용으로 사용되고 있는 건축물을 포함한다)을 소유한 자

제2조(정의) 이 조례에서 사용하는 용어의 뜻은 다음과 같으며, 그밖에 용어의 정의는 도시정비법 제2조의 각 호와 같다.
1. "기존무허가건축물"이란 건설교통부령 제344호 토지보상법 시행규칙 부칙 제5조에 따른 1989.1.24 당시의 무허가건축물을 말한다.

기존무허가건축물이거나 사실상 주거용으로 사용되는 건축물 모두 분양대상자로 "및"은 양자 모두 포함된다는 의미임

부 칙〈2004.10.1 조례 제3281호〉
제1조(시행일) 이 조례는 공포한 날부터 시행한다.

2. 소규모주택정비조례 【개정연혁】

권리가액과 권리산정기준일은 이 조례에서 별도로 정함
가로주택정비사업이나 소규모재건축사업을 조합이 사업시행자인 경우에는 조합설립인가일, 토지등소유자가 사업시행자이면 주민협의체 구성신고일, 신탁회사가 지정개발자인 경우에는 신탁등기일이 아닌 지정개발자 지정고시일이 권리산정기준일임.
또한 최근 LH 등 공공시행자가 사업시행자인 경우에는 공공시행자 지정고시일이 권리산정기준일임에 유의하여야 함.
이는 다른 시도 소규모주택정비조례에서도 같음.

1 조례 제20조제1항제1호 (21.3 현재~18.10.5)

① 영 제31조제1항제3호에 따라 가로주택정비사업으로 분양하는 주택의 분양대상자는 관리처분계획기준일 현재 다음 각 호의 어느 하나에 해당하는 토지등소유자로 한다.
   1. 종전의 건축물 중 주택(주거용으로 사용하고 있는 <u>기존무허가건축물 중 조합정관 등에서 정한 건축물을 포함한다</u>)을 소유한 자

도시정비조례 상 분양대상자인 '기존 무허가건축물로서 사실상 주거용으로 사용되고 있는 건축물을 포함한다"는 규정과 달리, 조합정관등에서 정한 건축물로 정함.

부칙 〈2018.10.5 조례 제5173호〉
제1조(시행일) 이 조례는 공포한 날부터 시행한다.
제2조(일반적 경과조치) 이 조례 시행 당시 종전의 「대전광역시 도시정비조례」의 가로주택정비사업 및 주택재건축사업(정비구역이 아닌 구역에서 시행하는 주택재건축사업을 말한다) 관련 규정에 따라 행하여진 처분·절차 및 행위는 이 조례의 관련 규정에 따라 행하여진 처분·절차 및 행위로 본다.

● **부산광역시**

04.4.22 조례 시행 시와 달리 05.9.21 기존무허가건축물에 위법시공건축물을 포함하는 내용을 추가하고, 조합정관에 기존무허가건축물 소유자의 조합원 자격에 관한 사항을 정하도록 함.[10]

12.12.26에는 기존무허가건축물 소유자가 조합정관에 따라 조합원으로 인정되는 경우를 조합설립인가내용의 경미한 변경사항에 포함됨.[11]

기존무허가건축물에 위법시공건축물을 포함하는 내용이 추가되면서, 종전과 같이 법령에 위반하여 건축된 부분의 면적을 제외함.

1. 도시정비조례 【개정연혁】

1 조례 제37조제1항제1호(21.3 현재~18.7.11)

① 영 제63조제1항제3호 단서에 따라 재개발사업으로 조성되는 대지 및 건축시설 중 공동주택의 분양대상자는 관리처분계획기준일 현재 다음 각 호의 어느 하나에 해당하는 자로 한다.
  1. 종전 건축물 중 주택(기존무허가건축물로서 사실상 주거용으로 사용되고 있는 건축물을 포함한다)을 소유한 자

---

10) 부산광역시 도시정비조례 〈2004.04.22 조례 제3928호〉
    제14조(조합정관에 정할 사항) 영 제31조제17호에서 "그밖에 시·도 조례가 정하는 사항"이라 함은 이사회의 설치 및 소집, 사무, 의결방법 등 이사회 운영에 관한 사항을 말한다.
    부산광역시 도시정비조례 〈2005.09.21 조례 제4025호〉
    제14조(조합정관에 정할 사항) 영 제31조제17호에서 "그밖에 시·도 조례가 정하는 사항"이라 함은 다음 각 호의 사항을 말한다.
      1. 이사회의 설치 및 소집, 사무, 의결방법 등 이사회의 운영에 관한 사항
      2. 기존무허가건축물 소유자의 조합원 자격에 관한 사항
      3. 공유지분 소유권자의 대표자 선정에 관한 사항 〈전문개정 2005.9.21〉
11) 부산광역시 도시정비조례 〈2012.12.26 조례 제4838호〉
    제13조(조합설립인가내용의 경미한 변경) 영 제27조제4호에서 "그밖에 시·도 조례로 정하는 사항"이란 다음 각 호의 사항을 말한다. 〈개정 2010.3.3, 2012.12.26〉
      1. 착오 또는 오기가 명백한 단순한 자구의 정정
      2. 법령 또는 조례등의 개정에 따라 단순한 정리를 요하는 사항
      3. 사업시행인가의 변경인가에 따라 변경이 필요한 사항
      4. 관리처분계획의 변경인가에 따라 변경이 필요한 사항
      5. 매도청구대상자가 추가로 조합에 가입함에 따라 매도청구대상자의 명부 및 매도청구계획서의 변경이 필요한 사항
      6. 제2조제1호에 따른 기존무허가건축물 소유자가 해당 조합의 정관으로 정하는 바에 따라 조합원으로 인정되는 경우 〈신설 2012.12.26〉

종전 근린생활시설의 지분쪼개기 성행을 막기 위해 18.7.11 전부개정으로 "기존무허가건축물+사실상 주거용으로 사용"되는 건축물만 분양대상이 되도록 범위를 축소함(서울특별시의 경우 08.7.30 같은 내용으로 개정됨).

즉, '기존무허가건축물로서 사실상 주거용으로 사용되고 있는 건축물'을 분양대상자로 범위를 축소함

부 칙 〈2018.7.11 조례 제5788호〉
제1조(시행일) 이 조례는 공포한 날부터 시행한다.

2 조례 제22조제1항제1호(18.7.10~04.4.22)

① 영 제52조제1항제3호 단서에 따라 주택재개발사업으로 조성되는 대지 및 건축시설 중 공동주택의 분양대상자는 관리처분계획기준일 현재 다음 각 호의 어느 하나에 해당하는 자로 한다.
  1. 종전의 건축물 중 주택(기존무허가건축물 및 사실상 주거용으로 사용되고 있는 건축물을 포함한다)을 소유한 자

"기존무허가건축물"은 89.3.29 이전에 발생한 무허가건축물이며, 그 외의 무허가건축물은 "신발생무허가건축물"로 규정한 바 있음

05.9.21 조례 개정으로 기존무허가건축물에 위법시공건축물이 포함됨.
그러나 조례 제21조에서 법령에 위반하여 건축된 부분의 면적(무허가건축물의 경우에는 기존무허가건축물에 추가된 면적을 말함)을 제외하되, 정관등이 정하는 바에 따라 재산세 과세대장이나 측량성과를 기준으로 할 수 있도록 개정함.

기존무허가건축물이거나 사실상 주거용으로 사용되는 건축물 모두 분양대상자로 "및"은 양자 모두 포함된다는 의미임

부 칙 〈조례 제3928호, 2004.4.22〉
제1조(시행일) 이 조례는 공포 후 1월이 경과한 날부터 시행한다.
제3조(일반적 경과조치) 이 조례 시행 전에 부산광역시 재개발사업조례 또는 「부산광역시 주거

환경개선지구조례」에 의한 처분·절차 및 그 밖의 행위는 이 조례의 규정에 의하여 행하여진 것으로 본다.

2. 소규모주택정비조례 【개정연혁】

조례 상 조합설립인가일, 주민협의체 구성신고일, 공공시행자 지정고시일, 지정개발자 지정고시일을 권리산정기준일로 규정함

'기존무허가건축물과 관리처분계획 기준'은 도시정비조례에 따르고, 권리가액과 권리산정기준일은 소규모주택정비조례에서 별도로 정함

1 조례 제19조제1항제1호 (21.3 현재~18.7.11)

① 가로주택정비사업으로 분양하는 주택의 분양대상자는 관리처분계획기준일 현재 다음 각 호의 어느 하나에 해당하는 토지등소유자로 한다.
  1. 종전 건축물 중 주택(기존무허가건축물로서 사실상 주거용으로 사용되고 있는 건축물을 포함한다)을 소유한 자

부칙 (2018.7.11)
제1조(시행일) 이 조례는 공포한 날부터 시행한다.
제4조(가로주택정비사업 등에 관한 경과조치) 종전 조례에 따라 시행 중인 가로주택정비사업 및 주택재건축사업은 각각 이 조례에 따른 가로주택정비사업과 소규모재건축사업으로 본다.

● 인천광역시

- 건축법에 의한 허가를 받지 않거나 신고를 하지 않고 건축한 건축물(위법건축물)

제2조(용어의 정의) 이 조례에서 사용하는 용어의 정의는「도시정비법」제2조 각 호와 같으며, 그밖에 용어의 정의는 다음 각 호와 같다. 〈개정 2011.2.21〉
1. "기존무허가건축물"이란 토지보상법 시행규칙 부칙 제5조에 의한 무허가건축물(건축법에 의한 허가를 받지 아니하거나 신고를 하지 아니하고 건축한 건축물을 말한다)을 말하며, 그 외의 무허가 건축물은 "신발생무허가건축물"이라 한다. 〈개정 2011.2.21〉

04.7.19~07.5.13 무허가건축물에 위법건축물이 포함되지 않았으나, 07.5.14 포함됨

11.2.11 괄호안의 "위법건축물을 포함한다"→"건축법에 의한 허가를 받지 아니하거나 신고를 하지 아니하고 건축한 건축물을 말한다"고 재정립하여 현재에 이름

제23조(주택재개발 및 도시환경정비사업의 관리처분계획 기준 등) 사업시행자가 수립하는 주택재개발사업 및 도시환경정비사업의 관리처분계획의 기준은 법 제48조제1항 및 영 제50조에서 정하는 사항 외에 각호의 기준에 적합하여야 한다.
2. 종전 건축물의 소유면적은 관리처분계획 기준일 현재 소유 건축물별 건축물대장을 기준으로 할 것. 다만, 정관 등이 정하는 바에 따라 재산세과세대장 또는 측량성과를 기준으로 할 수 있다. 이 경우 위법하게 건축된 부분의 면적(무허가건축물의 경우에는 기존무허가건축물외에 추가된 면적을 말한다)은 제외한다.

▲ 무허가건축물 범위에 위법건축물 포함 여부
04.7.19.~07.5.13: 기존무허가건축물에 위법건축물이 포함되지 않지만 법령에 위반하여 건축된 부분의 면적에 대해서는 제외함.

07.5.14~21.3 현재: 기존무허가건축물에 위법건축물을 포함하되, 법령에 위반하여 건축된 부분의 면적이 제외함.

▲ 사실상 주거용으로 사용되고 있는 건축물 관련

04.7.19~11.2.20까지: "기존무허가건축물 및 사실상 주거용으로 사용되고 있는 건축물"을 분양대상자로 함

11.2.21~ 21.3 현재: 종전의 '기존무허가건축물로서 사실상 주거용으로 사용되고 있는 건축물'을 분양대상자로 하는 종전의 규정(조례 제24조제2항제2호)을 삭제함

1. 도시정비조례 【개정연혁】

1 조례 제34조(정비사업의 분양대상등)←제23조제2항제1호(관리처분의 기준 등)(21.3 현재 ~11.2.21)

② 영 제63조제1항제3호에 따른 공동주택의 분양대상자는 관리처분기준일 현재 다음 각 호의 기준에 적합하여야 한다.

   1. 사업시행인가일을 기준으로 산정한 토지 및 건축물(기존 무허가건축물을 포함한다) 가액의 합(부족한 금액을 해당 토지등소유자가 부담하는 경우 그 부담하는 금액을 포함한다)이 공동주택의 단위세대별 추산액 중 최저가액 이상일 것.

11.2.21 종전의 제23조제2항제2호가 제23조제2항제1호로 이동하면서, "종전의 주택(기존무허가건축물 및 사실상 주거용으로 사용되고 있는 건축물을 포함한다)을 소유한 자" 삭제하고 "기존 무허가건축물을 포함한다."로 바뀜

기존무허가건축물 분양대상 규정으로 "사업시행인가일을 기준으로 산정한 토지 및 건축물(기존 무허가건축물을 포함한다) 가액의 합(부족한 금액을 해당 토지등소유자가 부담하는 경우 그 부담하는 금액을 포함한다)이 공동주택의 단위세대별 추산액 중 최저가액 이상일 경우 분양대상자"라는 별도의 규정을 둠

부 칙 ⟨2011.2.21⟩
제1조(시행일) 이 조례는 공포한 날부터 시행한다.
제2조(처분 등에 관한 경과조치) 이 조례 시행 당시 종전의 규정에 따라 행한 처분·절차 그 밖의 행위는 이 조례에 따라 행하여진 것으로 본다.

2 조례 제23조(현금청산 대상)제2항제2호←제24조제2항제2호(11.2.20~04.7.19)

② 제2항에 불구하고 다음 각 호의 어느 하나에 해당하는 경우 현금으로 청산하지 아니하고 주택을 공급할 수 있다.

   2. 구역지정 공람공고일 이전에 주택(기존무허가건축물 및 사실상 주거용으로 사용되고 있는 건축물을 포함한다)을 소유한 자. 다만, 제1항제5호(신발생무허가 건축물 소유자)에 해당하는 경우에는 그러하지 아니하다.

04.7.19~07.6.17까지 기존무허가건축물에 위법건축물이 포함되지 않았으나, 07.6.18~21.3 현재까지 기존무허가건축물에 위법건축물이 포함됨.
또한 법령에 위반하여 건축된 부분의 면적의 제외규정은 제정 시부터 현재까지 존속함

부 칙〈2004.7.19 조례 제3771호〉
제1조(시행일) 이 조례는 공포한 날부터 시행한다.
제4조(일반적 경과조치) 인천광역시 재개발사업조례, 「인천광역시 주거환경개선지구조례」에 행하여진 처분·절차 그 밖의 행위는 이 조례에 의하여 행하여진 것으로 본다.
제9조(주택재개발사업 분양대상에 관한 경과조치) 이 조례 시행 당시 종전 인천광역시 도시재개발사업조례 제26조제1항제3호에 의거 관리처분계획을 인가하여 분양대상에서 제외된 경우라도 이 조례의 완화된 분양대상기준에 해당되는 때에는 이 조례를 적용할 수 있다.

2. 소규모주택정비조례 【개정연혁】

이 조례에서 정의되지 않은 용어는 「도시정비법」 및 「인천광역시 도시정비조례」에서 정하는 바에 따름.
관리처분계획기준일, 권리가액, 권리산정기준일에 대해 조례에서 별도로 규정함

조례 상 조합설립인가일, 주민협의체 구성신고일, 공공시행자 지정고시일, 지정개발자 지정고시일을 권리산정기준일로 규정함

1 조례 제19조제1항제1호(21.3 현재~18.10.5)

① 영 제31조제1항제3호에 따라 가로주택정비사업으로 분양하는 주택의 분양대상자는 관리처분계획기준일 현재 다음 각 호의 어느 하나에 해당하는 토지등소유자로 한다.
  1. 종전의 건축물 중 주택(주거용으로 사용하고 있는 기존무허가건축물을 포함한다)을 소유한 자

「인천광역시 도시정비조례」 제34조제2항제1호의 "부족한 금액을 해당 토지등소유자가 부담하는 경우 그 부담하는 금액을 포함한다"는 내용이 삭제됨

부 칙〈2018.11.5 조례 제5173호〉
제1조(시행일) 이 조례는 공포한 날부터 시행한다.
제2조(다른 조례와의 관계) 이 조례 시행 당시 다른 조례에서 종전의 「인천광역시 도시정비조례」 또는 그 규정을 인용한 경우 이 조례 중 그에 해당하는 규정이 있으면 종전의 「인천광역시 도시정비조례」의 규정은 이 조례 또는 이 조례의 해당 규정을 인용한 것으로 본다.

● 광주광역시

조례 제정~현재까지 법령에 위반하여 건축된 부분의 면적은 제외하며, 정관 등이 따로 정하는 경우에는 재산세과세대장 또는 측량성과를 기준으로 할 수 있음(조례 제35조제3호)

또한 "기존무허가건축물 및 사실상 주거용으로 사용되고 있는 건축물"의 개념을 사용하고 있음

제2조(정의) 이 조례에서 사용하는 용어의 정의는 다음 각 호와 같다.
1. "기존무허가건축물"이란 토지보상법 시행규칙 부칙 제5조에 따른 1989년 1월 24일 당시의 무허가 건축물을 말하며, 그 외의 무허가 건축물은 "신발생무허가건축물"이라 한다.

제35조(관리처분 기준 등) 법 제74조제1항에 따른 정비사업의 관리처분계획은 다음 각 호의 기준에 적합하게 수립하여야 한다.
3. 종전 건축물의 소유면적은 관리처분계획기준일 현재 소유건축물별 건축물 대장을 기준으로 하되, 법령에 위반하여 건축된 부분의 면적은 제외한다. 다만, 정관 등이 따로 정하는 경우에는 재산세과세대장 또는 측량성과를 기준으로 할 수 있다.
4. 종전 토지 등의 소유권은 관리처분계획기준일 현재 부동산등기부(사업시행방식전환의 경우에는 환지예정지증명원을 말한다)에 따르며, 소유권 취득일은 부동산등기부상의 접수일자를 기준으로 한다. 다만, 특정무허가건축물(미사용승인건축물을 포함한다)인 경우에는 구청장 또는 동장이 발행한 기존무허가건축물확인원이나 그밖에 소유자임을 증명하는 자료를 기준으로 한다.

▲ 기존무허가건축물 범위에 미사용승인건축물 포함 여부

04.3.25~18.11.14: 기존무허가건축물에 미사용승인건축물이 포함되지 않음.
다만 법령에 위반하여 건축된 부분의 면적이 제외되는 규정을 둠(다만, 정관 등이 따로 정하는 경우에는 재산세과세대장 또는 측량성과를 기준으로 할 수 있음).
18.11.15~21.3 현재
기존무허가건축물에 미사용승인건축물이 포함됨

▲ 사실상 주거용으로 사용되고 있는 건축물 관련

04.3.25~20.12.14: "기존무허가건축물 및 사실상 주거용으로 사용되고 있는 건축물"을 분양대상자로 함

20.12.15~21.3 현재: "기존무허가건축물로서 사실상 주거용으로 사용되고 있는 건축물"을 분양대상자로 함

1. 도시정비조례 【개정연혁】

1 조례 제37조제1항제1호(21.3 현재~20.12.15)

① 영 제63조제1항제3호에서 "시도 조례로 정하는 바"에 따른 공동주택의 분양대상자는 조합원으로서 관리처분계획기준일 현재 다음 각 호의 어느 하나에 해당하는 토지등소유자로 한다.
   1. 종전의 건축물 중 주택(기존무허가건축물로서 사실상 주거용으로 사용되고 있는 건축물을 포함한다)을 소유한 자

20.12.15 분양대상으로 "기존무허가건축물로서 사실상 주거용으로 사용되고 있는 건축물" 소유자로 변경함.

조례 부칙 제2조에서 사실상 주거용으로 사용되고 있는 건축물에 대한 경과조치에 대해 이 조례 시행 전에 정비계획의 주민공람을 한 구역의 분양신청자에게는 제37조제1항제1호의 개정규정에도 불구하고 종전의 규정에 따르도록 함.

부 칙 〈2020.12.15〉
제1조(시행일) 이 조례는 공포한 날부터 시행한다.
제2조(사실상 주거용으로 사용되고 있는 건축물에 대한 경과조치) 이 조례 시행 전에 「도시 정비법」 제15조제1항에 따라 정비계획의 주민공람을 한 구역의 분양신청자에 대해서는 제37조제1항제1호의 개정규정에도 불구하고 종전의 규정에 따른다.

② 조례 제37조제1항제1호←제25조제1항제1호(20.12.14~04.3.25)

① 영 제63조제1항제3호에서 "시도 조례로 정하는 바"에 따른 공동주택의 분양대상자는 조합원으로서 관리처분계획일 현재 다음 각 호의 어느 하나에 해당하는 토지등소유자로 한다.

   1. 종전의 건축물 중 주택(기존무허가건축물 및 사실상 주거용으로 사용되고 있는 건축물을 포함한다)을 소유한 자

조례 제정 시부터 20.12.14까지 기존무허가건축물에 미사용승인건축물이 포함되지 않았으나, 법령에 위반하여 건축된 부분의 면적이 제외되는 규정은 있었음.
다만, 정관 등이 따로 정하는 경우에는 재산세과세대장 또는 측량성과를 기준으로 가능

18.11.15 전부개정으로 기존무허가건축물에 미사용승인건축물이 포함되어 분양대상자가 될 수 있도록 하고, 구청장 또는 동장이 발행한 기존무허가건축물확인원이나 그밖에 소유자임을 증명하는 자료를 기준으로 함.

제35조(관리처분 기준 등) 법 제74조제1항에 따른 정비사업의 관리처분계획은 다음 각 호의 기준에 적합하게 수립하여야 한다.

3. 종전 건축물의 소유면적은 관리처분계획기준일 현재 소유건축물별 건축물 대장을 기준으로 하되, 법령에 위반하여 건축된 부분의 면적은 제외한다. 다만, 정관 등이 따로 정하는 경우에는 재산세과세대장 또는 측량성과를 기준으로 할 수 있다.
4. 종전 토지 등의 소유권은 관리처분계획기준일 현재 부동산등기부(사업시행방식전환의 경우에는 환지예정지증명원을 말한다)에 따르며, 소유권 취득일은 부동산등기부상의 접수일자를 기준으로 한다. 다만, 기존무허가건축물(미사용승인건축물을 포함한다)인 경우에는 구청장 또는 동장이 발행한 기존무허가건축물확인원이나 그밖에 소유자임을 증명하는 자료를 기준으로 한다. 〈개정 2020.12.15〉

부 칙〈2004.3.25〉
제1조(시행일) 이 조례는 공포한 날로부터 시행한다.
제3조(일반적 경과조치) 이 조례 시행 전에 종전의 규정에 의하여 행하여진 처분, 절차 기타의 행위는 이 조례의 규정에 의하여 행하여진 것으로 본다.

부칙 〈2018.11.15〉
제1조(시행일) 이 조례는 공포한 날로부터 시행한다.
제6조(일반적 경과조치) 이 조례 시행 당시 종전의 「광주광역시 도시정비조례」에 따른 결정·처분·절차 및 그 밖의 행위는 이 조례의 규정에 따라 행하여진 것으로 본다.

2. 소규모주택정비조례 【개정연혁】

권리산정기준일은 토지등소유자가 사업시행자인 경우(주민합의체 구성을 신고한 날), 조합이 사업시행자가 되는 경우(조합설립인가일), 광주광역시 관할 자치구의 구청장 또는 토지주택공사 등이 사업시행자가 되는 경우(공공시행자 지정고시일), 지정개발자가 사업시행자로 지정되는 경우(지정개발자 지정고시일)에 따라 다름.

1 조례 제19조제1항제1호 (21.3 현재~19.4.15)

① 영 제31조제1항제3호에 따라 가로주택정비사업으로 분양하는 주택의 분양대상자는 관리처분계획기준일 현재 다음 각 호의 어느 하나에 해당하는 토지등소유자로 한다.
　1. 종전의 건축물 중 주택(주거용으로 사용하고 있는 기존무허가건축물을 포함한다)을 소유한 자

도시정비조례 상 기존무허가건축물에 해당되면 가로주택정비사업에서도 분양대상자로 규정함.

부칙 〈신설 2019.4.15〉
제1조(시행일) 이 조례는 공포한 날부터 시행한다.

● 대구광역시

06.3.10부터 서울특별시 미사용승인건축물과 같은 의미인 '위법건축물'이란 용어를 사용하고 기존무허가건축물에 포함함
위법하게 건축된 부분의 면적(무허가건축물의 경우에는 기존 무허가건축물에 추가된 면적을 말한다)은 제외함

▲ 기존무허가건축물 범위에 위법건축물 포함 여부
04.7.12(조례 제정)~06.3.9 : 기존무허가건축물에 위법건축물이 포함되지 않음.
다만 법령에 위반하여 건축된 부분의 면적이 제외되는 규정을 둠(다만, 정관 등이 따로 정하는 경우에는 재산세과세대장 또는 측량성과를 기준으로 할 수 있음).

06.3.10~21.3 현재
기존무허가건축물에 위법건축물이 포함됨

제2조(정의) 이 조례에서 사용하는 용어의 정의는 다음과 같다.
1. "기존무허가건축물"이란 건설교통부령 제344호 토지보상법 시행규칙 부칙 제5조에 따른 1989년 1월 24일 이전에 발생한 무허가건축물(위법건축물을 포함한다)을 말하며, 그 외의 무허가건축물은 "신발생무허가건축물"이라 한다.

제34조(관리처분계획 기준 등) 법 제74조제1항에 따라 정비사업의 관리처분계획은 다음 각 호의 기준에 따른다.
3. 종전 건축물의 소유면적은 관리처분계획기준일 현재 소유 건축물별 건축물대장을 기준으로 할 것. 다만, 정관등이 정하는 바에 따라 재산세 과세대장 또는 측량성과를 기준으로 할 수 있다. 이 경우 위법하게 건축된 부분의 면적(무허가건축물의 경우에는 기존 무허가건축물에 추가된 면적을 말한다)은 제외한다.

▲ 사실상 주거용으로 사용되고 있는 건축물 관련

04.7.12~18.12.30 : "구역지정 공람공고일 이전에 주택(사실상 주거용으로 사용되고 있는 건축물을 포함한다)을 소유한 자. 다만, 제1항제5호(신발생무허가건축물)에 해당하는 경우에는 분양대상자에서 제외함

18.12.31~21.3 현재 : "종전 건축물 중 주택(주거용으로 사용하는 기존무허가건축물을 포함한다)을 소유한 자"가 분양대상자임

1. 도시정비조례 【개정연혁】

1 조례 제36조(재개발사업의 분양대상 등)제1항제1호(21.3 현재~18.12.31)

① 영 제63조제1항제3호에 따라 재개발사업으로 건립되는 공동주택의 분양대상자는 관리처분계획기준일 현재 다음 각 호의 어느 하나에 해당하는 토지등소유자로 한다.
  1. 종전 건축물 중 주택(주거용으로 사용하는 기존무허가건축물을 포함한다)을 소유한 자
  다만, 제1항제5호(신발생무허가건축물의 소유자)에 해당하는 경우에는 그러하지 아니하다. 〈삭제〉

18.12.31 전부개정으로 제22조(현금청산)제2항제2호→제36조제1항제1호로 이동하면서 현재의 조문으로 바뀌고 단서 조항이 삭제됨

부 칙 〈조례 제5197호, 2018.12.31〉
제1조(시행일) 이 조례는 공포한 날로부터 시행한다.
제6조(일반적 경과조치) 이 조례 시행 당시 종전의 「대구광역시 도시정비조례」에 따른 결정·처분·절차 및 그 밖의 행위는 이 조례에 따라 행하여진 것으로 본다.
제9조(주택재개발사업 등에 관한 경과조치) 이 조례 시행 당시 종전의 「도시정비법」(법률 제14567호로 개정되기 전의 것을 말한다)에 따라 시행 중인 주택재개발사업·도시환경정비사업은 각각 이 조례에 따른 주택정비형 재개발사업·도시정비형 재개발사업으로 본다.

2 조례 제22조(현금청산)제2항제2호(18.12.30~04.7.12)

② 제1항에 불구하고 다음 각 호의 1에 해당하는 경우 현금으로 청산하지 아니하고 주택을 공급할 수 있다.

　2. <u>구역지정 공람공고일</u> 이전에 주택(사실상 주거용으로 사용되고 있는 건축물을 포함한다)을 소유한 자. 다만, 제1항제5호(신발생무허가건축물의 소유자)에 해당하는 경우에는 그러하지 아니하다.

조례 제정 시부터 사실상 주거용으로 사용되고 있는 건축물의 소유자를 분양대상자로 인정함. 신발생무허가건축물과 구별하여 이 경우에는 분양대상에서 제외함

부칙〈2004.7.12〉

제1조 (시행일) 이 조례는 공포한 날부터 시행한다.

제3조(일반적 경과조치) 이 조례 시행 전에 대구광역시 도시재개발사업조례,「대구광역시 주거환경개선지구를 위한 특례에 관한 조례」등에 의한 처분, 절차 및 그 밖의 행위는 이 조례의 규정에 의하여 행하여진 것으로 본다.

2. 소규모주택정비조례 【개정연혁】

이 조례에서 따로 정의되지 않은 용어는 법, 소규모주택정비법 시행령 및 같은 법 시행규칙, 「도시정비법」, 「대구광역시 도시정비조례」에서 정하는 바에 따름

조례 상 조합설립인가일, 주민협의체 구성신고일, 공공시행자 지정고시일, 지정개발자 지정고시일을 권리산정기준일로 규정함

1 조례 제26조제1항제1호(21.3 현재~18.10.1)

① 영 제31조제1항제3호에 따라 가로주택정비사업으로 분양하는 주택의 분양대상자는 관리처분계획기준일 현재 다음 각 호의 어느 하나에 해당하는 토지등소유자로 한다.
   1. <u>종전의 건축물</u> 중 주택(주거용으로 사용하는 기존 무허가건축물을 포함한다)을 소유한 사람

도시정비조례와 같이 주거용으로 사용하는 기존무허가건축물이면 가로주택정비사업에서도 분양대상자로 규정함.

부 칙 〈조례 제5161호, 2018.10.1〉
제1조(시행일) 이 조례는 공포한 날부터 시행한다.
제3조(일반적 경과조치) 이 조례 시행 당시 종전의 「대구광역시 도시정비조례」의 가로주택정비사업 및 주택재건축사업(정비구역이 아닌 구역에서 시행하는 주택재건축사업을 말한다. 이하 같다) 관련 규정에 따라 행하여진 처분·절차 및 행위는 이 조례의 관련 규정에 따라 행하여진 처분·절차 및 행위로 본다.
제4조(가로주택정비사업 등에 관한 경과조치) 종전 조례에 따라 시행 중인 가로주택정비사업 및 주택재건축사업은 각각 이 조례에 따른 가로주택정비사업과 소규모재건축사업으로 본다.

● 울산광역시

▲ 기존무허가건축물 범위에 위법건축물 포함 여부
04.6.10~21.3 현재 : 기존무허가건축물에 위법건축물이 포함되지 않고, 법령에 위반하여 건축된 무허가건축물은 기존무허가건축물에 추가된 면적에서 제외함(다만, 정관 등이 따로 정하는 경우에는 재산세과세대장 또는 측량성과를 기준으로 할 수 있음).

▲ 기존무허가건축물 및 사실상 주거용으로 사용되고 있는 건축물
04.6.10~21.3 현재 : "사실상 주거용으로 사용되고 있는 건축물과 기존무허가건축물을 포함한다" 또는 "기존무허가건축물 및 사실상 주거용으로 사용되고 있는 건축물" 소유자를 분양대상으로 함
단 한번도 "기존무허가건축물로서 사실상 주거용으로 사용되고 있는 건축물"로 강화한 적이 없음

1. 도시정비조례 【개정연혁】

1 조례 제29조제1항제1호←제23조제1항제1호(21.3 현재~16.12.29)

① 영 제63조제1항제3호에 따른 주택재개발사업으로 건립되는 공동주택의 분양대상자는 관리처분계획기준일 현재 다음 각 호의 어느 하나에 해당하는 토지등소유자로 한다.
  1. 종전의 건축물 중 주택(기존무허가건축물 및 사실상 주거용으로 사용되고 있는 건축물을 포함한다)을 소유한 자. 다만, 제1항제5호(신발생무허가건축물)에 해당하는 경우에는 그러하지 아니하다.

16.12.29 "사실상 주거용으로 사용되고 있는 건축물과 기존무허가건축물"을 같은 의미인 "기존무허가건축물 및 사실상 주거용으로 사용되고 있는 건축물"로 개정하면서 종전의 '구역지정 공람공고일 이전에 주택'을 '종전의 건축물 중 주택'으로 바꾸고 종전의 기준일인 구역지정 공람공고일이 아닌 '권리산정기준일'을 사용함

또한 단서인 "다만, 제1항제5호(신발생무허가건축물)에 해당하는 경우에는 그러하지 아니하다."를 삭제함

19.7.11 전부개정으로 현재의 제29조제1항제1호로 조문 위치 이동함

부 칙 〈개정 2016.12.29 조례 제1691호〉
제1조(시행일) 이 조례는 공포한 날부터 시행한다.

2 조례 제23조(현금청산 대상)제2항제2호(16.12.28~04.6.10)

① 영 제63조제1항제3호에 따른 주택재개발사업으로 건립되는 공동주택의 분양대상자는 관리처분계획기준일 현재 다음 각 호의 어느 하나에 해당하는 토지등소유자로 한다.

　2. <u>구역지정 공람공고일</u> 이전에 주택(사실상 주거용으로 사용되고 있는 건축물과 기존무허가건축물을 포함한다)을 소유한 자. 다만, 제1항제5호(신발생무허가건축물)에 해당하는 경우에는 그러하지 아니하다.

'기존무허가건축물 및 사실상 주거용으로 사용하고 있는 건축물'과 같은 의미인 "사실상 주거용으로 사용되고 있는 건축물과 기존무허가건축물"이란 용어를 사용함.

부 칙 〈2004.6.10〉
① (시행일) 이 조례는 공포한 날부터 시행한다.
③ (경과조치) 이 조례 시행 전에 종전 규정에 의하여 행하여진 처분·절차 그 밖의 행위는 이 조례에 의하여 행하여진 것으로 본다.

2. 소규모주택정비조례 【개정연혁】

이 조례에서 정의되지 않은 용어는 「도시정비법」, 「울산광역시 도시정비조례」에서 정하는 바에 따름

조례 상 조합설립인가일, 주민협의체 구성신고일, 공공시행자 지정고시일, 지정개발자 지정고시일을 권리산정기준일로 규정함.

1 조례 제19조제1항제1호(21.3 현재~19.7.11)
① 영 제31조제1항제3호에 따라 가로주택정비사업으로 분양하는 주택의 분양대상자는 관리처분계획기준일 현재 다음 각 호의 어느 하나에 해당하는 토지등소유자로 한다.
  1. 종전의 건축물 중 주택(기존 무허가 건축물 및 사실상 주거용으로 사용하고 있는 건축물을 포함한다)을 소유한 자

기존 무허가 건축물 또는 사실상 주거용으로 사용하고 있는 건축물을 분양대상자로 함

부 칙〈조례 제5161호, 2019.7.11〉
제1조(시행일) 이 조례는 공포한 날부터 시행한다.

서울특별시 도시정비조례 제36조제1항

① 영 제63조제1항제3호에 따라 재개발사업으로 건립되는 공동주택의 분양대상자는 관리처분계획기준일 현재 다음 각 호의 어느 하나에 해당하는 토지등소유자로 한다.
   1. 종전의 건축물 중 주택(주거용으로 사용하고 있는 특정무허가건축물 중 조합의 정관등에서 정한 건축물을 포함한다)을 소유한 자

- 종전토지 총면적 90㎡ 이상인 자(단서 조항 30㎡, 20㎡의 과소필지)가 분양대상자

  종전토지의 "총면적"이란 1필지의 독립된 토지뿐만 아니라 여러 필지의 토지면적을 합한 면적도 포함된다는 의미임.

- 건축조례 규모 이상인 자 또는 건축조례 제1호 이상인 자로 규정된 경우, 그 이하는 과소필지로 분양대상에서 제외됨. 건축조례 규모 이상인 자는 주거지역, 상업지역, 공업지역, 녹지지역 등에 따라 분양대상자의 토지면적을 달리 정한다는 것임.

- 도시정비형 재개발사업에서 건축규모 이상인 자를 분양대상자로 하는 경우 사업지역에선 150㎡ 이상이므로, 그 이하면 분양대상에서 제외됨

- 조례 제36조제2항제3호와 비교(공유지분 토지 총면적이 90㎡도 분양대상)

1주택 또는 1필지의 토지를 여러 명이 소유하고 있는 경우(여러 사람이 분양신청 시, 1인만 분양대상) 1인만 분양대상자이지만 권리산정기준일 이전부터 공유로 소유한 토지의 지분이 제1항제2호 또는 권리가액이 제1항제3호에 해당하는 경우는 예외로 함.

서울특별시는 03.12.30~21.3 현재까지 분양대상자(대지의 분할제한면적을 소유한 자)를 용도지역에 따른 규모(주거 90㎡, 상업 150㎡, 공업 200㎡, 녹지 200㎡)로 구별하지 않고, 90㎡(주거지역 제한)를 소유한 자를 분양대상자로 함.

그러나 분양대상자를 "건축조례 제1호 이상인 자"가 아닌 "건축조례 규모 이상인 자"로 규정한 경우에는 해당 광역시 건축조례에서 확인이 필요함.

※ 건축조례

제29조(건축물이 있는 대지의 분할제한) 법 제57조제1항 및 영 제80조에 따라 건축물이 있는 대지의 분할은 다음 각 호의 어느 하나에 해당하는 규모 이상으로 한다. 〈개정 2018.7.19〉
  1. 주거지역 : 90㎡
  2. 상업지역 : 150㎡
  3. 공업지역 : 200㎡
  4. 녹지지역 : 200㎡
  5. 제1호부터 제4호까지에 해당하지 아니한 지역 : 90㎡

서울특별시는 재개발사업의 분양대상자에 대해 건축조례 제29조제1호 규모 이상인 자로 표현하였다가 현재는 용도지역 구분 없이 90㎡ 이상인 자를 분양대상자로 함.

■ 서울특별시 제36조제1항제2호

1. 도시정비조례 【개정연혁】

1 조례 제36조제1항제2호←제27조제1항제2호(21.3 현재~10.7.16)

① 영 제63조제1항제3호에 따라 재개발사업으로 건립되는 공동주택의 분양대상자는 관리처분계획기준일 현재 다음 각 호의 어느 하나에 해당하는 토지등소유자로 한다.

2. 분양신청자가 소유하고 있는 종전토지의 총면적이 90㎡ 이상인 자.

   ~~다만, 이 조례 시행일 전에 분할된 1필지의 토지로서 그 면적이 30㎡ 이상인 토지(지목이 도로이며 도로로 이용되고 있는 토지를 제외한다)의 소유자는 사업시행인가고시일 이후부터 공사완료고시일까지 분양신청자를 포함한 세대원(세대주 및 세대주와 동일한 세대별 주민등록표상에 등재되어 있지 아니한 세대주의 배우자 및 배우자와 동일한 세대를 이루고 있는 세대원을 포함한다) 전원이 주택을 소유하고 있지 아니한 경우에 한하여 분양대상자로 한다~~〈2010.7.15 삭제〉

단서 삭제의 의미가 과소필지 소유자의 분양대상자 제외를 뜻하는 것은 아님.

10.7.16 전에 정비기본계획이나 지구단위계획이 수립되어 있는 지역은 조례 제5007호 이전인 조례 제27조(재개발사업의 분양대상)를 적용으로 분양대상자로 됨.

따라서 10.7.16 이후 정비기본계획이나 지구단위계획이 수립된 지역은 단서 적용을 받지 못하므로 과소필지는 분양대상이 안 됨.

◆ **조례 제36조제3항←제27조제3항**(21.3 현재~10.7.16)

③ 제1항제2호의 종전 토지의 총면적 및 제1항제3호의 권리가액을 산정함에 있어 다음 각 호의 어느 하나에 해당하는 토지는 포함하지 않는다.

1. 「건축법」 제2조제1항제1호에 따른 하나의 대지범위 안에 속하는 토지가 여러 필지인 경우 권리산정기준일 후에 그 토지의 일부를 취득하였거나 공유지분으로 취득한 토지
2. 하나의 건축물이 하나의 대지범위 안에 속하는 토지를 점유하고 있는 경우로서 권리산정기준일 후 그 건축물과 분리하여 취득한 토지[12]

3. 1필지의 토지를 권리산정기준일 후 분할하여 취득하거나 공유로 취득한 토지[13]

종전토지 면적을 합산할 수 있으며, 하나의 대지범위 안에 속하는 토지가 여러 필지인 경우 10.7.16 후에 그 토지의 일부를 취득하였거나 공유지분으로 취득한 토지는 권리산정기준일 이전에 취득하여야 함
공유지분 등 일부가 아닌 단독필지나 도로 등은 매입하여도 추가 권리가액 산정이 가능함

18.7.19 전부개정으로 내용은 변하지 않고 제27조→제36조로 이동

부 칙 〈2018.7.19 제6899호〉
제1조(시행일) 이 조례는 공포한 날부터 시행한다.
제26조(분양대상 기준의 적용례 및 경과조치) ① 제36조제1항제2호의 개정규정에도 불구하고 서울특별시조례 제4167호 도시정비조례 시행 당시 종전의 「도시재개발법」 제4조[14] 에 따라 재

---

12) 조례 시행일 이전에 토지를 소유하지 않다가 시행일 이후에 소유 시에는 제1항제2호, 제3호에 합산되지 않음.
13) 권리산정기준일 이전에 공유 또는 구분등기로 분할되어 있는 토지를 권리산정기준일 이후 양수하면 총면적 및 권리가액에 포함되지 않는다는 의미가 아니라, 1필의 토지를 권리산정기준일 이후 일부만 분할하여 취득하였거나, 공유지분으로 새롭기 나눠 취득한 경우에 권리가액 산정에서 제외된다는 듯임.
14) 도시재개발법[시행 2003.1.1] [법률 제6656호, 2002.2.4, 타법개정]
   제4조(재개발구역의 지정)
   ① 특별시장·광역시장 또는 도지사는 관할 지역내의 시장·군수 또는 자치구의 구청장의 신청을 받아 다음 각 호의 1에 해당하는 지역에 대하여 재개발기본계획에 적합한 범위 안에서 도시관리계획으로 재개발구역을 지정 또는 변경할 수 있다. 〈개정 2002.2.4〉
      1. 공공시설의 정비에 따라 토지가 건축대지로서의 효용을 다할 수 없게 되거나 과소토지로 되어 도시의 환경이 현저히 불량하게 될 우려가 있는 지역
      2. 건축물이 노후·불량하여 그 기능을 다할 수 없거나 건축물이 과도하게 밀집되어 있어 그 구역안의 토지의 합리적인 이용과 가치의 증진을 도모하기 곤란한 지역
      3. 인구·산업등이 과도하게 집중되어 있어 도시기능의 회복을 위하여 토지의 합리적인 이용이 요청되는 지역
      4. 기타 대통령령이 정하는 요건에 해당하는 지역
   ② 제1항에 의하여 시장·군수 또는 구청장이 시·도지사에게 재개발구역의 지정 또는 변경을 신청하고자 할 때에는 다음 각 호의 사항을 조사한 후 대통령령이 정하는 바에 의하여 제3항 각 호의 사항을 그리 일간신문에 공고하고 일반인의 공람을 거쳐 당해 지방의회의 의견을 들어야 한다. 다만, 대통령령이 정하는 경미한 사항의 변경은 그러하지 아니하다.
      1. 인구 또는 산업의 현황
      2. 토지 및 건축물의 이용상황
      3. 도시계획시설의 설치현황
      4. 재개발구역 및 주변지역의 교통상황
      5. 기타 대통령령이 정하는 사항
   ③ 시·도지사는 제1항에 의하여 재개발구역을 지정 또는 변경하고자 할 때에는 지방도시계획위원회의 심의를 거쳐 다음 각 호의 사항을 결정하여야 한다. 다만, 제2항 단서에 해당하는 경미한 사항의 변경은 그러하지 아니하다. 〈개정 2002.2.4〉
      1. 재개발사업의 명칭
      2. 재개발사업구역 및 그 면적
      3. 공공시설과 국토계획법에 의한 도시계획시설의 설치 및 정비에 관한 계획
      4. 건폐율, 용적률, 건축시설의 주된 용도·높이 및 층수, 연면적 또는 주택의 규모별 비율에 관한 계획
      5. 사업시행예정시기(住宅再開發事業에 한한다)
      6. 기타 대통령령이 정하는 사항
   ④ 시·도지사는 제1항에 의하여 재개발구역을 지정 또는 변경한 때에는 지체 없이 이를 관보 또는 공보에 고시한 후 건설교통부장관에게 그 내용을 보고하여야 한다.
   ⑤ 제4항에 의한 고시내용 중 국토계획법에서 도시관리계획으로 결정하여야 할 사항은 그 법에 따른 도시관리계획의 결정이 있는 것으로 보며, 고시내용에 저촉되는 종전의 도시관리계획결정은 폐지된 것으로 본다. 〈개정 2002.2.4〉

개발구역으로 지정된 정비구역(정비계획이 수립되지 않은 정비구역은 제외한다)의 경우 구역지정 고시일을 조례 제4167호 도시정비조례 시행일로 보며 조례 제4167호 도시정비조례 제24조제1항제2호 단서의 30㎡를 20㎡로 본다.

제29조(권리산정기준일에 관한 적용례 및 경과조치) ① 제36조 개정규정은 서울특별시조례 제5007호 도시정비조례 일부개정조례 시행 이후 최초로 기본계획(정비예정구역에 신규로 편입지역 포함)을 수립하는 분부터 적용한다.
② 서울시조례 제5007호 도시정비조례 일부개정조례 시행 전에 기본계획이 수립되어 있는 지역 및 지구단위계획이 결정·고시된 지역은 종전의 도시정비조례(조례 제5007호로 개정되기 전의 것을 말한다) 제27조에 따른다.[15]

Q. 재개발구역 내 A토지 갑 소유, B토지 갑·을 공동소유한 경우, 갑과 을이 모두 분양권을 받을 수 있는지?

A. 「서울시 도시정비조례」 제36조제1항제2호에 의하면 '재개발사업으로 건립되는 공동주택의 분양대상자는 관리처분계획기준일 현재 분양신청자가 소유하고 있는 종전토지의 총면적이 90㎡ 이상인 토지등소유자'로 규정하고 있으며,
같은 조 제2항제3호에서 '제1항에도 불구하고 1주택 또는 1필지의 토지를 여러 명이 소유하고 있는 경우 여러 명의 분양신청자를 1명의 분양대상자로 본다'고 규정하고 있음. 질의하신 분양대상 산정은 상기 규정에 따라야 할 것임(서울시 주거정비과 2020.12.29)

Q. 2010.7.15 조례 개정 전 기본계획이 수립되어 있는 지역에서 개정 부칙 제3조제2항에서 정한 "권리산정기준일에 관한 경과조치" 기준에 부합할 경우, 토지면적 30㎡ 이상 90㎡ 미만 나대지 소유자의 분양대상인지?

A. 2010.7.15 서울시 도시정비조례 제24조제1항제2호가 개정됨에 따라, "2003.12.30 전에 분할된 1필지의 토지로서 그 면적이 30㎡ 이상인 토지(지목이 도로이며 도로로 이용되고 있는 토지를 제외한다)의 소유자는 사업시행인가고시일 이후부터 공사완료 고시일까지 분양신청자

---

⑥ 시·도지사는 재개발사업을 효율적으로 추진하기 위하여 필요하다고 인정하는 경우에는 제3항제3호 내지 제6호의 사항을 동항제1호 및 제2호의 사항과 따로 결정할 수 있다. 이 경우 제2항 내지 제5항을 준용한다.

15) "30㎡ 이상 90㎡ 미만의 나대지"가 "2010.7.15 이전 기본계획이 수립(예정구역 편입)된 지역에 포함된 2003.12.30 조례 개정 이전 분할된 30㎡ 이상인 도로가 아닌 토지"로서, "사업시행인가고시일 이후부터 공사완료 고시일까지 분양 신청자를 포함한 세대원 전원이 주택을 소유하고 있지 않은 경우"라면 2010.7.15 개정 이전 종전규정을 적용하여 분양대상으로 볼 수 있을 것이라 사료됨(서울특별시 재생협력과 2016.2.22)

를 포함한 세대원(이 경우 동일한 세대별 주민등록표 상에 등재되어 있지 아니한 배우자 및 미혼인 20세 미만의 직계비속은 1세대로 보며, 1세대로 구성된 수인의 토지등소유자가 조합설립인가 후 세대를 분리하여 동일한 세대에 속하지 아니하는 때에도 이혼 및 20세 이상 자녀의 분가를 제외하고는 1세대로 본다) 전원이 주택을 소유하고 있지 아니한 경우에 한하여 분양대상자로 한다"는 단서조항을 삭제하고,

관리처분계획 기준일 현재 "분양신청자가 소유하고 있는 종전토지의 총면적이 90㎡ 이상인 자"를 재개발 공동주택 분양대상으로 명시하였으며,

이와 관련하여, 개정 부칙 제3조에 따르면, 당해 개정 규정은 "최초로 기본계획(정비예정구역 신규 편입지역 포함)을 수립하는 분부터 적용"하고 '개정 조례 시행 전 기본계획이 수립되어 있는 지역 및 지구단위계획이 결정·고시된 지역은 종전규정"에 따름.

따라서, 질의하신 "30㎡ 이상 90㎡ 미만의 나대지"가 "2010.7.15 이전 기본계획이 수립(예정구역 편입)된 지역에 포함된 2003.12.30 조례 개정 이전 분할된 30㎡ 이상인 도로가 아닌 토지"로서, "사업시행인가고시일 이후부터 공사완료 고시일까지 분양 신청자를 포함한 세대원 전원이 주택을 소유하고 있지 않은 경우"라면 2010.7.15 개정 이전 종전규정을 적용하여 분양대상으로 볼 수 있을 것임(서울시 재생협력과 2016.2.22)

2 조례 제27조제1항제2호←제24조제1항제2호(10.7.15~03.12.30)

① 영 제52조제1항제3호에 따라 주택재개발사업으로 건립되는 공동주택의 분양대상자는 관리처분계획기준일 현재 다음 각 호의 어느 하나에 해당하는 토지등소유자로 한다.
  2. 분양신청자가 소유하고 있는 종전토지의 총면적이 <u>서울특별시 건축조례 제25조제1호</u>의 규모 이상인 자.

다만, 이 조례 시행일 전에 분할된 1필지의 토지로서 그 면적이 30㎡ 이상인 토지(지목이 도로이며 도로로 이용되고 있는 토지를 제외한다)[16]의 소유자는 사업시행인가고시일 이후부터 공사완료고시일까지 분양신청자를 포함한 세대원(세대주 및 세대주와 동일한 세대별 주민등록표상에 등재

---

16) 도시정비조례 제4657호[시행 2008.7.30] 제24조제1항제2호의 '지목이 도로이며 도로로 이용되고 있는 토지를 제외한다'는 규정에서 "이며"의 정확한 의미(서울시 주거정비과 2019.10.11)
  Q. 서울특별시 도시정비조례 제4657호[시행 2003.7.30] 제24조제1항제2호의 '지목이 도로이며 도로로 이용되고 있는 토지를 제외한다'는 규정에서 "이며"의 정확한 의미는?
  A. 질의하신 서울시 도시정비조례 제4657호[시행 2008.7.30] 제24조제1항제2호의 '지목이 도로이며 도로로 이용되고 있는 토지를 제외한다'는 규정은 지목이 도로이고, 실제 현황도 도로로 이용되고 있는 토지를 제외한다는 의미임.

되어 있지 아니한 세대주의 배우자 및 배우자와 동일한 세대를 이루고 있는 세대원을 포함한다) 전원이 주택을 소유하고 있지 아니한 경우에 한하여 분양대상자로 한다.

도로, 잡종지, 전, 답 등 지목과 관계없이 90㎡ 이상이면 분양대상자임
과소필지 규정 관련 '분양신청자'는 양도인이나 양수인 모두를 포함하는 개념으로 양자 무주택자이어야 함

※ 과소필지
서울시 건축조례 제25조제1호 규모 이하인 토지였으나, 현재는 90㎡ 미만인 토지를 과소필지라고 규정함(조례 제2조제9호)

◆ **조례 제24조제3항**(03.12.30~10.7.15)
③ 제1항제2호의 종전 토지의 총면적을 산정함에 있어 다음 각 호의 어느 하나에 해당하는 토지는 포함하지 않는다.
  1. 건축법 제2조제1호에 의한 하나의 대지범위 안에 속하는 토지가 여러 필지인 경우 이 조례 시행일(03.12.30) 이후에 그 토지의 일부를 취득하였거나 공유지분으로 취득한 토지
  2. 하나의 건축물이 하나의 대지범위 안에 속하는 토지를 점유하고 있는 경우로서 이 조례 시행일(03.12.30) 이후 그 건축물과 분리하여 취득한 토지
  3. 1필지의 토지를 이 조례 시행일(03.12.30) 이후 분할 취득하거나 공유지분으로 취득한 토지

종전토지 총면적을 추가할 수 있는 규정으로 03.12.30 이전 취득하여야 함
도시재개발법상 정비구역 지정고시일을 03.12.30(서울시 도시정비조례 시행일)로 의제함

부 칙〈2003.12.30 조례 제4167호〉
제8조(주택재개발사업 분양대상 기준에 관한 경과조치) 이 조례 시행(03.12.30) 당시 종전 도시재개발법 제4조에 의하여 재개발구역으로 지정된 정비구역(정비계획이 수립되지 않은 정비구역은 제외한다)의 경우 제24조에 불구하고 구역지정고시일을 이 조례 시행일로 보며 제24조제1항제2호 단서의 30㎡를 20㎡로 한다.

03.12.30 전에 분할된 1필지 토지 + 토지면적 30㎡ 이상: 지목이 도로이며 도로로 이용되는 토지는 제외함

토지소유자는 세대원 전원까지 무주택이어야 함(양도인, 양수인 모두 세대원 전원이 사업시행인가고시~공사완료까지 무주택이어야 함)

Q1. 서울시 조례 제4949호(2010.3.2) 제27조제1항제2호의 "세대원 전원"이란?

Q2. 조합원이 이혼등 기타 사유로 무주택자인 부모님(사업시행인가 고시일 이후 일시적으로 주택을 소유하였으나, 현재는 무주택자임)과 세대를 합가한 경우도 위 조례에서 말하는 세대원 전원에 포함되어 조합원 분양대상 자격?

A. 질의하신 내용은 도시정비법 제76조에 의거 관리처분계획의 수립기준 등과 소유하신 등기부 등본 및 건축물 대장, 주민등록등본 등과 분양신청 사항을 최종 확인하여 처리할 사항이지만, 분양대상자가 중간(사업시행인가 고시일부터 공사완료 고시일까지)에 주택을 소유한 경우라면 요건불비로 인하여 분양대상로 볼 수 없을 것임(서울시 재생협력과 2018.12.4)

Q1. 서울시 도시정비조례(2010.3.2) 제27조제1항제2호에 따른 사업시행인가고시 일 이후부터 공사완료 고시일까지 분양신청자를 포함한 세대원 전원이 무주택 요건을 갖추어야 한다는 사항과 관련, 관리처분계획기준일부터 공사완료 고시일까지 무주택이어야 하는지?

Q2. 사업시행인가고시일 당시와 관리처분계획일 현재 세대원 변경이 있는 경우, 변경된 세대주와 세대원이 무주택 요건을 갖추어야 하는지?

A. 1세대로 구성된 수인의 토지등소유자가 조합설립인가 후 세대를 분리하여 동일한 세대에 속하지 아니하는 때에도 이혼 및 20세 이상 자녀의 분가를 제외하고는 1세대로 본다) 전원이 주택을 소유하고 있지 아니한 경우에 한하여 분양대상자로 하도록 하고 있으므로, 사업시행인가고시일 이후부터 공사완료 고시일까지 토지를 소유한 분양신청자를 포함한 세대원 전원(변경된 세대원 포함)이 주택을 소유하지 않아야 함(서울시 재생협력과 2018.11.27).

2. 소규모주택정비조례 【개정연혁】

조례 상 조합설립인가일, 주민협의체 구성신고일, 공공시행자 지정고시일, 지정개발자 지정고시일을 권리산정기준일로 규정함

1 조례 제37조제1항제2호, 제3항(21.3 현재~18.12.31)

① 영 제31조제1항제3호에 따라 가로주택정비사업으로 분양하는 공동주택의 분양대상자는 관리처분계획기준일 현재 다음 각 호의 어느 하나에 해당하는 토지등소유자로 한다.
  2. 분양신청자가 소유하고 있는 종전토지의 총면적이 90㎡ 이상인 자
③ 제1항제2호의 종전 토지의 총면적 및 제1항제3호의 권리가액을 산정함에 있어 다음 각 호의 어느 하나에 해당하는 토지는 포함하지 아니한다.
  1. 「건축법」 제2조제1항제1호에 따른 하나의 대지범위 안에 속하는 토지가 여러 필지인 경우 권리산정기준일 후에 그 토지의 일부를 취득하였거나 공유지분으로 취득한 토지
  2. 하나의 건축물이 하나의 대지범위 안에 속하는 토지를 점유하고 있는 경우로서 권리산정기준일 후 그 건축물과 분리하여 취득한 토지
  3. 1필지의 토지를 권리산정기준일 후 분할하여 취득하거나 공유로 취득한 토지

분양대상자를 용도지역과 관계없이 '종전토지의 총면적이 90㎡ 이상인 자'로 규정함
권리산정기준일인 조합설립인가 이전에 취득한 공유지분이나 건축물과 분리하여 취득한 토지, 1필지 퇴를 분할하여 공유등으로 취득한 토지도 합산이 가능하도록 함

Q. 기존 주거용 오피스텔 소유자가 가로주택 정비사업에서 공동주택을 분양받을 수 있는지?

A. 소규모주택정비법 시행령 제31조제1항제3호 및 「서울시 소규모주택정비조례」 제37제1항에 의거 공동주택의 분양대상자는 1. 주택을 소유한 자, 2. 종전 토지의 총면적이 90㎡ 이상인 자, 3. 권리가액이 분양용 최소규모 공동주택 1가구 추산액 이상인 자 중 어느 하나에 해당하는 자로 하며,

오피스텔의 경우 건축법 시행령 별표1의 용도분류상 "업무를 주로 하며, 분양하거나 임대하는 구획 중 일부 구획에서 숙식을 할 수 있도록 한 건축물"로서 업무시설에 해당하여 3. 권리가액이 분양용 최소규모 공동주택 1가구 추산액 이상인 경우에 한하여 분양대상자가 될 수 있음(서울시 주거환경개선과 2020.7.30)

Q. 한 가족 한 세대로 구성된 3인이 3필지를 각각 1필지씩 타인과 공유하고 있는 경우

1) 한 세대 3인 중 1인이 타인 1인과 1필지를 1/2 지분으로 공유하고 있고 각각의 지분면적이 95㎡인 경우 2인 모두 각각 분양권을 받을 수 있는지?
2) 한 세대 나머지 2인이 타인과 공유하고 있는 두 필지 지분면적이 각각은 90㎡가 안 되지만 합산하면 90㎡를 넘는 경우 분양권 하나를 받을 수 있는지? 받을 수 있다면 한 세대 3인이 분양권을 2개 받을 수 있는지?
3) 한 세대에서 의견이 다르다면, 1인은 분양권을 받고, 나머지 2인은 현금청산 받는 것으로 의사표시를 각각 해도 되는지?

A. 가로주택정비사업의 분양대상은 서울시 소규모주택정비조례 제37조에서 주택을 소유한 자 또는 종전 토지 면적이 90㎡ 이상인 자, 권리가액이 분양용 최소규모 공동주택 1가구 추산액 이상인 자(분양신청자가 동일 세대인 경우 세대원 전원의 권리가액 합산 산정 가능)로 정하고 있음.

토지를 여러 명이 공유하는 경우에는 대표조합원을 정하고 소유자 전원의 의견을 합치하여 권리를 행사하여야 하고, 우리시 소규모주택정비조례 제37조제2항제3호에 의거 공유토지의 지분면적이 90㎡ 이상인 경우에는 공유자 각각 분양권을 받을 수 있으나, 지분면적이 90㎡ 미만인 경우에는 공유자 공동으로 분양권을 받는 것임(서울시 주거환경개선과 2020.12.4).

부 칙 〈2018.12.31 제6946호〉

제1조(시행일) 이 조례는 공포한 날부터 시행한다.

〈도시개발신문 2020.4.20〉

국토부, '사업대상지역'과 '동의율 산정' 서로 달라 불가능!
"소규모재건축 조합 해산 후 요건 갖춰 다시 신청해야"

소규모재건축조합이 사업추진 중 가로주택정비사업으로 변경하는 것은 불가능하다는 유권해석이 나왔다.

국토부 유권해석에 따르면 "소규모주택정비법 제23조에 따라 '소규모재건축사업'과 '가로주택정비사업'은 토지등소유자와 토지면적 등의 동의율 산정 기준이 다르다(2019.12.11)"며 관련 법 적용이 달라 불가능하다고 해석이다.

소규모정비법 제23조에 따르면, '가로주택정비사업'의 조합설립 동의는 토지등소유자의 8/10 및 토지면적의 2/3 이상의 동의가 필요하다. 반면 '소규모재건축사업'의 조합설립 동의는 공동주택의 각 동별 과반수 동의와 단지 전체 3/4 이상 및 토지면적의 3/4 이상의 동의가 필요하다.

또한 국토부는 "소규모주택정비법 시행령 제3조제1항에 의거 사업대상지역도 달라 사업변경은 불가능하다"고 판단이다. 소규모주택정비법 시행령 제3조제1항에 따라 가로주택정비사업 대상지는 가로구역의 전부 또는 일부에 해당하는 곳으로 규정하고 있어 주택단지를 기반으로 하는 소규모재건축사업과는 다르다.

따라서 현재 '소규모재건축사업 조합'을 해산한 뒤 가로주택정비사업에 부합하는 법적 요건을 충족시킨 후 조합설립인가를 다시 신청해야 한다는 게 국토부의 해석이다.

〈도시개발신문 대표 전연규〉

● 대전광역시

'용도지역에 따른 면적 적용, 세대원 면적 합산'여부가 키워드

04.10.1~21.3 현재: 대전광역시 건축조례 제39조의 규모 이상인 자를 분양대상자로 함(단서 조항 있음)

- 토지 총면적 60㎡ 이상인 자(주거지역)

권리산정기준일이 아닌 "정비구역 공람공고일"이 기준으로, 서울특별시는 용도지역 구분 없이 90㎡ 소유자가 분양대상자이지만, 대전광역시는 '건축조례 규모 이상인 자'로 규정함에 따라 용도지역에 따라 대지분할 최소면적을 달리 정함

14.10.28 대전광역시는 건축조례를 변경하여 주거지역 60㎡로 하향 조정한 반면, 상업지역은 개정하지 않아 도시정비형 재개발사업에서 상업지역의 분양대상자는 토지면적 150㎡ 이상인 자이어야 함

※ 건축조례 개정 연혁
03.8.8~14.10.27
건축조례 제28조(건축물이 있는 대지의 분할제한)
 1. 주거지역: 90㎡, 2. 상업지역: 150㎡, 3. 공업지역: 200㎡, 4. 녹지지역: 200㎡
 5. 제1호 내지 제4호에 해당하지 아니하는 지역: 90㎡

14.10.28~21.3 현재
제30조(건축물이 있는 대지의 분할제한)
 1. 주거지역: 60㎡, 2. 상업지역: 150㎡, 3. 공업지역: 150㎡, 4. 녹지지역: 200㎡
 5. 제1호부터 제4호에 해당하지 아니하는 지역 : 60㎡

- 종전토지 총면적 세대원 합산 규정

09.2.6 개정 도시정비법 제19조제1항(현행 제39조제1항)에서 재건축·재개발사업에 1세대 개념이 도입됨. 이 경우 대표 조합원 1인만 분양대상자로 됨.

대전광역시는 12.6.15 토지면적 합산 규정을 둬 대전광역시 건축조례 규모 이상인 자이면 분양대상자로 함

1. 도시정비조례 【개정연혁】

1 조례 제32조제1항제2호←제22조제1항제5호(21.3 현재~12.6.15)

① 영 제63조제1항제3호 단서에 따라 재개발사업으로 건립되는 공동주택의 분양대상자는 관리처분계획 기준일 현재 다음 각 호의 어느 하나에 해당되는 자로 한다.

2. 분양신청자가 소유하고 있는 종전 토지의 총면적이 대전광역시 건축조례 제39조의 규모 이상인 자.
다만, 구역지정 공람공고일 이전에 분할된 1필지 토지로서 그 면적이 30㎡ 이상인 토지(지목이 도로이며 도로로 이용되고 있는 토지를 제외한다)의 소유자는 사업시행인가고시일 이후부터 공사완료 고시일까지 분양신청자를 포함한 세대원(세대주 및 세대주와 동일한 세대별 주민등록표상에 등재되어 있지 아니한 세대주의 배우자 및 배우자와 동일한 세대를 이루고 있는 세대원을 포함한다) 전원이 주택을 소유하고 있지 아니한 경우에 한하여 분양대상자로 한다

5. 직계존비속 세대원(세대주 및 세대주와 동일한 세대별 주민등록표상에 등재되어 있지 아니한 세대주의 배우자 및 배우자와 동일한 세대를 이루고 있는 세대원을 포함한다)이 소유한 토지(지목이 도로이며 도로로 이용되고 있는 토지를 제외한다) 합산 면적이 「대전광역시 건축조례」 제30조의 규모 이상인 경우 〈신설 2012.6.15 조례 제4076호〉

③ 제1항제2호에 따른 토지면적 및 제1항제3호에 따른 권리가액을 산정함에 있어 다음 각 호의 어느 하나에 해당하는 토지는 포함하지 아니한다.

1. 건축법 제2조제1항제1호의 단서에 따른 하나의 대지 범위에 속하는 토지가 여러 필지인 경우로서 구역지정 공람공고일 이후에 그 토지의 일부를 취득하였거나 공유지분으로 취득한 토지
2. 하나의 건축물이 하나의 대지 범위에 속하는 토지를 점유하고 있는 경우로서 구역지정

공람공고일 이후 그 건축물과 분리하여 취득한 토지
3. 1필지의 토지를 구역지정 공람공고일 이후 분할 취득하거나 공유지분으로 취득한 토지

기준일이 권리산정기준일이 아닌 공람공고일임.

12.6.15 세대원의 토지면적 합산 규정을 둬, 대전광역시 건축조례 규모 이상인 자면 분양대상자로 함.

부 칙 〈2012.6.15 조례 제4076호〉
이 조례는 공포한 날부터 시행한다.

부 칙 〈2018.10.5 조례 제5175호〉
제1조(시행일) 이 조례는 공포한 날부터 시행한다.

2 조례 제22조제1항제2호(12.6.14~04.10.1)

① 영 제52조제1항제3호에 따라 주택재개발사업으로 건립되는 공동주택의 분양대상자는 관리처분계획 기준일 현재 다음 각 호의 어느 하나에 해당하는 자로 한다.
2. 분양신청자가 소유하고 있는 종전 토지의 총면적이 대전광역시 건축조례 제28조의 규모 이상인 자.
다만, 구역지정 공람공고일 이전에 분할된 1필지 토지로서 그 면적이 30㎡ 이상인 토지(지목이 도로이며 도로로 이용되고 있는 토지를 제외한다)의 소유자는 사업시행인가고시일 이후부터 공사완료 고시일까지 분양신청자를 포함한 세대원(세대주 및 세대주와 동일한 세대별 주민등록표상에 등재되어 있지 아니한 세대주의 배우자 및 배우자와 동일한 세대를 이루고 있는 세대원을 포함한다) 전원이 주택을 소유하고 있지 아니한 경우에 한하여 분양대상자로 한다.〈2004.10.1〉
③ 제1항제2호에 따른 토지면적 및 제1항제3호에 따른 권리가액을 산정함에 있어 다음 각 호의 어느 하나에 해당하는 토지는 포함하지 아니한다.
1. 「건축법」 제2조제1항제1호의 단서에 따른 하나의 대지 범위안에 속하는 토지가 여러 필지인 경우로서 구역지정공람공고일 이후에 그 토지의 일부를 취득하였거나 공유지분으로 취득한 토지

2. 하나의 건축물이 하나의 대지 범위안에 속하는 토지를 점유하고 있는 경우로서 <u>구역지정 공람 공고일</u> 이후 그 건축물과 분리하여 취득한 토지
3. 1필지의 토지를 <u>구역지정공람공고일</u> 이후 분할 취득하거나 공유지분으로 취득한 토지

서울특별시는 2003년 제정 조례 부칙 제8조에서 조례 시행 당시 종전 도시재개발법 제4조에 의하여 재개발구역으로 지정된 정비구역(정비계획이 수립되지 않은 정비구역은 제외)의 경우 제24조에 불구하고 구역지정 고시일을 이 조례 시행일로 보며 제24조제1항제2호 단서 규정의 30㎡를 20㎡로 한다는 규정을 두었음.
반면 대전광역시는 20㎡에 대한 경과조치가 없음.

대전광역시는 조례 부칙이 아닌 본문 단서 조항에 과소필지의 분양대상 규정을 둠.
14.10.28 건축조례의 개정으로 주거지역의 경우 90→60㎡로 하향 조정함에 따라 분양대상자도 이에 따라 완화됨.

종전토지 총면적의 추가 기준은 조례 제정 시행일(04.10.1)이 아닌 "구역지정 공람공고일" 이전에 취득하여야 함

부 칙 〈조례 제3281호, 2004.10.1〉
제1조(시행일) 이 조례는 공포한 날부터 시행한다.

2. 소규모주택정비조례 제20조제1항제2호, 제20조제3항 및 제22조 【개정연혁】

조합설립인가일을 권리산정기준일[17]로 하여 조례(제2조제1항제3호)에서 규정하고, 이 조례에서 용어는 도시정비법, 대전광역시 도시정비조례에서 정하는 바에 따름

1 조례 제20조제1항제2호, 제4호 및 제3항(21.3 현재~18.10.5)

① 영 제31조제1항제3호에 따라 가로주택정비사업으로 분양하는 주택의 분양대상자는 관리처분계획기준일 현재 다음 각 호의 어느 하나에 해당하는 토지등소유자로 한다.

2. 분양신청자가 소유하고 있는 종전 토지의 총면적이 「대전광역시 건축조례」 제39조의 규모 이상인 자.

   다만, 권리산정기준일 이전에 분할된 1필지 토지로서 그 면적이 30㎡ 이상인 토지(지목이 도로이며 도로로 이용되고 있는 토지를 제외한다)의 소유자는 사업시행계획인가일 이후부터 공사완료 고시일까지 분양신청자를 포함한 세대원(세대주 및 세대주와 동일한 세대별 주민등록표상에 등재되어 있지 아니한 세대주의 배우자 및 배우자와 동일한 세대를 이루고 있는 세대원을 포함한다) 전원이 주택을 소유하고 있지 아니한 경우에 한하여 분양대상자로 한다.

4. 직계존비속 세대원(세대주 및 세대주와 동일한 세대별 주민등록표상에 등재되어 있지 아니한 세대주의 배우자 및 배우자와 동일한 세대를 이루고 있는 세대원을 포함한다)이 소유한 토지(지목이 도로이며 도로로 이용되고 있는 토지를 제외한다) 합산 면적이 「대전광역시 건축조례」 제39조의 면적 이상인 경우

③ 제1항제2호의 종전 토지의 총면적 및 제1항제3호의 권리가액을 산정하는 경우에 다음 각 호의 어느 하나에 해당하는 토지는 포함하지 않는다.

1. 하나의 대지범위 안에 속하는 토지가 여러 필지인 경우 권리산정기준일 후에 그 토지의 일부를 취득하였거나 공유지분으로 취득한 토지
2. 하나의 건축물이 하나의 대지범위 안에 속하는 토지를 점유하고 있는 경우로서 권리산정기준일 후 그 건축물과 분리하여 취득한 토지

---

[17] 대전광역시 소규모주택정비조례
 (제정) 2018.10.5 조례 제5173호/(일부개정) 2019.12.27 조례 제5377호
 제2조(정의) ① 이 조례에서 사용하는 용어의 뜻은 다음과 같다.
  3. "권리산정기준일"이란 소규모주택정비사업으로 인하여 주택 등 건축물을 공급하는 경우로 다음 각 목에서 정한 날을 말한다.
   가. 토지등소유자가 사업시행자가 되는 경우에는 법 제22조에 따른 주민합의체 구성을 신고한 날
   나. 조합이 사업시행자가 되는 경우에는 조합설립인가일
   다. 구청장 또는 법 제10조제1항제1호에 따른 토지주택공사등이 사업시행자가 되는 경우에는 사업시행자지정고시일
   라. 지정개발자가 사업시행자로 지정되는 경우에는 지정개발자 지정 고시일

3. 1필지의 토지를 권리산정기준일 후 분할하여 취득하거나 공유로 취득한 토지

권리산정기준일을 토지면적, 권리가액 합산의 기준일로 정해, 도시정비조례상 구역지정 공람공고일과 달리함.
조례 제20조제1항제2호, 제3항: 18.10.5~21.3 현재까지 변경되지 않음.

부 칙 〈2018.10.5 조례 제5173호〉
제1조(시행일) 이 조례는 공포한 날부터 시행한다.
제2조(일반적 경과조치) 이 조례 시행 당시 종전의 「대전광역시 도시정비조례」의 가로주택정비사업 및 주택재건축사업(정비구역이 아닌 구역에서 시행하는 주택재건축사업을 말한다) 관련 규정에 따라 행하여진 처분·절차 및 행위는 이 조례의 관련 규정에 따라 행하여진 처분·절차 및 행위로 본다.

● 부산광역시

- 04.4.22~21.3 현재: 부산광역시 건축조례 규모 이상인 자(단서 조항 있음)를 분양대상자로 함

※ 건축조례
제39조(건축물이 있는 대지의 분할제한) 법 제57조제1항에서 "조례로 정하는 면적"이란 다음 각 호의 어느 하나에 해당하는 규모 이상을 말한다.
 1. 주거지역 : 60㎡, 2. 상업지역 : 150㎡, 3. 공업지역 : 150㎡
 4. 녹지지역 : 200㎡, 5. 제1호부터 제4호까지의 규정에 해당하지 아니하는 지역 : 60㎡

현재까지 규모 변동 없음

1. 도시정비조례 【개정연혁】

1 조례 제37조제1항제2호←제22조제1항제2호(21.3 현재~12.12.26)

① 영 제63조제1항제3호 단서에 따라 재개발사업으로 조성되는 대지 및 건축시설 중 공동주택의 분양대상자는 관리처분계획기준일 현재 다음 각 호의 어느 하나에 해당하는 자로 한다.

 2. 분양신청자가 소유하고 있는 종전 토지의 총면적이 부산광역시 건축조례 제39조의 규모 이상인 자.
 다만, 법 제77조에 따른 권리산정기준일 이전에 분할된 1필지 토지로서 그 면적이 20㎡ 이상인 토지(지목이 도로이며, 도로로 이용되고 있는 경우를 제외한다)의 소유자는 사업시행인가 고시일 이후부터 공사완료 고시일까지 분양신청자를 포함한 세대원(세대주 및 세대주와 동일한 세대별 주민등록표상에 등재되어 있지 아니한 세대주의 배우자 및 배우자와 동일한 세대를 이루고 있는 세대원을 포함한다) 전원이 주택을 소유하고 있지 아니한 경우에 한정하여 분양대상자로 한다

③ 제1항제2호에 따른 토지면적 및 같은 항 제3호에 따른 종전 토지 등의 가액을 산정함에 있어 다음 각 호의 어느 하나에 해당하는 토지는 포함하지 아니한다.
 1. 「건축법」 제2조제1호에 따른 하나의 대지 범위에 속하는 토지가 여러 필지인 경우로서 법 제77조에 따른 권리산정기준일 이후에 그 토지의 일부를 취득하였거나 공유지분으로 취득한 경우

2. 하나의 건축물이 하나의 대지 범위에 속하는 토지를 점유하고 있는 경우로서 법 제77조에 따른 권리산정기준일 이후에 그 건축물과 토지를 분리하여 취득한 경우
3. 1필지의 토지를 법 제77조에 따른 권리산정기준일 이후 분할 취득하거나 공유지분으로 취득한 경우

분양대상자를 건축조례 규모 이상인 자로 하며, 20㎡ 이상의 소유자로 무주택 요건을 정함. 투기억제를 위하여 12.12.26 기준일을 '구역지정 공람공고일에서 권리산정기준일'로 개정함.

부 칙 〈2012.12.26〉
제1조(시행일) 이 조례는 공포한 날부터 시행한다.

2 조례 제22조제1항제2호, 제3항(12.12.25~04.4.22)

① 영 제52조제1항제3호 단서에 따라 주택재개발사업으로 조성되는 대지 및 건축시설 중 공동주택의 분양대상자는 관리처분계획기준일 현재 다음 각 호의 어느 하나에 해당하는 자로 한다.
  2. 분양신청자가 소유하고 있는 종전 토지의 총면적이 부산광역시 건축조례 제39조의 규모 이상인 자.
    다만, 구역지정 공람공고일 이전에 분할된 1필지 토지로서 그 면적이 20㎡ 이상인 토지(지목이 도로이며, 도로로 이용되고 있는 경우를 제외한다)의 소유자는 사업시행인가 고시일 이후부터 공사완료 고시일까지 분양신청자를 포함한 세대원(세대주 및 세대주와 동일한 세대별 주민등록표상에 등재되어 있지 아니한 세대주의 배우자 및 배우자와 동일한 세대를 이루고 있는 세대원을 포함한다) 전원이 주택을 소유하고 있지 아니한 경우에 한하여 분양대상자로 한다.
③ 제1항제2호에 의한 토지면적 및 동항 제3호에 의한 종전 토지 등의 가액을 산정함에 있어 다음 각 호의 1에 해당하는 토지는 포함하지 아니한다.
  1. 건축법 제2조제1호에 의한 하나의 대지 범위에 속하는 토지가 수필지인 경우로서 구역지정 공람공고일 이후에 그 토지의 일부를 취득하였거나 공유지분으로 취득한 경우
  2. 하나의 건축물이 하나의 대지 범위에 속하는 토지를 점유하고 있는 경우로서 구역지정 공람공고일 이후에 그 건축물과 토지를 분리하여 취득한 경우
  3. 1필지의 토지를 구역지정 공람공고일 이후 분할 취득하거나 공유지분으로 취득한 경우

구역지정 공람공고일 이전에 분할된 1필지 토지로서 그 면적이 20㎡ 이상인 토지소유자 및 세대원의 무주택 요건을 갖춘 자를 분양대상자로 함.
권리산정기준일은 구역지정 공람공고일임.

부 칙〈2004.4.22 조례 제3928호〉
제1조(시행일) 이 조례는 공포 후 1월이 경과한 날부터 시행한다.
제8조(주택재개발사업의 분양주택 건설규모 등에 관한 경과조치) 이 조례 시행 전에 정비구역지정을 위한 공람공고를 실시한 정비사업에 대하여는 제25조에 불구하고 종전관련 조례의 규정을 적용한다.

2. 소규모주택정비조례 【개정연혁】

조례 상 조합설립인가일, 주민협의체 구성신고일, 공공시행자 지정고시일, 지정개발자 지정고시일을 권리산정기준일로 규정함

1 조례 제19조제2항제3호 (21.3 현재~18.7.11)

② 제1항에도 불구하고 다음 각 호의 어느 하나에 해당하는 경우에는 여러 명의 분양신청자를 1인의 분양대상자로 본다.

　3. 1주택 또는 1필지의 토지를 여러 명이 소유하고 있는 경우. 다만, 권리산정기준일 이전에 공유지분으로 소유한 토지의 지분면적이 「부산광역시 건축조례」 제39조에 따른 규모 이상인 자는 그러하지 아니하다.

부 칙〈2018.7.11 조례 제5789호〉
제1조(시행일) 이 조례는 공포한 날부터 시행한다.

● 인천광역시

'토지면적 90㎡ 이상인 자'이었다가 10.1.18 건축조례 제28조제1항제1호에 해당하는 자를 분양대상자로 함(단서조항으로 공람공고 이전 분할된 필지 면적 30㎡ 이상인 자로서 무주택요건을 갖추도록 함)

01.7.30~21.3 현재까지 건축조례 제1호 변동은 없음

※ 건축조례
제28조(대지의 분할 제한) ① 법 제57조제1항 및 영 제80조에 따라 건축물이 있는 대지의 분할은 다음 각 호의 어느 하나에 해당하는 규모이하로 분할할 수 없다. 〈개정 2007.07.30, 2009.10.05〉
1. 주거지역 : 90㎡, 2. 상업지역 : 150㎡, 3. 공업지역 : 150㎡
4. 녹지지역 : 200㎡, 5. 제1호 내지 제4호에 해당하지 아니하는 지역 : 60㎡

1. 도시정비조례 【개정연혁】

1 조례 제34조제1항, 제2항, 제3항←제23조제1항, 제2항, 제3항(21.3 현재~11.2.21)

① 법 제76조제1항제7호 가목에 따라 같은 세대에 속하지 아니하는 2명 이상이 공람공고일 이전에 하나의 토지를 공유한 경우에는 각 공유지분의 규모에 따라 다음 각 호와 같이 주택을 공급한다.
 1. 주거지역에 적용되는 분할제한면적 이상의 공유지분을 소유한 자에게는 각 1주택을 공급한다.
 2. 주거지역에 적용되는 분할제한면적 미만의 공유지분을 소유한 자가 2명 이상인 경우에는 해당 공유지분의 합이 주거지역에 적용되는 분할제한면적 이상인 경우에 한정하여 그 대표자에게 1주택을 공급한다.
② 영 제52조제1항제3호에 따른 공동주택의 분양대상자는 관리처분기준일 현재 다음 각 호의 기준에 적합하여야 한다.
 1. 생략
 2. 토지만을 소유하고 있는 경우에는 해당 토지면적의 합(국·공유지를 불하받은 경우 그 면적을 포함한다)이 주거지역에 적용되는 분할제한면적 이상일 것

3. 2 이상의 필지를 하나의 대지로 구획한 토지의 일부를 필지단위로 취득한 경우 취득시기(부동산등기부상의 접수일자를 기준으로 한다)가 공람공고일 이전일 것
③ 제2항에 불구하고 다음 각 호의 어느 하나에 해당하는 토지등소유자에게는 공동주택을 공급할 수 있다.
1. 공람공고일 이전에 분할된 필지의 면적이 30㎡ 이상인 토지를 소유한 자로서 다음 각 목의 모든 요건에 저촉되지 아니하는 토지등소유자
   가. 소유하고 있는 토지의 지목이 도로인 경우에는 해당 토지가 사실상의 도로가 아닐 것
   나. 공람공고 일부터 세대원(세대주, 세대주와 동일한 세대별 주민등록표에 등재되어 있지 아니한 배우자 및 배우자와 동일한 세대를 이루고 있는 세대원을 포함한다) 전원이 무주택자일 것

2명 이상이 1토지를 공유한 경우로서 시도 조례로 주택공급을 따로 정하고 있는 경우에는 시도 조례로 정하는 바에 따라 주택을 공급할 수 있음(도시정비법 제76조제1항제7호 가목)

도시정비법에서 위임된 규정에 따라 11.2.21 개정 조례에 따라 본 조가 신설됨

18.11.5 전부개정으로 내용은 변하지 않고 제23조→제34조로 이동됨

부칙〈2011.2.21 조례 제4904호〉
제1조(시행일) 이 조례는 공포한 날부터 시행한다.
제2조(처분 등에 관한 경과조치) 이 조례 시행 당시 종전의 규정에 따라 행한 처분·절차 그 밖의 행위는 이 조례에 따라 행하여진 것으로 본다.

부칙〈2018.11.5 조례 제6030호〉
제1조(시행일) 이 조례는 공포한 날부터 시행한다.
제6조(일반적 경과조치) 이 조례 시행 당시 종전의「인천광역시 도시정비조례」에 따른 결정·처분·절차 및 그 밖의 행위는 이 조례의 규정에 따라 행하여진 것으로 본다.

2 조례 제23조제2항제1호, 제3항(11.2.20~04.7.19)

① 주택재개발사업의 경우 법 제48조제2항제3호 및 영 제52조제1항제3호에 의하여 현금으로 청산할 수 있는 토지 또는 건축물은 다음 각 호의 1에 해당하는 경우를 말한다.

6. 분양신청자가 소유하고 있는 종전 토지의 총면적(국·공유지를 불하받는 경우에는 그 면적을 포함한다.)이 건축조례 제28조제1항제1호에 의한 분할 제한면적 미만인 경우

② 제1항에 불구하고 다음 각 호의 1에 해당하는 경우 현금으로 청산하지 아니하고 주택을 공급할 수 있다.

1. 구역지정 공람공고일 이전에 분할된 1필지의 토지로서 그 면적이 30㎡ 이상인 토지(다만, 지목이 도로이며 도로로 이용되고 있는 경우는 제외한다.)의 구역지정 공람공고일 현재 소유자는 사업시행인가고시일 후부터 준공인가일까지 분양신청자를 포함한 세대원(세대주 및 세대주와 동일한 세대별 주민등록표상에 등재되어 있지 아니한 세대주의 배우자 및 배우자와 동일한 세대를 이루고 있는 세대원을 포함한다. 이하 이 항에서 같다.) 전원이 주택을 소유하고 있지 아니한 경우에 한하여 분양대상자로 한다. 이 경우 주택소유여부에 관하여 필요한 사항은 「주택공급에 관한 규칙」 제6조제3항[18]을 준용하며, 분양받을 권리를 양도받은 자의 경우에는 권리양수일(제4항의 부동산 등기부상 접수일자)부터 공사완료공고일 기간 동안 양도받은 자를 포함한 세대원 전원이 주택을 소유하고 있지 아니하여야 한다.

---

[18] 주택공급에 관한 규칙[시행 2007.4.12] [건설교통부령 제554호, 2007.4.11, 일부개정]
제6조(세대주인정기간의 산정등) ③ 무주택세대주에 해당하는지 여부를 판단함에 있어서는 주택의 공유지분을 소유하고 있는 것을 주택을 소유하고 있는 것으로 보되, 다음 각 호의 어느 하나에 해당하는 경우에는 주택을 소유하지 아니한 것으로 본다. 다만, 제19조의2 및 제32조제5항제1호에 의한 우선공급의 경우 무주택세대주에 해당하는지 여부를 판단함에 있어서 제6호는 이를 적용하지 아니한다.
 1. 상속으로 인하여 주택의 공유지분을 취득한 사실이 판명되어 사업주체로부터 제21조의2제3항에 의하여 부적격자로 통보받은 날부터 3월 이내에 그 지분을 처분한 경우
 2. 도시지역이 아닌 지역 또는 면의 행정 구역(수도권은 제외한다)에 건축되어 있는 주택으로서 다음 각목의 1에 해당하는 주택의 소유자가 당해 주택건설지역에 거주(상속으로 주택을 취득한 경우에는 피상속인이 거주한 것을 상속인이 거주한 것으로 본다)하다가 다른 주택건설지역으로 이주한 경우
  가. 사용승인 후 20년 이상 경과된 단독주택
  나. 85㎡ 이하의 단독주택
  다. 소유자의 본적지에 건축되어 있는 주택으로서 직계존속 또는 배우자로부터 상속 등에 의하여 이전받은 단독주택
 3. 개인주택사업자가 분양을 목적으로 주택을 건설하여 이를 분양 완료하였거나 사업주체로부터 제21조의2제3항에 의한 부적격자로 통보받은 날부터 3월 이내에 이를 처분한 경우
 4. 세무서에 사업자로 등록한 개인사업자가 그 소속근로자의 숙소로 사용하기 위하여 법 제10조제3항에 의하여 주택을 건설하여 소유하고 있거나 사업주체가 정부시책의 일환으로 근로자에게 공급할 목적으로 사업계획승인을 얻어 건설한 주택을 공급받아 소유하고 있는 경우
 5. 20㎡ 이하의 주택(아파트를 제외한다)를 소유하고 있는 경우
 6. 60세 이상의 직계존속이 주택을 소유하고 있는 경우
 7. 건물등기부 또는 건축물대장등의 공부상 주택으로 등재되어 있으나 주택이 낡아 사람이 살지 아니하는 폐가이거나 주택이 멸실되었거나 주택이 아닌 다른 용도로 사용되고 있는 것으로서 사업주체로부터 제21조의2제3항의 규정에 의한 부적격자로 통보받은 날부터 3월 이내에 이를 멸실시키거나 실제 사용하고 있는 용도로 공부를 정리한 경우
 8. 무허가건물을 소유하고 있는 경우

현재 이 규정은 「주택공급에 관한 규칙」 제53조로서 주택소유 여부를 판단할 때 분양권등을 갖고 있거나 주택 또는 분양권등의 공유지분을 소유하고 있는 경우에는 주택을 소유하고 있는 것으로 보도록 규정하고 있음(20㎡ 이하의 분양권등을 소유하고 있는 경우는 제외)

④ 제2항제1호에 의한 토지면적 및 제2항제3호에 의한 종전의 토지 등의 총가액을 산정함에 있어 다음 각 호의 1에 해당하는 토지는 포함하지 아니한다.
  1. 건축법 제2조제1호에 의한 하나의 대지범위에 속하는 토지가 수필지인 경우로서 <u>구역지정 공람공고일</u> 이후에 그 토지의 일부를 취득하였거나 공유지분으로 취득한 경우
  2. 하나의 건축물이 하나의 대지범위에 속하는 토지를 점유하고 있는 경우로서 <u>구역지정 공람공고일</u> 이후에 그 건축물과 토지를 분리하여 취득한 경우
  3. 1필지의 토지를 <u>구역지정 공람공고일</u> 이후 분할 취득하거나 공유지분으로 취득한 경우

구역지정 공람공고일을 기준일로 정함

인천광역시 건축조례 제28조제1항제1호(주거지역)에 따라 분양대상자를 정할 수 있도록 하되, 과소필지인 30㎡의 소유자 및 세대원의 무주택 단서조항을 둠

04.7.19 '건축법 제49조에 의한 분할제한면적 이상→ 10.1.18 건축조례 제28조제1항제1호'인 주거지역 기준으로 통일함(건축조례 제28조제1항제1호는 90㎡임)

※ **건축법**[시행 2003.11.30] [법률 제6916호, 2003.5.29 타법개정]
제49조(대지의 분할제한) 〈개정 1999.2.8〉
① 건축물이 있는 대지는 대통령령이 정하는 범위 안에서 당해 지방자치단체의 조례가 정하는 면적에 미달되게 분할할 수 없다. 〈개정 1999.2.8〉
② 건축물이 있는 대지는 제33조 · 제47조 · 제48조 · 제51조 및 제53조에 의한 기준에 미달되게 분할할 수 없다. 〈개정 1995.1.5, 1999.2.8〉

부 칙 〈2010.1.18 조례 제4381호〉
① (시행일) 이 조례는 공포한 날부터 시행한다.
② (주택재개발사업에 관한 경과조치) 제24조제1항제6호 개정규정은 이 조례 시행 당시 관리처분계획의 인가를 받은 경우 또는 관리처분계획의 인가를 신청한 경우에는 종전의 규정에 따라 사업을 시행할 수 있다.

부 칙〈2004.7.19 조례 제3771호〉

제1조(시행일) 이 조례는 공포한 날부터 시행한다

제3조(다른 조례와의 관계) 이 조례 시행 당시 다른 조례에서 종전 조례의 규정을 인용하고 있는 경우 이 조례 또는 이 조례의 해당규정을 인용한 것으로 본다.

제4조(일반적 경과조치) 인천광역시 재개발사업조례,「인천광역시 주거환경개선지구조례」에 행하여진 처분·절차 그 밖의 행위는 이 조례에 의하여 행하여진 것으로 본다.

2. 소규모주택정비조례 【개정연혁】

조례 상 조합설립인가일, 주민협의체 구성신고일, 공공시행자 지정고시일, 지정개발자 지정고시일을 권리산정기준일로 규정함

1 조례 제19조제1항제2호, 제2항 및 제3항(21.3 현재~18.11.5)

① 영 제31조제1항제3호에 따라 가로주택정비사업으로 분양하는 주택의 분양대상자는 관리처분계획기준일 현재 다음 각 호의 어느 하나에 해당하는 토지등소유자로 한다.
  2. 분양신청자가 소유하고 있는 종전 토지의 면적(해당 필지를 기준으로 한다)이 30㎡ 이상인 자

② 제1항에도 불구하고 다음 각 호의 어느 하나에 해당하는 경우에는 여러 명의 분양신청자를 1인의 분양대상자로 본다.
  3. 1주택 또는 1필지의 토지를 여러 명이 소유하고 있는 경우. 다만, 권리산정기준일 현재 해당 토지를 3년 이상 공유로 소유한 자로서 토지 지분의 합이 90㎡ 이상인 경우 또는 권리가액이 제1항제3호에 해당하는 경우에는 그러하지 아니하다.

③ 제1항제2호의 종전 토지의 면적 및 제1항제3호의 권리가액을 산정함에 있어 다음 각 호의 어느 하나에 해당하는 토지는 포함하지 아니한다.
  1. 「건축법」 제2조제1항제1호에 따른 하나의 대지범위 안에 속하는 토지가 여러 필지인 경우 권리산정기준일 후에 그 토지의 일부를 취득하였거나 공유지분으로 취득한 토지
  2. 하나의 건축물이 하나의 대지범위 안에 속하는 토지를 점유하고 있는 경우로서 권리산정기준일 후 그 건축물과 분리하여 취득한 토지
  3. 1필지의 토지를 권리산정기준일 후 분할하여 취득하거나 공유로 취득한 토지

종전토지 면적을 단일필지인 경우, 30㎡ 이상인 자를 분양대상자로 함

부 칙 〈2018.11.5 조례 제6029호〉
제1조(시행일) 이 조례는 공포한 날부터 시행한다.
제2조(다른 조례와의 관계) 이 조례 시행 당시 다른 조례에서 종전의 「인천광역시 도시정비조례」 또는 그 규정을 인용한 경우 이 조례 중 그에 해당하는 규정이 있으면 종전의 「인천광역시 도시정비조례」의 규정은 이 조례 또는 이 조례의 해당 규정을 인용한 것으로 본다.

●광주광역시

- '건축조례 제31조 규모 이상인 자→건축조례 제31조제1호' 규모 이상인 자로 변경
04.3.25~18.11.14: 광주광역시 건축조례 제31조제1호 규모 이상인 자(단서 조항 있음)
18.11.15~19.4.14: 광주광역시 건축조례 제31조 규모 이상인 자(단서 조항 있음)
19.4.15~21.3 현재: 광주광역시 건축조례 제31조제1호 규모 이상인 자(단서 조항 있음)

※ 건축조례
제31조(건축물이 있는 대지의 분할제한) 법 제57조제1항 및 영 제80조에 의하여 건축물이 있는 대지의 분할은 다음 각 호의 어느 하나에서 정한 규모 이상이어야 한다.
 1. 주거지역 : 60㎡, 2. 상업지역 : 150㎡, 3. 공업지역 : 150㎡
 4. 녹지지역 : 200㎡, 5. 제1호 내지 제4호에 해당하지 아니한 지역 : 60㎡

1. 도시정비조례 【개정연혁】

1 조례 제37조제1항제2호, 저 3항(21.3 현재~19.4.15)

① 영 제63조제1항제3호에서 "시도 조례로 정하는 바"에 따른 공동주택의 분양대상자는 조합원으로서 관리처분계획기준일 현재 다음 각 호의 어느 하나에 해당하는 토지등소유자로 한다.
  2. 분양신청자가 소유하고 있는 종전토지의 총면적이 「광주광역시 건축조례」 제31조제1호에 따른 규모(용도지역 미구분) 이상인 자 다만, 권리산정기준일 이전에 분할된 1필지의 토지로서 그 면적이 30㎡ 이상인 토지(지목이 도로이며 도로로 이용되고 있는 토지를 제외한다)의 소유자는 사업시행인가 고시일 이후부터 공사 완료고시일까지 분양신청자를 포함한 세대원(세대주 및 세대주와 동일한 세대별 주민등록표상에 등재되어 있지 아니한 세대주의 배우자 및 배우자와 동일한 세대를 이루고 있는 세대원을 포함한다) 전원이 주택을 소유하고 있지 아니한 경우에 한하여 분양대상자로 한다. 〈개정 2019 4.15〉
③ 제1항제2호의 종전토지의 총면적 및 제1항제3호의 권리가액을 산정할 때 다음 각 호의 어느 하나에 해당 하는 토지는 포함하지 아니한다.
  1. 「건축법」 제2조제1항제1호에 따른 하나의 대지 범위 안에 속하는 토지가 여러 필지인 경우 권리산정기준일 후에 그 토지의 일부를 취득하였거나 공유지분으로 취득한 토지

2. 하나의 건축물이 하나의 대지범위에 속하는 토지를 점유하고 있는 경우로서 권리산정기준일 후 그 건축물과 분리하여 취득한 토지
3. 1필지의 토지를 권리산정기준일 후 분할 취득하거나 공유지분으로 취득한 토지

"건축조례 제31조제1호에 따른 규모(용도지역 미구분) 이상인 자"로 개정한 것은 분양대상자를 용도지역에 따라 구분하지 않고 제1호 주거지역인 60㎡의 토지를 소유한 자를 분양대상자로 한 것임.

제1호에 따른 규모는 주거지역에서의 60㎡를 뜻하는 것으로 '용도지역 미구분'은 이를 강조한 것이지만 커다란 의미는 없음

부 칙 〈2019.4.15〉
이 조례는 공포한 날부터 시행한다.

2 조례 제37조제1항제2호, 제3항 (19.4.14~18.11.15)

① 영 제63조제1항제3호에서 "시도 조례로 정하는 바"에 따른 공동주택의 분양대상자는 조합원으로서 관리처분계획기준일 현재 다음 각 호의 어느 하나에 해당하는 토지등소유자로 한다.
   2. 분양신청자가 소유하고 있는 종전토지의 총면적이 「광주광역시 건축조례」 제31조의 규모 이상인 사람. 다만, 권리산정기준일 이전에 분할된 1필지의 토지로서 그 면적이 30㎡ 이상인 토지(지목이 도로이며 도로로 이용되고 있는 토지를 제외한다)의 소유자는 사업시행인가 고시일 이후부터 공사완료 고시일까지 분양신청자를 포함한 세대원(세대주 및 세대주와 동일한 세대별 주민등록표상에 등재되어 있지 아니한 세대주의 배우자 및 배우자와 동일한 세대를 이루고 있는 세대원을 포함한다) 전원이 주택을 소유하고 있지 아니한 경우에 한하여 분양대상자로 한다.
③ 제1항제2호의 종전토지의 총면적 및 제1항제3호의 권리가액을 산정할 때 다음 각 호의 어느 하나에 해당 하는 토지는 포함하지 아니한다.
   1. 「건축법」 제2조제1항제1호에 따른 하나의 대지 범위 안에 속하는 토지가 여러 필지인 경우 권리산정기준일 후에 그 토지의 일부를 취득하였거나 공유지분으로 취득한 토지
   2. 하나의 건축물이 하나의 대지범위에 속하는 토지를 점유하고 있는 경우로서 권리산정기준일 후 그 건축물과 분리하여 취득한 토지

3. 1필지의 토지를 권리산정기준일 후 분할 취득하거나 공유지분으로 취득한 토지

'구역지정 공람공고일→권리산정기준일'로 기준을 변경하고, 권리산정기준일 이전의 과소필지인 30㎡의 소유자 및 세대원의 무주택 단서조항을 둠

「광주광역시 건축조례」 제31조제1호가 아닌 "제31조 규모 이상인 사람"을 분양대상자로 하여 용도지역에 따라 그 면적을 달리 정하도록 함

부칙〈2018.11.15〉
제1조(시행일) 이 조례는 공포한 날로부터 시행한다.

❸ 조례 제25조제1항제2호, 제3항(18.11.14~12.5.15)

① 영 제52조제1항제3호에 따라 주택재개발사업으로 건립되는 공동주택의 분양대상자는 관리처분계획기준일 현재 다음 각 호의 어느 하나에 해당하는 토지등소유자로 한다
 2. 분양신청자가 소유하고 있는 종전토지의 총면적이 건축조례 제31조제1호의 규모 이상인 자. 다만, 구역지정 공람공고일 전에 분할된 1필지의 토지로서 그 면적이 30㎡ 이상인 토지(지목이 도로이며 도로로 이용되고 있는 토지를 제외한다)의 소유자는 사업시행인가고시일 이후부터 공사 완료고시일까지 분양신청자를 포함한 세대원(세대주 및 세대주와 동일한 세대별 주민등록표상에 등재되어 있지 아니한 세대주의 배우자 및 배우자와 동일한 세대를 이루고 있는 세대원을 포함한다) 전원이 주택을 소유하고 있지 아니한 경우에 한하여 분양대상자로 한다
③ 제1항제2호의 종전토지의 총면적 및 제1항제3호의 권리가액을 산정함에 있어 다음 각 호의 어느 하나에 해당 하는 토지는 포함하지 아니한다.〈개정 2012.5.15〉
 1. 「건축법」 제2조제1항제1호에 따른 하나의 대지범위 안에 속하는 토지가 여러 필지인 경우 구역지정 공람공고일 이후에 그 토지의 일부를 취득하였거나 공유지분으로 취득한 토지〈개정 2006.1.1, 2010.1.1, 2012.5.15〉
 2. 하나의 건축물이 하나의 대지범위 안에 속하는 토지를 점유하고 있는 경우로서 구역지정 공람공고일 이후 그 건축물과 분리하여 취득한 토지〈개정 2012.5.15〉
 3. 1필지의 토지를 구역지정 공람공고일 이후 분할 취득하거나 공유지분으로 취득한 토지〈개정 2012.5.15〉

권리산정기준일을 조례 시행일(04.3.25)이 아닌 '구역지정 공람공고일[19]'로 정하고 이후 취득한 경우에는 포함되지 않도록 함.

이때까지 건축조례 제31조 제1호(주거지역) 이상이면 용도지역 구분 없이 분양대상자가 되며, 과소필지인 30㎡의 소유자 및 세대원의 무주택 단서조항을 둠

부 칙 〈2012.5.15〉
제1조(시행일) 이 조례는 공포 후 30일이 경과한 날부터 시행한다. 다만 제25조는 2009년 2월 6일(법 제50조의2 시행일)부터 시행하며, 제42조로부터 제52조는 공포 후 6개월이 경과한 날부터 시행한다.

4 조례 제25조제1항제2호, 제3항 (12.5.14~04.3.25)

① 영 제52조제1항제3호에 따라 주택재개발사업으로 건립되는 공동주택의 분양대상자는 관리처분계획기준일 현재 다음 각 호의 어느 하나에 해당하는 토지등소유자로 한다
  2. 분양신청자가 소유하고 있는 종전토지의 총면적이 광주광역시 건축조례 제41조제1호의 규모 이상인 자.
    다만, 이 조례 시행일 전에 분할된 1필지의 토지로서 그 면적이 30㎡ 이상인 토지(지목이 도로이며 도로로 이용되고 있는 토지를 제외한다)의 소유자는 사업시행인가고시일 이후부터 공사완료고시일까지 분양신청자를 포함한 세대원(세대주 및 세대주와 동일한 세대별 주민등록표상에 등재되어 있지 아니한 세대주의 배우자 및 배우자와 동일한 세대를 이루고 있는 세대원을 포함한다) 전원이 주택을 소유하고 있지 아니한 경우에 한하여 분양대상자로 한다.
③ 제1항제2호의 종전토지의 총면적 및 제1항제3호의 권리가액을 산정함에 있어 다음 각 호의 1에 해당 하는 토지는 포함하지 아니한다.
  1. 건축법 제2조제1호에 의한 하나의 대지범위 안에 속하는 토지가 여러 필지인 경우 이 조례 시행일 이후에 그 토지의 일부를 취득하였거나 공유지분으로 취득한 토지
  2. 하나의 건축물이 하나의 대지범위 안에 속하는 토지를 점유하고 있는 경우로서 이 조례 시행일 이후 그 건축물과 분리하여 취득한 토지

---

[19] 광주광역시 도시정비조례 일부개정 조례안 심사보고서(2012.4.18)
  2. 주요 내용
    도시정비법 개정에 따른 주택 등 건축물의 분양받을 권리산정기준일 수정(안 제25조)
     - 현행은 기준일이 "조례 시행일(04.3.25)"로 규정되어 있으나 상위법(도시정비법)에서 기준일이 "구역지정 공람공고일"로 개정되어 내용 반영

3. 1필지의 토지를 이 조례 시행일 이후 분할 취득하거나 공유지분으로 취득한 토지

광주광역시 건축조례 제41조제1호의 규모 이상인 자를 분양대상자로 하고, 30㎡ 이상인 과소필지 토지소유자에 대한 단서 조항을 둠

권리산정기준일을 조례 시행일(04.3.25)로 하여 이후 취득한 경우에는 포함되지 않도록 함

부 칙〈2004.3.25 조례 제3264호〉
제1조(시행일) 이 조례는 공포한 날로부터 시행한다.

2. 소규모주택정비조례 【개정연혁】

권리산정기준일은 토지등소유자가 사업시행자인 경우(주민합의체 구성을 신고한 날), 조합이 사업시행자가 되는 경우(조합설립인가일), 광주광역시 관할 자치구의 구청장 또는 토지주택공사 등이 사업시행자가 되는 경우(공공시행자 지정고시일), 지정개발자가 사업시행자로 지정되는 경우(지정개발자 지정고시일)에 따라 다름.

1 조례 제19조제2항제2호, 제3항(21.3 현재~19.4.15)

① 영 제31조제1항제3호에 따라 가로주택정비사업으로 분양하는 주택의 분양대상자는 관리처분계획기준일 현재 다음 각 호의 어느 하나에 해당하는 토지등소유자로 한다.

  2. 분양신청자가 소유하고 있는 종전 토지의 총면적이 「광주광역시 건축조례」 제31조제1호에 따른 규모(용도지역 미구분) 이상인 자. 다만, 권리산정기준일 이전에 분할된 1필지의 토지로서 그 면적이 20㎡ 이상인 토지(지목이 도로이며 도로로 이용되고 있는 토지를 제외한다)의 소유자는 사업시행계획인가일 이후부터 준공인가 고시일까지 분양신청자를 포함한 세대원(세대주, 세대주와 동일한 세대별 주민등록표상에 등재되어 있지 아니한 세대주의 배우자 및 배우자와 동일한 세대를 이루고 있는 세대원을 포함한다) 전원이 주택을 소유하고 있지 아니한 경우에 한하여 분양대상자로 할 수 있다.

③ 제1항제2호의 종전 토지의 총면적 및 제1항제3호의 권리가액을 산정함에 있어 다음 각 호의 어느 하나에 해당하는 토지는 포함하지 아니한다.

  1. 「건축법」 제2조제1항제1호에 따른 하나의 대지범위 안에 속하는 토지가 여러 필지인 경우 권리산정기준일 이후에 그 토지의 일부를 취득하였거나 공유지분으로 취득한 토지

  2. 하나의 건축물이 하나의 대지범위 안에 속하는 토지를 점유하고 있는 경우로서 권리산정기준일 이후에 그 건축물과 분리하여 취득한 토지

  3. 1필지의 토지를 권리산정기준일 이후 분할하여 취득하거나 공유로 취득한 토지

종전토지의 총면적이 「광주광역시 건축조례」 제31조의 규모 이상인 자로 규정한 광주광역시 도시정비조례와 같은 규정임.

부 칙 〈신설 2019.4.15〉
제1조(시행일) 이 조례는 공포한 날부터 시행한다.

●대구광역시

조례 제정(04.7.12)~18.12.31 전부개정 시까지 건축조례 규모 이상인 자를 분양대상자로 함
따라서 용도지역에 의해 분양대상자의 토지 총면적이 달라 지게 됨

05.5.30~21.3 현재까지 건축조례 변동사항 없음

※ 건축조례
제37조(건축물이 있는 대지의 분할제한) 법 제57조제1항 및 영 제80조에 따라 건축물이 있는 대지의 분할은 다음 각 호의 어느 하나에 해당하는 규모 이상으로 한다.
1. 주거지역 : 90㎡, 2. 상업지역 : 150㎡, 3. 공업지역 : 200㎡
4. 녹지지역 : 200㎡, 5. 제1호부터 제4호까지의 규정에 해당하지 아니하는 지역 : 90㎡

1. 도시정비조례 【개정연혁】

1 조례 제36조(재개발사업의 분양대상 등)제1항제2호(21.3 현재~18.12.31)

① 영 제63조제1항제3호에 따라 재개발사업으로 건립되는 공동주택의 분양대상자는 관리처분계획기준일 현재 다음 각 호의 어느 하나에 해당하는 토지등소유자로 한다.
  2. 분양신청자가 소유하고 있는 종전 토지의 총면적이 「대구광역시 건축조례」 제37조의 규모 이상인 자. 다만, 권리산정기준일 이전에 분할된 1필지의 토지로서 그 면적이 20㎡ 이상인 토지(지목이 도로이며 도로로 이용되고 있는 토지를 제외한다) 소유자는 분양대상자로 할 수 있다.
③ 제1항제2호의 종전 토지의 총면적 및 제1항제3호의 권리가액을 산정함에 있어 다음 각 호의 어느 하나에 해당하는 토지는 포함하지 않는다.
  1. 「건축법」 제2조제1항제1호에 따른 하나의 대지범위 안에 속하는 토지가 여러 필지인 경우 권리산정기준일 후에 그 토지의 일부를 취득하였거나 공유지분으로 취득한 토지
  2. 하나의 건축물이 하나의 대지범위 안에 속하는 토지를 점유하고 있는 경우로서 권리산정기준일 후 그 건축물과 분리하여 취득한 토지
  3. 1필지의 토지를 권리산정기준일 후 분할하여 취득하거나 공유로 취득한 토지

부칙 〈조례 제5197호, 2018.12.31〉
제1조(시행일) 이 조례는 공포한 날로부터 시행한다. 다만, 제13조제1항과 제14조부터 제18조까지 및 제20조제2항의 개정 규정은 공포 후 1년이 경과한 날부터 시행한다.
제6조(일반적 경과조치) 이 조례 시행 당시 종전의 「대구광역시 도시정비조례」에 따른 결정·처분·절차 및 그 밖의 행위는 이 조례에 따라 행하여진 것으로 본다.

2 조례 제22조(현금청산 대상)제2항제1호(18.12.30~04.7.12)

② 제1항에 불구하고 다음 각 호의 1에 해당하는 경우 현금으로 청산하지 아니하고 주택을 공급할 수 있다.
　1. 구역지정 공람공고일 이전에 분할된 1필지의 토지로서 그 면적이 20㎡ 이상인 토지(다만, 지목이 도로이며 도로로 이용되고 있는 경우는 제외한다)의 소유자는 사업시행인가고시일 이후부터 준공인가일까지 분양신청자를 포함한 세대원(세대주 및 세대주와 동일한 세대별 주민등록표상에 등재되어 있지 아니한 세대주의 배우자 및 배우자와 동일한 세대를 이루고 있는 세대원을 포함한다. 이하 이 항에서 같다) 전원이 주택을 소유하고 있지 아니한 경우에 한하여 분양대상자로 한다. 이 경우 주택소유여부에 관하여 필요한 사항은 「주택공급에 관한 규칙」 제6조제3항을 준용하며, 분양받을 권리를 양도받은 자의 경우에는 권리양수일(제4항의 부동산 등기부상 접수일자)부터 공사완료공고일 기간 동안 양도받은 자를 포함한 세대원 전원이 주택을 소유하고 있지 아니하여야 한다.
③ 제1항 및 제2항을 적용함에 있어 다음 각 호의 1에 해당하는 경우에는 다수인의 분양신청자를 1인의 분양대상자로 본다.
　1. 다수인의 분양신청자가 하나의 세대(세대주와 동일한 세대별 주민등록표상에 등재되어 있지 아니한 세대주의 배우자 및 배우자와 동일한 세대를 이루고 있는 세대원을 포함한다)인 경우
　2. 하나의 토지 또는 주택을 다수인이 소유하고 있는 경우

부칙 〈2004.7.12〉
제1조(시행일) 이 조례는 공포한 날부터 시행한다.
제3조(일반적 경과조치) 이 조례 시행 전에 대구광역시 도시재개발사업조례, 「대구광역시 주거환경개선지구를 위한 특례에 관한 조례」 등에 의한 처분, 절차 및 그 밖의 행위는 이 조례의 규정에 의하여 행하여진 것으로 본다.

2. 소규모주택정비조례 【개정연혁】

건축조례 규모 이상인 자를 분양대상자로 함

조례 상 조합설립인가일, 주민합의체 구성신고일, 공공시행자 지정고시일, 지정개발자 지정고시일을 권리산정기준일로 규정함

1 조례 제26조제1항제2호(21.3.현재~20.5.11)

① 영 제31조제1항제3호에 따라 가로주택정비사업으로 분양하는 주택의 분양대상자는 관리처분계획기준일 현재 다음 각 호의 어느 하나에 해당하는 토지등소유자로 한다.

2. 분양신청자가 소유하고 있는 종전토지의 총면적이 「대구광역시 건축조례」 제37조의 규모 이상인 사람. 다만, 권리산정기준일 이전에 분할된 1필지의 토지로서 그 면적이 20㎡ 이상인 토지(지목이 도로이며 도로로 이용되고 있는 토지를 제외한다)의 소유자는 분양대상자로 할 수 있다. ~~토지소유자는 사업시행계획인가일 이후부터 공사 완료고시일까지 분양신청자를 포함한 세대원(세대주 및 세대주와 동일한 세대별 주민등록표상에 등재되어 있지 아니한 세대주의 배우자 및 배우자와 동일한 세대를 이루고 있는 세대원을 포함한다) 전원이 주택을 소유하고 있지 아니한 경우에 한하여 분양대상자로 할 수 있다.~~

종전의 "사업시행계획인가일 이후부터 공사 완료고시일까지 분양신청자를 포함한 세대원(세대주 및 세대주와 동일한 세대별 주민등록표상에 등재되어 있지 아니한 세대주의 배우자 및 배우자와 동일한 세대를 이루고 있는 세대원을 포함한다) 전원이 주택을 소유하고 있지 아니한 경우에 한하여 분양대상자로 할 수 있다."는 규정을 삭제하여 그 요건을 완화함

이 개정규정은 이 조례 시행(20.5.11.) 후 사업시행계획인가를 신청하는 경우부터 적용함

부 칙 〈조례 제5428호, 2020.5.11〉
제1조(시행일) 이 조례는 공포한 날부터 시행한다.
제3조(가로주택정비사업의 분양대상에 관한 적용례) 제26조제1항의 개정규정은 이 조례 시행 후 사업시행계획인가를 신청하는 경우부터 적용한다.

2 조례 제26조제1항제2호(20.5.10~18.10.1)

① 영 제31조제1항제3호에 따라 가로주택정비사업으로 분양하는 주택의 분양대상자는 관리처분계획기준일 현재 다음 각 호의 어느 하나에 해당하는 토지등소유자로 한다.

2. 분양신청자가 소유하고 있는 종전토지의 총면적이 「대구광역시 건축조례」 제37조의 규모 이상인 사람. 다만, 권리산정기준일 이전에 분할된 1필지의 토지로서 그 면적이 20㎡ 이상인 토지(지목이 도로이며 도로로 이용되고 있는 토지를 제외한다)의 소유자는 사업시행계획인가일 이후부터 공사 완료고시일까지 분양신청자를 포함한 세대원(세대주 및 세대주와 동일한 세대별 주민등록표상에 등재되어 있지 아니한 세대주의 배우자 및 배우자와 동일한 세대를 이루고 있는 세대원을 포함한다) 전원이 주택을 소유하고 있지 아니한 경우에 한하여 분양대상자로 할 수 있다.

③ 제1항제2호의 종전 토지의 총면적 및 제1항제3호의 권리가액을 산정함에 있어 다음 각 호의 어느 하나에 해당하는 토지는 포함하지 아니한다.

1. 「건축법」 제2조제1항제1호에 따른 하나의 대지범위 안에 속하는 토지가 여러 필지인 경우 권리산정기준일 이후에 그 토지의 일부를 취득하였거나 공유지분으로 취득한 토지
2. 하나의 건축물이 하나의 대지범위 안에 속하는 토지를 점유하고 있는 경우로서 권리산정기준일 이후에 그 건축물과 분리하여 취득한 토지
3. 1필지의 토지를 권리산정기준일 이후 분할하여 취득하거나 공유로 취득한 토지

부 칙 〈2018.10.1 조례 제5161호〉

제1조(시행일) 이 조례는 공포한 날부터 시행한다.

제3조(일반적 경과조치) 이 조례 시행 당시 종전의 「대구광역시 도시정비조례」의 가로주택정비사업 및 주택재건축사업(정비구역이 아닌 구역에서 시행하는 주택재건축사업을 말한다. 이하 같다) 관련 규정에 따라 행하여진 처분·절차 및 행위는 이 조례의 관련 규정에 따라 행하여진 처분·절차 및 행위로 본다.

제4조(가로주택정비사업 등에 관한 경과조치) 종전 조례에 따라 시행 중인 가로주택정비사업 및 주택재건축사업은 각각 이 조례에 따른 가로주택정비사업과 소규모재건축사업으로 본다.

●울산광역시

건축조례 제1호 이상인 자를 분양대상자로 함
01.4.18~21.3 현재: 건축조례 개정사항 없음

※ 건축조례
제50조(건축물이 있는 대지의 분할제한) 법 제57조제1항 및 영 제80조에 따라 대지면적은 다음 각 호의 어느 하나에서 정한 면적에 미달되게 분할할 수 없다.〈개정 2007.6.14, 2009.3.5, 2013.6.28, 2016.12.29〉
1. 주거지역: 90㎡, 2. 상업지역: 150㎡, 3. 공업지역: 200㎡
4. 녹지지역: 200㎡, 5. 제1호부터 제4호까지에 해당하지 아니하는 지역: 100㎡

1. 도시정비조례【개정연혁】

1 조례 제29조제1항제2호←제23조(주택재개발사업의 분양대상 등)(21.3 현재~16.12.29)

① 영 제52조제1항제3호에 따른 주택재개발사업으로 건립되는 공동주택의 분양대상자는 관리처분계획기준일 현재 다음 각 호의 어느 하나에 해당하는 토지등소유자로 한다.
  2. 분양신청자가 소유하고 있는 종전 토지의 총면적이「울산광역시 건축조례」제50조제1호의 규모 이상인 자. 다만, 권리산정기준일 이전에 분할된 1필지의 토지로서 그 면적이 20㎡ 이상인 토지(지목이 도로이며, 도로로 이용되고 있는 경우를 제외한다)의 소유자는 사업시행인가고시일 이후부터 공사완료 고시일까지 분양신청자를 포함한 세대원(세대주 및 세대주와 동일한 세대별 주민등록표상에 등재되어 있지 아니한 세대주의 배우자 및 배우자와 동일한 세대를 이루고 있는 세대원을 포함한다) 모두가 주택을 소유하고 있지 아니한 경우에 한하여 분양대상자로 한다.
③ 제1항제2호의 종전 토지의 총면적 및 제1항제3호의 권리가액을 산정함에 있어 다음 각 호의 어느 하나에 해당하는 토지는 포함하지 아니한다.
  1.「건축법」제2조제1항제1호에 따른 하나의 대지범위 안에 속하는 토지가 여러 필지인 경우 권리산정 기준일 후에 그 토지의 일부를 취득하였거나 공유 지분으로 취득한 토지
  2. 하나의 건축물이 하나의 대지범위 안에 속하는 토지를 점유하고 있는 경우로서 권리산정 기준일 후 그 건축물과 분리하여 취득한 토지

가. 삭제 〈2016.12.29〉
　　나. 삭제 〈2016.12.29〉
　3. 1필지의 토지를 권리산정 기준일 후 분할하여 취득하거나 공유로 취득한 토지

부 칙 〈개정 2016.12.29 조례 제1691호〉
제1조(시행일) 이 조례는 공포한 날부터 시행한다.

2 조례 제23조(현금청산) 제2항제1호, 제3항 (16.12.28~10.12.31)

② 제1항에 불구하고 다음 각 호의 어느 하나에 해당하는 경우 현금으로 청산하지 아니하고 주택을 공급할 수 있다. 〈개정 2006.1.12, 2007.5.10, 2010.12.31〉

　1. <u>정비구역지정 공람공고일 이전에 분할된 1필지의 토지로서 그 면적이 20㎡ 이상인 토지</u>(다만, 지목이 도로이며 도로로 이용되고 있는 경우는 제외한다)의 소유자는 사업시행인가 고시일 후부터 준공인가일까지 분양신청자를 포함한 세대원(세대주 및 세대주와 동일한 세대별 주민등록표상에 등재되어 있지 아니한 세대주의 배우자 및 배우자와 동일한 세대를 이루고 있는 세대원을 포함한다) 전원이 주택을 소유하고 있지 아니한 경우에 한하여 분양대상자로 한다. 이 경우 주택 소유여부에 관하여 필요한 사항은「주택공급에 관한 규칙」제6조제3항을 준용하며, 분양받을 권리를 양도받은 자의 경우에는 권리양수일(제4항의 부동산 등기부상 접수일자)부터 공사완료 공고일 기간 동안 양도받은 자를 포함한 세대원 전원이 주택을 소유하고 있지 아니하여야 한다.

③ 제1항 및 제2항을 적용함에 있어 다음 각 호의 어느 하나에 해당하는 경우에는 수명의 분양신청자를 1명의 분양대상자로 본다. 〈개정 2007.5.10, 2010.12.31〉

　1. 수인의 분양신청자가 하나의 세대(세대주와 동일한 세대별 주민등록표상에 등재되어 있지 아니한 세대주의 배우자 및 배우자와 동일한 세대를 이루고 있는 세대원을 포함한다)인 경우
　2. <u>하나의 토지 또는 주택을 수인이 소유하고 있는 경우. 다만, 다음 각 목의 어느 하나에 해당하는 경우에는 그러하지 아니한다.</u>
　　가. <u>정비구역지정 공람공고일 3개월 이전부터 다가구주택을 건축물 준공 이후 다세대 주택으로 전환된 주택을 취득하여 부동산 등기를 완료한 경우</u>
　　나. <u>정비구역지정 공람공고일 이전부터 지분 또는 구분 소유등기를 필한 다가구 주택</u>(1990년 4월 21일 다가구주택 제도 도입이전에 단독주택으로 건축허가를 받아 지분 또는 구분등기를 필한 사실상의 다가구 주택 포함)의 경우

부 칙 〈개정 2010.12.31 조례 제1193호〉
이 조례는 공포한 날부터 시행한다.

3 조례 제23조(현금청산 대상)제2항제1호, 제3항(10.12.30~04.6.10)

② 제1항에 불구하고 다음 각 호의 1에 해당하는 경우 현금으로 청산하지 아니하고 주택을 공급할 수 있다.

1. 정비구역 지정공람공고일 이전에 분할된 1필지의 토지로서 그 면적이 $20m^2$ 이상인 토지(다만, 지목이 도로이며 도로로 이용되고 있는 경우는 제외한다)의 소유자는 사업시행인가 시일 후부터 준공인가일까지 분양신청자를 포함한 세대원(세대주 및 세대주와 동일한 세대별 주민등록표상에 등재되어 있지 아니한 세대주의 배우자 및 배우자와 동일한 세대를 이루고 있는 세대원을 포함한다. 이하 이 항에서 같다) 전원이 주택을 소유하고 있지 아니한 경우에 한하여 분양대상자로 한다. 이 경우 주택 소유여부에 관하여 필요한 사항은 「주택공급에 관한 규칙」 제6조제3항을 준용하며, 분양받을 권리를 양도받은 자의 경우에는 권리양수일(제4항의 부동산 등기부상 접수일자)부터 공사완료 공고일 기간 동안 양도받은 자를 포함한 세대원 전원이 주택을 소유하고 있지 아니하여야 한다.

③ 제1항 및 제2항을 적용함에 있어 다음 각 호의 1에 해당하는 경우에는 수인의 분양신청자를 1인의 분양대상자로 본다.

1. 수인의 분양신청자가 하나의 세대(세대주와 동일한 세대별 주민등록표상에 등재되어 있지 아니한 세대주의 배우자 및 배우자와 동일한 세대를 이루고 있는 세대원을 포함한다)인 경우
2. 하나의 토지 또는 주택을 수인이 소유하고 있는 경우. 다만, 정비구역 지정공람공고일 3월 이전부터 다가구주택을 건축물 준공 이후 다세대주택으로 전환된 주택을 취득하여 부동산등기를 완료한 경우에는 포함하지 아니한다.

대구광역시 조례 제22조(현금청산 대상)제2항제1호(04.7.12~08.12.30)와 유사함

부 칙 〈2004.6.10〉
① (시행일) 이 조례는 공포한 날부터 시행한다.

2. 소규모주택정비조례 【개정연혁】

조례 상 조합설립인가일, 주민협의체 구성신고일, 공공시행자 지정고시일, 지정개발자 지정고시일을 권리산정기준일로 규정함.

1 조례 제19조제1항(21.3 현재~19.7.11)

◆ 조례 제19조

제19조(가로주택정비사업의 관리처분의 방법 등) ① 영 제31조제1항제3호에서 "시·도 조례로 정하는 금액·규모·취득시기 또는 유형에 관한 기준에 부합하는 토지 등 소유자"는 다음 각 호의 어느 하나에 해당하는 자를 말한다.
  1. 종전의 건축물 중 주택(기존 무허가 건축물 및 사실상 주거용으로 사용하고 있는 건축물을 포함한다)을 소유한 자
  2. 분양신청자가 소유하고 있는 권리가액이 분양용 최소규모 공동주택 1가구의 추산액 이상인 자
② 제1항에도 불구하고 다음 각 호의 어느 하나에 해당하는 경우에는 여러 명의 분양신청자를 1명의 분양대상자로 본다.
  1. 단독주택 또는 다가구주택을 권리산정기준일 후 다세대주택으로 전환한 경우
  2. 법 제24조제1항제2호에 따라 여러 명의 분양신청자가 1세대에 속하는 경우
  3. 1주택 또는 1필지의 토지를 여러 명이 소유하고 있는 경우. 다만, 권리산정기준일 이전부터 공유로 소유한 토지의 지분면적이 「울산광역시 건축 조례」 제50조에 따른 규모 이상인 경우는 제외한다.
  4. 1필지의 토지를 권리산정기준일 후 여러 개의 필지로 분할한 경우
  5. 하나의 대지범위 안에 속하는 동일인 소유의 토지와 주택을 건축물 준공 이후 토지와 건축물로 각각 분리하여 소유하는 경우
  6. 권리산정기준일 후 나대지에 건축물을 새로 건축하거나 기존 건축물을 철거하고 공동주택을 건축하여 토지등소유자가 증가되는 경우

부칙〈2019.7.1〉
이 조례는 공포한 날부터 시행한다.

서울특별시 도시정비조례 제36조제1항

① 영 제63조제1항제3호에 따라 재개발사업으로 건립되는 공동주택의 분양대상자는 관리처분계획기준일 현재 다음 각 호의 어느 하나에 해당하는 토지등소유자로 한다.
   3. 분양신청자가 소유하고 있는 권리가액이 분양용 최소규모 공동주택 1가구의 추산액 이상인 자. 다만, 분양신청자가 동일한 세대인 경우의 권리가액은 세대원 전원의 가액을 합하여 산정할 수 있다.

조례 제36조제1항에서 제1호나 제2호가 아닌 경우에 3호를 적용하는 것이 아니라, 선택하여 규정 선택이 가능함

종전토지 총면적이 90㎡ 이하라도, 권리가액이 조합원 최소주택 분양용 최소규모 공공주택 추산액 이상이면, 분양대상임(03.12.30 전부터 공유지분으로 소유한 토지의 권리가액이 분양용 최소규모 공동주택 1가구 추산액 이상이 분양대상자: 부칙 제29조제3항)
예: 20㎡의 토지를 소유한 경우 현금청산대상이지만, 토지의 특성으로 분양되는 최소규모의 공동주택 1가구 이상의 권리가액이 신청된 경우 분양자격을 인정함.

주택재개발보다는 도시정비형 재개발사업(구 도시환경정비사업)의 일반분양 공급물량이 많고 사업수익성이 큰 정비구역에서 권리가액에 적용되는 비례율이 높고 조합원 분양가격이 상대적으로 낮을 때 적용될 수 있음.

다만 이 조례 제2항에서 "제1항에 불구하고~~~"란 규정과 관련, 제1호 내지 제6호의 경우에도 추산액 이상인 경우 각각 분양대상지인지 여부는 이견이 있지만, 여러 사람 중 1인이 분양대상자로 해석하는 것이 옳음.
종전에는 조례 시행일 03.12.30 이전이 합산 기준이었으나, 10.7.15 조례 개정으로 권리산정기준일 이전의 경우에 동일세대 세대원 전원의 권리가액을 합산함(큰 평형이나 1+1을 받는 기준이 됨)

- 재개발은 09.2.6 법 개정 이전에도 도시정비조례에서 1주택공급이 원칙이었으며, 합산이 가능하였으나, 재건축은 각각 주택공급이 가능하여 권리가액의 합산이란 개념이 크게 의미가 없었음

종전 제24조(이후 제27조)제3항의 경우 그 요건에 맞으면 종전토지나 권리가액을 합산하였지만, 분양신청자가 타인의 주택등을 취득한 경우가 일반적이었음.

09.2.6 도시정비법 제19조(현행 제39조)제1항이 개정되어, 재건축사업의 경우에도 재개발사업과 같이 제2호에서 1세대 개념을 도입(배우자, 미혼인 직계비속)하여 대표자 1인에게만 분양대상이 되도록 함.
※ 1세대 합산은 10.7.16부터 도시정비조례에 신설됨(현금청산이 아닌 큰 평형 유도)

인천광역시의 경우 추산액에 미달되는 경우 금액으로 보전하여 합산이 가능함

■ 서울특별시 제36조제1항제3호

분양신청자가 소유하고 있는 권리가액 산정과 관련, 종후평가에 대해 구 도시정비법 (03.7.1~09.11.27) 제48조제5항에서 시도 조례가 정하는 바에 의해 산정하도록 함.
이에 따라 서울시는 제25조(분양예정 대지 또는 건축물 추산액의 산정)를 두었지만, 본조 제3호를 산정하는 데 이를 적용하지는 않음(13.7.19 전부개정으로 삭제).

1. 도시정비조례 【개정연혁】

1 조례 제36조제1항제3호, 제3항←제27조제1항제3호, 제3항(21.3 현재~10.7.16)

① 영 제63조제1항제3호에 따라 재개발사업으로 건립되는 공동주택의 분양대상자는 관리처분계획기준일 현재 다음 각 호의 어느 하나에 해당하는 토지등소유자로 한다.
  3. 분양신청자가 소유하고 있는 권리가액이 분양용 최소규모 공동주택 1가구의 추산액 이상인 자. 다만, 분양신청자가 동일한 세대인 경우의 권리가액은 세대원 전원의 가액을 합하여 산정할 수 있다.
③ 제1항제2호의 종전 토지의 총면적 및 제1항제3호의 권리가액을 산정함에 있어 다음 각 호의 어느 하나에 해당하는 토지는 포함하지 않는다.
  1. 「건축법」 제2조제1항제1호에 따른 하나의 대지범위 안에 속하는 토지가 여러 필지인 경우 권리산정기준일 후에 그 토지의 일부를 취득하였거나 공유지분으로 취득한 토지
  2. 하나의 건축물이 하나의 대지범위 안에 속하는 토지를 점유하고 있는 경우로서 권리산정기준일 후 그 건축물과 분리하여 취득한 토지
  3. 1필지의 토지를 권리산정기준일 후 분할하여 취득하거나 공유로 취득한 토지

10.7.15 개정, 단서조항이 추가됨에 따라 가액을 합산할 수도 있고, 현금청산도 가능(임의규정: 조합총회 책자에서 관리처분계획 기준을 살펴볼 필요가 있음)

종전 합산 기준일은 03.12.30이었으나 1세대 개념 도입 이전이었음(따라서 1세대는 합산 필요성 없이 그 구성원 각자가 분양대상자였음)
조례 개정된 기점(10.7.16)인 합산 기준일이 권리산정기준일로 바뀌면서 1세대는 각자 분양대상자 아니며 대표조합원을 선정하되 권리가액은 합산이 가능하도록 함

부 칙 〈2018.7.19 제6899호〉

제1조(시행일) 이 조례는 공포한 날부터 시행한다.

제29조(권리산정기준일에 관한 적용례 및 경과조치) ① 제36조 개정규정은 서울시조례 제5007호(2010.7.15) 도시정비조례 일부개정조례 시행 이후 최초로 기본계획(정비예정구역에 신규로 편입 지역 포함)을 수립하는 분부터 적용한다.

② 서울특별시조례 제5007호 도시정비조례 일부개정조례 시행 전에 기본계획이 수립되어 있는 지역 및 지구단위계획이 결정·고시된 지역은 종전의 도시정비조례(조례 제5007호로 개정되기 전의 것을 말한다) 제27조에 따른다.

Q. 재개발구역 내 주택이 아닌 건축물 소유자의 공동주택 분양 대상인지?

A. 「서울시 도시정비조례」 제36조제1항제3호에 따르면 분양신청자가 소유하고 있는 권리가액이 분양용 최소규모 공동주택 1가구의 추산액 이상인 사람은 재개발사업으로 건립되는 공동주택 분양대상자가 될 수 있으며,

공동주택 분양대상자는 조합에서 관리처분계획을 수립하여 관할 구청장의 인가로 확정되오니, 구체적인 사항은 관리처분계획인가권자인 해당 자치구청장에게 문의바람(서울시 주거정비과 2020.7.22)

Q. 2003.12.30 이전에 공유로 소유한 토지가 도시정비조례 제36조제1항제2호의 90㎡에 미달하여도 제1항제3호의 분양용 최소규모 공동주택 1가구의 추산액 이상이면 주택분양자격이 있는지?

A. 도시정비조례 제36조제2항제3호 단서에 따르면 1주택 또는 1필지의 토지를 여러 명이 소유하고 있는 경우에는 여러 명의 분양신청자를 1인의 분양대상자로 보며, 다만, 권리산정기준일 이전부터 공유로 소유한 토지의 지분이 제1항제2호 또는 권리가액이 제1항제3호에 해당하는 경우에는 예외로 하므로,

권리선정기준일 이전부터 소유하고 있는 토지의 공유면적이 90㎡ 미만이더라도 해당 지분의 권리가액이 분양용 최소규모 공동주택 1가구의 추산액 이상인 경우 분양대상이 될 것으로 사료됨(서울시 재생협력과 2018.11.20).

Q. 조합설립인가를 득한 재개발구역에서 갑은 주택 1채, 상가건물의 공유지분(2003년 12월 30일 이전부터 공유로 소유하고 있음)을 소유하고 있으며, 을은 다세대건물의 1세대를 소유하고 있고 갑, 을은 모두 분양대상이 되는 조합원임

이 경우, 을이 권리가액 증액을 위하여 갑이 소유하고 있는 공유지분을 전부 매입한다면 이를 을의 권리가액에 합산하는 것이 가능한지?

A. 서울특별시 도시정비조례 제27조제3항제3호에 따라 1필지의 토지를 권리산정기준일 이후 분할하여 취득하거나 공유로 취득한 토지에 대해서는 같은 조 제1항제3호의 권리가액을 산정함에 있어 포함하지 않는다고 규정하고 있으나,
권리산정기준일 이전부터 공유지분으로 소유하고 있는 토지에 대하여 소유형태와 규모의 변경 없이 그대로 승계하였다면 이는 권리가액에 포함할 수 있을 것으로 판단됨(서울시 재생협력과 2018.4.30).

---

2 조례 제27조제1항제3호, 제3항←제24조제1항제3호, 제3항(10.7.15~03.12.30)

① 영 제52조제1항제3호에 따라 주택재개발사업으로 건립되는 공동주택의 분양대상자는 관리처분계획기준일 현재 다음 각 호의 어느 하나에 해당하는 토지등소유자로 한다
  3. 분양신청자가 소유하고 있는 권리가액이 분양용 최소규모 공동주택 1가구의 추산액 이상인 자
③ 제1항제2호의 종전 토지의 층면적 및 제1항제3호의 권리가액을 산정함에 있어 다음 각 호의 어느 하나에 해당하는 토지는 포함하지 아니한다.
  1. 「건축법」 제2조제1항제1호에 따른 하나의 대지범위 안에 속하는 토지가 여러 필지인 경우 2003년 12월 30일 이후에 그 토지의 일부를 취득하였거나 공유지분으로 취득한 토지
  2. 하나의 건축물이 하나의 대지범위 안에 속하는 토지를 점유하고 있는 경우로서 2003년 12월 30일 이후 그 건축물과 분리하여 취득한 토지
  3. 1필지의 토지를 2003년 12월 30일 이후 분할 취득하거나 공유지분으로 취득한 토지

조례 제24조는 내용 변경 없이 제27조제3항으로 이동됨
종전 토지면적이나 권리가액의 합산이 가능함(10.7.15 조례개정 전까지는 03.12.30 이전의 경우에 합산이 됨).
09.8.7 법 제19조제1항 개정 이전은 1세대 개념 도입 이전이어서 합산 필요 없이 단독 분양대상자이었음.

부 칙〈2003.12.30〉
제1조(시행일) 이 조례는 공포한 날부터 시행한다.

2. 소규모주택정비조례 【개정연혁】

조례 상 조합설립인가일, 주민협의체 구성신고일, 공공시행자 지정고시일, 지정개발자 지정고시일을 권리산정기준일로 규정함

1 조례 제37조제1항제3호, 제3항 및 제4항(21.3 현재~18.12.31)
① 영 제31조제1항제3호에 따라 가로주택정비사업으로 분양하는 공동주택의 분양대상자는 관리처분계획기준일 현재 다음 각 호의 어느 하나에 해당하는 토지등소유자로 한다.
  3. 분양신청자가 소유하고 있는 권리가액이 분양용 최소규모 공동주택 1가구의 추산액 이상인 자. 다만, 분양신청자가 동일한 세대인 경우의 권리가액은 세대원 전원의 가액을 합산하여 산정할 수 있다.
③ 제1항제2호의 종전 토지의 총면적 및 제1항제3호의 권리가액을 산정함에 있어 다음 각 호의 어느 하나에 해당하는 토지는 포함하지 아니한다.
  1. 「건축법」 제2조제1항제1호에 따른 하나의 대지범위 안에 속하는 토지가 여러 필지인 경우 권리산정기준일 후에 그 토지의 일부를 취득하였거나 공유지분으로 취득한 토지
  2. 하나의 건축물이 하나의 대지범위 안에 속하는 토지를 점유하고 있는 경우로서 권리산정기준일 후 그 건축물과 분리하여 취득한 토지
  3. 1필지의 토지를 권리산정기준일 후 분할하여 취득하거나 공유로 취득한 토지
④ 제2항제3호 본문에도 불구하고 법 제33조제3항제7호 가목에 따라 2명 이상이 하나의 토지를 공유한 경우로서 "시·도 조례로 정하여 주택을 공급할 수 있는 경우"란 「건축법」 제정(1962.1.20) 이전에 가구별로 독립된 주거의 형태로 건축물이 건축되어 있고 가구별로 지분등기가 되어 있는 토지로서 「도시정비법」 제2조제11호에 따른 정관 등에서 가구별 지분 등기된 토지에 대하여 주택 공급을 정한 경우를 말한다.

제2항제3호인 "1주택 또는 1필지의 토지를 여러 명이 소유하고 있는 경우. 다만, 권리산정기준일 이전부터 공유로 소유한 토지의 지분이 제1항제2호 또는 권리가액이 제1항제3호에 해당하는 경우에는 그러하지 아니하다."와 구별하여야 함

부 칙〈2018.12.31 제6946호〉
제1조(시행일) 이 조례는 공포한 날부터 시행한다.

● **대전광역시**

제2호인 종전토지 총면적이 건축조례 제39조의 규모 이상인 자를 분양대상자로 하며 과소필지인 30㎡를 예외적으로 인정함.
반면 제3호는 그 이하라도 종전 토지 및 건축물의 권리가액이 분양용 최소규모 공동주택 1가구 추산액 이상이면 분양대상자가 됨

04.10.1 조례 제정(제22조제1항제3호)부터 현재까지 "분양신청자가 소유하고 있는 종전의 토지 및 건축물의 권리가액이 분양용 최소규모 공동주택 1가구의 추산액 이상인 자"는 분양대상자임

서울특별시와 달리 동일한 세대인 경우의 권리가액은 세대원 전원의 가액을 합하여 산정하는 규정이 없음
법 제19조제1항 개정 효력발생(09.8.7) 이전은 1세대 개념 도입 이전이어서, 서울을 비롯한 대전광역시의 경우 합산 필요 없이 단독 분양대상자이었음.

구 도시정비법 제48조제5항에서 "분양대상자별 분양예정인 대지 또는 건축물의 추산액" 평가를 시도 조례가 정하는 바에 따라 산정하도록 하였으나, 처음부터 이를 규정하지 않음(대구, 울산광역시와 다름)

1. 도시정비조례 【개정연혁】

1 조례 제32조제1항제3호, 제3항←제22조(21.3 현재~18.10.5)
① 영 제63조제1항제3호 단서에 따라 재개발사업으로 건립되는 공동주택의 분양대상자는 관리처분계획 기준일 현재 다음 각 호의 어느 하나에 해당되는 자로 한다
  3. 분양신청자가 소유하고 있는 종전의 토지 및 건축물의 권리가액이 분양용 최소 규모 공동주택 1가구의 추산액 이상인 자
③ 권리가액을 산정함에 있어 다음 각 호의 1에 해당하는 토지는 포함하지 아니한다.
  1. 건축법 제2조제1항제1호의 단서에 의한 하나의 대지 범위 안에 속하는 토지가 여러 필지인 경우로서 구역지정 공람공고일 이후에 그 토지의 일부를 취득하였거나 공유지분

으로 취득한 토지
　2. 하나의 건축물이 하나의 대지 범위 안에 속하는 토지를 점유하고 있는 경우로서 <u>구역지정 공람공고일</u> 이후 그 건축물과 분리하여 취득한 토지
　3. 1필지의 토지를 <u>구역지정 공람공고일</u> 이후 분할 취득하거나 공유지분으로 취득한 토지

서울과 달리 "구역지정 공람공고일"이 합산 기준이며, 대전광역시는 1세대 합산에 대한 규정이 없음.
다만 제5호에서 토지면적의 합산 규정을 두고 있음

부 칙⟨2018.10.5 조례 제5175호⟩
제1조(시행일) 이 조례는 공포한 날부터 시행한다.

2 조례 제22조제1항제3호, 제3항(18.10.4~04.10.1)

① 영 제63조제1항제3호 단서에 따라 재개발사업으로 건립되는 공동주택의 분양대상자는 관리처분계획 기준일 현재 다음 각 호의 어느 하나에 해당되는 자로 한다
　3. 분양신청자가 소유하고 있는 종전의 토지 및 건축물의 권리가액이 분양용 최소규모 공동주택 1가구의 추산액 이상인 자
③ 권리가액을 산정함에 있어 다음 각 호의 1에 해당하는 토지는 포함하지 아니한다.
　1. 건축법 제2조제1항제1호의 단서에 의한 하나의 대지 범위 안에 속하는 토지가 여러 필지인 경우로서 구역지정 공람공고일 이후에 그 토지의 일부를 취득하였거나 공유지분으로 취득한 토지
　2. 하나의 건축물이 하나의 대지 범위 안에 속하는 토지를 점유하고 있는 경우로서 구역지정 공람공고일 이후 그 건축물과 분리하여 취득한 토지
　3. 1필지의 토지를 구역지정 공람공고일 이후 분할 취득하거나 공유지분으로 취득한 토지

03.7.1~09.11.28까지 '분양대상자별 분양예정인 대지 또는 건축물의 추산액'에 대한 재산 평가 시에 시도조례가 정하는 바에 의해서 산정한다는 규정(구 도시정비법 제48조제5항제1호)이 존속되다가 09.12.29부터 삭제되었음

대전광역시의 경우 제23조(분양예정 토지 또는 건축물 추산액의 산정)가 있었지만, 제22조제1항제3호 산정 규정을 정하지 않았음. 이후 제23조를 15.12.31 삭제함

부 칙 〈조례 제3281호 2004.10.1〉
제1조(시행일) 이 조례는 공포한 날부터 시행한다.

2. 소규모주택정비조례 【개정연혁】

조례 상 조합설립인가일, 주민협의체 구성신고일, 공공시행자 지정고시일, 지정개발자 지정고시일을 권리산정기준일로 규정함

1 조례 제20조제1항제3호, 제3항(21.2 현재~18.10.5)

① 영 제31조제1항제3호에 따라 가로주택정비사업으로 분양하는 주택의 분양대상자는 관리처분계획기준일 현재 다음 각 호의 어느 하나에 해당하는 토지등소유자로 한다.
   3. 분양신청자가 소유하고 있는 권리가액이 분양용 최소규모 공동주택 1가구의 추산액 이상인 자.
③ 제1항제2호의 종전 토지의 총면적 및 제1항제3호의 권리가액을 산정하는 경우에 다음 각 호의 어느 하나에 해당하는 토지는 포함하지 않는다.
   1. 하나의 대지범위 안에 속하는 토지가 여러 필지인 경우 권리산정기준일 후에 그 토지의 일부를 취득하였거나 공유지분으로 취득한 토지
   2. 하나의 건축물이 하나의 대지범위 안에 속하는 토지를 점유하고 있는 경우로서 권리산정기준일 후 그 건축물과 분리하여 취득한 토지
   3. 1필지의 토지를 권리산정기준일 후 분할하여 취득하거나 공유로 취득한 토지

도시정비조례와 그 내용이 같음
조례 제22조제3항인 공람공고일이 아닌 권리산정기준일을 기준으로 함

부 칙 〈2018.10.5 조례 제5173호〉
제1조(시행일) 이 조례는 공포한 날부터 시행한다.
제2조(일반적 경과조치) 이 조례 시행 당시 종전의 「대전광역시 도시정비조례」의 가로주택정비사업 및 주택재건축사업(정비구역이 아닌 구역에서 시행하는 주택재건축사업을 말한다) 관련 규정에 따라 행하여진 처분·절차 및 행위는 이 조례의 관련 규정에 따라 행하여진 처분·절차 및 행위로 본다.

● 부산광역시

구 도시정비법 제48조제5항에서 "분양대상자별 분양예정인 대지 또는 건축물의 추산액" 평가를 시도 조례가 정하는 바에 따라 산정하도록 하였음.

부산광역시는 처음부터 이를 규정하지 않음(대구, 울산광역시와 다름)

1. 도시정비조례 【개정연혁】

1 조례 제37조제1항제3호←제22조제1항제3호, 제3항(21.3 현재~12.12.26)

① 영 제63조제1항제3호 단서에 따라 재개발사업으로 조성되는 대지 및 건축시설 중 공동주택의 분양대상자는 관리처분계획기준일 현재 다음 각 호의 어느 하나에 해당하는 자로 한다.

   3. 분양신청자가 소유하고 있는 종전 토지 및 건축물의 가액이 분양용 최소규모 공동주택 1가구의 추산액 이상인 자

③ 제1항제2호에 따른 토지면적 및 같은 항 제3호에 따른 종전 토지 등의 가액을 산정함에 있어 다음 각 호의 어느 하나에 해당하는 토지는 포함하지 아니한다.

   1. 「건축법」 제2조제1호에 따른 하나의 대지 범위에 속하는 토지가 여러 필지인 경우로서 법 제77조에 따른 권리산정기준일 이후에 그 토지의 일부를 취득하였거나 공유지분으로 취득한 경우

   2. 하나의 건축물이 하나의 대지 범위에 속하는 토지를 점유하고 있는 경우로서 법 제77조에 따른 권리산정기준일 이후에 그 건축물과 토지를 분리하여 취득한 경우

   3. 1필지의 토지를 법 제77조에 따른 권리산정기준일 이후 분할 취득하거나 공유지분으로 취득한 경우

12.12.26 구역지정 공람공고일에서 권리산정기준일로 정함

부칙〈2012.12.26〉
제1조(시행일) 이 조례는 공포한 날부터 시행한다.

2 조례 제22조제1항제2호, 제3항(12.12.25~04.4.22)

① 영 제52조제1항제3호 단서에 따라 주택재개발사업으로 조성되는 대지 및 건축시설중 공동주택의 분양대상자는 관리처분계획기준일 현재 다음 각 호의 어느 하나에 해당하는 자로 한다. 〈개정 2005.2.16, 2010.3.3〉

   3. 분양신청자가 소유하고 있는 종전 토지 및 건축물의 가액이 분양용 최소규모 공동주택 1가구의 추산액 이상인 자

③ 제1항제2호에 의한 토지면적 및 동항 제3호에 의한 종전 토지 등의 가액을 산정함에 있어 다음 각 호의 1에 해당하는 토지는 포함하지 아니한다.

   1. 건축법 제2조제1호에 의한 하나의 대지 범위에 속하는 토지가 수필지인 경우로서 구역지정 공람공고일 이후에 그 토지의 일부를 취득하였거나 공유지분으로 취득한 경우
   2. 하나의 건축물이 하나의 대지 범위에 속하는 토지를 점유하고 있는 경우로서 구역지정 공람공고일 이후에 그 건축물과 토지를 분리하여 취득한 경우
   3. 1필지의 토지를 구역지정 공람공고일 이후 분할 취득하거나 공유지분으로 취득한 경우

기준일은 구역지정 공람공고일임.

부 칙〈2004.4.22 조례 제3928호〉

제1조(시행일) 이 조례는 공포 후 1월이 경과한 날부터 시행한다.

제8조(주택재개발사업의 분양주택 건설규모 등에 관한 경과조치) 이 조례 시행 전에 정비구역지정을 위한 공람공고를 실시한 정비사업에 대하여는 제25조에 불구하고 종전관련 조례의 규정을 적용한다.

2. 소규모주택정비조례 【개정연혁】

조례 상 조합설립인가일, 주민협의체 구성신고일, 공공시행자 지정고시일, 지정개발자 지정고시일을 권리산정기준일로 규정함

1 조례 제19조제1항제2호(21.3 현재~18.7.11)

① 영 제31조제1항제3호에 따라 가로주택정비사업으로 분양하는 주택의 분양대상자는 법 제28조제2항에 따른 분양신청기간 종료일 현재 다음 각 호의 어느 하나에 해당하는 토지등소유자로 한다.
  2. 분양신청자가 소유하고 있는 권리가액이 분양용 최소규모 공동주택 1가구의 추산액 이상인 자

부 칙〈2018.7.11〉
제1조(시행일) 이 조례는 공포한 날부터 시행한다.
제3조(일반적 경과조치) 이 조례 시행 당시 종전의 「부산광역시 도시정비조례」의 가로주택정비사업 및 주택재건축사업(정비구역이 아닌 구역에서 시행하는 주택재건축사업을 말한다. 이하 같다) 관련 규정에 따라 행하여진 처분·절차 및 행위는 이 조례의 관련 규정에 따라 행하여진 처분·절차 및 행위로 본다.
제4조(가로주택정비사업 등에 관한 경과조치) 종전 조례에 따라 시행 중인 가로주택정비사업 및 주택재건축사업은 각각 이 조례에 따른 가로주택정비사업과 소규모재건축사업으로 본다.

● 인천광역시

'재개발사업의 분양대상'이란 규정 대신에 '현금청산'이란 제명을 두었음

관리처분계획의 기준은 04.7.19 제정 시부터 11.2.20까지 없다가, 11.2.21 전부개정으로 '관리처분계획의 기준'이란 제명으로 신설돼 현재까지 존속함
그 후 "관리처분의 기준등→정비사업의 분양대상"로 제명이 변경됨

1. 도시정비조례 【개정연혁】

1 **조례 제34조**(정비사업의 분양대상 등)**제2항제1호, 제3항**←제31조(관리처분의 기준 등)
(21.3 현재~18.11.5)

② 영 제63조제1항제3호에 따른 공동주택의 분양대상자는 관리처분계획기준일 현재 다음 각 호의 기준에 적합하여야 한다.
  1. 사업시행인가일을 기준으로 산정한 토지 및 건축물(기존무허가건축물을 포함한다) 가액의 합(부족한 금액을 해당 토지등소유자가 부담하는 경우 그 부담하는 금액을 포함한다)이 공동주택의 단위세대별 추산액 중 최저가액 이상일 것
  2. 토지만을 소유하고 있는 경우에는 해당 토지면적의 합(국·공유지를 점유·사용하고 있는 소유자에게 우선 매각하는 경우 그 면적을 포함한다)이 90㎡ 이상일 것
  3. 생략
③ 제2항에 불구하고 다음 각 호의 어느 하나에 해당하는 토지등소유자에게는 공동주택을 공급할 수 있다.
  1. 공람공고일 이전에 분할된 필지의 면적이 30㎡ 이상인 토지를 소유한 자로서 다음 각 목의 모든 요건에 저촉되지 아니하는 토지등소유자
    가. 소유하고 있는 토지의 지목이 도로인 경우에는 해당 토지가 사실상의 도로가 아닐 것
    나. 공람공고일부터 무주택세대주 일 것

종전평가액, 종전토지 합산이 아닌 금액만으로도 가능함

◆ **조례 제31조**(관리처분의 기준 등)

법 제74조제1항에 따른 정비사업의 관리처분계획은 다음 각 호의 기준에 적합하게 수립하여야 한다.

    6. 기존무허가건축물의 소유권·면적 등에 관한 사항은 항공사진측량 판독결과, 재산세 과세대장 그밖에 관계법령 또는 정관등이 정하는 입증자료에 따라 적용한다.

    7. 건축허가를 받았거나 건축신고를 하고 건축하였으나 사용승인을 받지 아니한 건축물 중 허가 또는 신고 된 내용과 일치되게 건축된 부분의 사실관계는 「건축법」에 따른 건축허가 또는 신고대장의 해당사항을 적용한다.

부 칙〈2018.11.5 조례 제6030호〉
제1조(시행일) 이 조례는 공포한 날부터 시행한다.

② 조례 제23조(관리처분의 기준 등)제2항제2호, 제3항←제24조(현금청산 대상)(18.11.4~11.2.14)

② 영 제52조제1항제3호에 따른 공동주택의 분양대상자는 관리처분기준일 현재 다음 각 호의 기준에 적합하여야 한다.

    1. 사업시행인가일을 기준으로 산정한 토지 및 건축물(기존 무허가건축물을 포함한다) 가액의 합(부족한 금액을 해당 토지등소유자가 부담하는 경우 그 부담하는 금액을 포함한다)이 공동주택의 단위세대별 추산액 중 최저가액 이상일 것.

    2. 토지만을 소유하고 있는 경우에는 해당 토지면적의 합(국·공유지를 불하받은 경우 그 면적을 포함한다)이 주거지역에 적용되는 분할제한면적 이상일 것

    3. 생략

③ 권리가액을 산정함에 있어 다음 각 호의 1에 해당하는 토지는 포함하지 아니한다.

    1. 건축법 제2조제1항제1호의 단서에 의한 하나의 대지 범위 안에 속하는 토지가 여러 필지인 경우로서 구역지정 공람공고일 이후에 그 토지의 일부를 취득하였거나 공유지분으로 취득한 토지

    2. 하나의 건축물이 하나의 대지 범위 안에 속하는 토지를 점유하고 있는 경우로서 구역지정 공람공고일 이후 그 건축물과 분리하여 취득한 토지

    3. 1필지의 토지를 구역지정 공람공고일 이후 분할 취득하거나 공유지분으로 취득한 토지

제명이 '현금청산 대상→관리처분의 기준등'으로 바뀌며 가액이 부족한 금액을 해당 토지등소유자가 부담하는 경우 그 부담하는 경우도 포함한다는 규정을 신설함
금액을 부담하는 경우 기준일을 별도로 정하지 않음

03.7.1~09.11.28까지 '분양대상자별 분양예정인 대지 또는 건축물의 추산액'에 대한 재산 평가 시에 시도조례가 정하는 바에 의해서 산정한다는 규정(구 도시정비법 제48조제5항제1호)이 존속하다가 09.12.29부터 삭제됨에 따라 조문 전체가 바뀜

부 칙 〈2011.2.21 조례 제4904호〉
제1조(시행일) 이 조례는 공포한 날부터 시행한다.
제2조(처분 등에 관한 경과조치) 이 조례 시행 당시 종전의 규정에 따라 행한 처분·절차 그 밖의 행위는 이 조례에 따라 행하여진 것으로 본다.

3 조례 제24조제1항제1호, 제4항(11.2.20~04.7.19)

① 주택재개발사업의 경우 법 제48조제2항제3호 및 영 제52조제1항제3호에 의하여 현금으로 청산할 수 있는 토지 또는 건축물은 다음 각 호의 1에 해당하는 경우를 말한다.

  1. 분양신청자가 소유하고 있는 종전의 토지 및 건축물의 가액이 당해 사업시행구역의 분양예정 토지 및 건축물 중 분양용 최소규모 공동주택 1세대의 추산액(제25조제1항제1호 및 제2호에 의한 지분대지 가격을 포함한 공동주택가격을 말한다.) 이하인 경우. 이 경우 종전의 토지 및 건축물의 가액은 사업시행인가일을 기준으로 산정한다.

④ 제2항제1호에 의한 토지면적 및 제2항제3호에 의한 종전의 토지 등의 총가액을 산정함에 있어 다음 각 호의 어느 하나에 해당하는 토지는 포함하지 아니한다. 〈개정 2007.05.14〉

  1. 「건축법」 제2조제1호에 의한 하나의 대지범위에 속하는 토지가 수필지인 경우로서 구역지정 공람공고일 이후에 그 토지의 일부를 취득하였거나 공유지분으로 취득한 경우

  2. 하나의 건축물이 하나의 대지범위에 속하는 토지를 점유하고 있는 경우로서 구역지정 공람공고일 이후에 그 건축물과 토지를 분리하여 취득한 경우

  3. 1필지의 토지를 구역지정 공람공고일 이후 분할 취득하거나 공유지분으로 취득한 경우

04.10.1~11.2.20까지 세대 합산 토지면적 규정이 없었으며, 면적 합산의 경우 그 기준일은 구역지정 공람공고일 이전임

위법시공건축물 면적은 제외함

◆ 조례 제23조

제23조(주택재개발 및 도시환경정비사업의 관리처분계획 기준 등) 사업시행자가 수립하는 주택재개발사업 및 도시환경정비사업의 관리처분계획의 기준은 법 제48조제1항 및 영 제50조에서 정하는 사항 외에 각호의 기준에 적합하여야 한다.
 2. 종전 건축물의 소유면적은 관리처분계획 기준일 현재 소유 건축물별 건축물대장을 기준으로 할 것. 다만, 정관 등이 정하는 바에 따라 재산세과세대장 또는 측량성과를 기준으로 할 수 있다. 이 경우 위법하게 건축된 부분의 면적(무허가건축물의 경우에는 기존무허가건축물 외에 추가된 면적을 말한다)은 제외한다

제25조(분양예정 토지 또는 건축물 추산액의 산정) ① 법 제48조제5항제1호에 의한 주택재개발사업의 분양예정의 토지 또는 건축물의 추산액 산정방법은 「부동산가격 공시 및 감정평가에 관한 법률」에 의한 감정평가업자 2인 이상이 평가한 금액을 산술평균하여 산정하되, 공동주택(지분대지를 포함한다. 이하 같다.)의 경우에는 다음 각 호의 방법에 의하여 추산액을 산정한다.〈개정 2007.05.14〉
 1. 국민주택기금을 지원받는 공동주택은 「국민주택기금운용 및 관리규정」을 적용한다.
 2. 제1호 이외의 공동주택은 사업시행자가 제시한 원가(대지비 및 건축비와 사업시행에 소요된 제 비용 등) 산출근거에 따라 2인 이상의 감정평가업자가 평가한 감정평가액을 산술평균한 금액으로 한다.

부 칙〈2004.10.1〉
제1조(시행일) 이 조례는 공포한 날부터 시행한다.

2. 소규모주택정비조례 【개정연혁】

조례 상 조합설립인가일, 주민협의체 구성신고일, 공공시행자 지정고시일, 지정개발자 지정고시일을 권리산정기준일로 규정함

1 조례 제19조제1항제3호, 제3항 (21.3 현재~18.7.11)

① 영 제31조제1항제3호에 따라 가로주택정비사업으로 분양하는 주택의 분양대상자는 관리처분계획기준일 현재 다음 각 호의 어느 하나에 해당하는 토지등소유자로 한다
  3. 분양신청자가 소유하고 있는 토지 또는 건축물의 권리가액이 분양용 최소규모 공동주택 1가구의 추산액 이상인 자. 다만, 분양신청자가 동일한 세대인 경우의 권리가액은 세대원 전원의 가액을 합산하여 산정할 수 있다.
③ 제1항제2호의 종전 토지의 면적 및 제1항제3호의 권리가액을 산정함에 있어 다음 각 호의 어느 하나에 해당하는 토지는 포함하지 아니한다.
  1. 「건축법」 제2조제1항제1호에 따른 하나의 대지범위 안에 속하는 토지가 여러 필지인 경우 권리산정기준일 후에 그 토지의 일부를 취득하였거나 공유지분으로 취득한 토지
  2. 하나의 건축물이 하나의 대지범위 안에 속하는 토지를 점유하고 있는 경우로서 권리산정기준일 후 그 건축물과 분리하여 취득한 토지
  3. 1필지의 토지를 권리산정기준일 후 분할하여 취득하거나 공유로 취득한 토지

부 칙 〈2018.11.5 조례 제6029호〉
제1조(시행일) 이 조례는 공포한 날부터 시행한다.

●광주광역시

03.7.1~09.11.28까지 '분양대상자별 분양예정인 대지 또는 건축물의 추산액'에 대한 재산 평가 시에 시도조례가 정하는 바에 의해서 산정한다는 규정(구 도시정비법 제48조제5항제1호)이 존속하다가 09.12.29부터 삭제되었으나, 광주광역시는 대구광역시나 울산광역시와 달리 처음부터 관련 규정을 정한 바 없음.

1. 도시정비조례 【개정연혁】

1 조례 제37조제1항제3호, 제3항←제25조제2항제1호, 제3항(21.3 현재~18.11.15)

① 영 제63조제1항제3호에서 "시도 조례로 정하는 바"에 따른 공동주택의 분양대상자는 조합원으로서 관리처분계획기준일 현재 다음 각 호의 어느 하나에 해당하는 토지등소유자로 한다.
  3. 분양신청자가 소유하고 있는 권리가액이 분양용 최소규모 공동주택 1가구의 추산액 이상인 자
③ 제1항제2호의 종전토지의 총면적 및 제1항제3호의 권리가액을 산정할 때 다음 각 호의 어느 하나에 해당 하는 토지는 포함하지 아니한다.
  1. 「건축법」 제2조제1항제1호에 따른 하나의 대지 범위 안에 속하는 토지가 여러 필지인 경우 권리산정기준일 후에 그 토지의 일부를 취득하였거나 공유지분으로 취득한 토지
  2. 하나의 건축물이 하나의 대지범위에 속하는 토지를 점유하고 있는 경우로서 권리산정기준일 후 그 건축물과 분리하여 취득한 토지
  3. 1필지의 토지를 권리산정기준일 후 분할 취득하거나 공유지분으로 취득한 토지

기준일이 "구역지정 공람공고일→권리산정기준일"로 바뀜

부 칙〈2018.11.15〉
제1조(시행일) 이 조례는 공포한 날부터 시행한다.

❷ 조례 제25조제1항제3호, 제3항(18.11.14~12.5.15)

① 영 제52조제1항제3호에 따라 주택재개발사업으로 건립되는 공동주택의 분양대상자는 관리처분계획기준일 현재 다음 각 호의 어느 하나에 해당하는 토지등소유자로 한다.

　3. 분양신청자가 소유하고 있는 권리가액이 분양용 최소규모 공동주택 1가구의 추산액 이상인 자

③ 제1항제2호의 종전토지의 총면적 및 제1항제3호의 권리가액을 산정함에 있어 다음 각 호의 1에 해당 하는 토지는 포함하지 아니한다.

　1. 「건축법」 제2조제1항제1호에 따른 하나의 대지범위 안에 속하는 토지가 여러 필지인 경우 구역지정 공람공고일 이후에 그 토지의 일부를 취득하였거나 공유지분으로 취득한 토지〈개정 2006.1.1, 2010.1.1, 2012.5.15〉

　2. 하나의 건축물이 하나의 대지범위안에 속하는 토지를 점유하고 있는 경우로서 구역지정 공람공고일 이후 그 건축물과 분리하여 취득한 토지〈개정 2012.5.15〉

　3. 1필지의 토지를 구역지정 공람공고일 이후 분할 취득하거나 공유지분으로 취득한 토지〈개정 2012.5.15〉

기준일은 조례 제정 시행일(04.3.25)이 구역지정 공람공고일로 바뀜

부 칙〈2012.5.15〉
제1조(시행일) 이 조례는 공포 후 30일이 경과한 날부터 시행한다. 다만 제25조 규정은 2009년 2월 6일(법 제50조의2 시행일)부터 시행한다.

❸ 조례 제25조제1항제3호, 제3항(12.5.14~04.3.25)

① 영 제52조제1항제3호에 의하여 재개발사업으로 건립되는 공동주택의 분양대상자는 관리처분계획기준일 현재 다음 각 호의 1에 해당하는 토지등소유자로 한다.

　3. 분양신청자가 소유하고 있는 권리가액이 분양용 최소규모 공동주택 1가구의 추산액 이상인 자

③ 제1항제2호의 종전토지의 총면적 및 제1항제3호의 권리가액을 산정함에 있어 다음 각호의 1에 해당 하는 토지는 포함하지 아니한다.

　1. 건축법 제2조제1호에 의한 하나의 대지범위 안에 속하는 토지가 여러 필지인 경우 이 조례 시행일 이후에 그 토지의 일부를 취득하였거나 공유지분으로 취득한 토지

　2. 하나의 건축물이 하나의 대지범위 안에 속하는 토지를 점유하고 있는 경우로서 이 조

례 시행일 이후 그 건축물과 분리하여 취득한 토지
　3. 1필지의 토지를 이 조례 시행일 이후 분할 취득하거나 공유지분으로 취득한 토지

기준일이 조례 제정시행일(04.3.25)임

부 칙 〈2004.3.25〉
제1조(시행일) 이 조례는 공포한 날로부터 시행한다.

2. 소규모주택정비조례 【개정연혁】

권리산정기준일은 토지등소유자가 사업시행자인 경우(주민합의체 구성을 신고한 날), 조합이 사업시행자가 되는 경우(조합설립인가일), 광주광역시 관할 자치구의 구청장 또는 토지주택공사 등이 사업시행자가 되는 경우(공공시행자 지정고시일), 지정개발자가 사업시행자로 지정되는 경우(지정개발자 지정고시일)에 따라 다름.

도시정비조례와 달리 제1항제3호 단서에 "분양대상자가 동일한 세대인 경우의 권리가액은 세대원 모두의 권리가액을 합산하여 산정할 수 있다."는 규정을 둠

1 조례 제19조제1항제3호, 제3항 (21.3 현재~19.4.15)

① 영 제31조제1항제3호에 따라 가로주택정비사업으로 분양하는 주택의 분양대상자는 관리처분계획기준일 현재 다음 각 호의 어느 하나에 해당하는 토지등소유자로 한다.
  3. 분양신청자가 소유하고 있는 권리가액이 분양용 최소규모 공동주택 1가구의 추산액 이상인 자. 다만, 분양대상자가 동일한 세대인 경우의 권리가액은 세대원 모두의 권리가액을 합산하여 산정할 수 있다.
③ 제1항제2호의 종전 토지의 총면적 및 제1항제3호의 권리가액을 산정함에 있어 다음 각 호의 어느 하나에 해당하는 토지는 포함하지 않는다. 〈개정 2020.12.15〉
  1. 「건축법」 제2조제1항제1호에 따른 하나의 대지범위 안에 속하는 토지가 여러 필지인 경우 권리산정기준일 이후에 그 토지의 일부를 취득하였거나 공유지분으로 취득한 토지
  2. 하나의 건축물이 하나의 대지범위 안에 속하는 토지를 점유하고 있는 경우로서 권리산정기준일 이후에 그 건축물과 분리하여 취득한 토지
  3. 1필지의 토지를 권리산정기준일 이후 분할하여 취득하거나 공유로 취득한 토지
④ 제2항제3호 본문에도 불구하고 법 제33조제3항제7호 가목에서 "2명 이상이 하나의 토지를 공유한 경우로서 시·도 조례로 주택공급을 따로 정하고 있는 경우"란 「건축법」 제정(1962.1.20) 이전에 가구별로 독립된 주거의 형태로 건축물이 건축되어 있고, 가구별로 지분등기가 되어 있는 토지로서 「도시정비법」 제2조제11호에 따른 정관등에서 가구별 지분 등기된 토지에 대하여 주택 공급을 정한 경우를 말한다.

부 칙 〈신설 2019.4.15〉
제1조(시행일) 이 조례는 공포한 날부터 시행한다.

●대구광역시

1. 도시정비조례 【개정연혁】

1 조례 제36조(재개발사업의 분양대상 등) 제1항제3호, 제3항(21.3 현재~18.12.31)

① 영 제63조제1항제3호에 따라 재개발사업으로 건립되는 공동주택의 분양대상자는 관리처분계획기준일 현재 다음 각 호의 어느 하나에 해당하는 토지등소유자로 한다.

<u>3. 분양신청자가 소유하고 있는 권리가액이 분양용 최소규모 공동주택 1가구의 추산액 이상인 자. 다만, 분양신청자가 같은 세대인 경우의 권리가액은 세대원 모두의 가액을 합하여 산정할 수 있다.</u>

③ 제1항제2호의 종전 토지의 총면적 및 제1항제3호의 권리가액을 산정함에 있어 다음 각 호의 어느 하나에 해당하는 토지는 포함하지 않는다.
  1. 「건축법」 제2조제1항제1호에 따른 하나의 대지범위 안에 속하는 토지가 여러 필지인 경우 권리산정기준일 후에 그 토지의 일부를 취득하였거나 공유지분으로 취득한 토지
  2. 하나의 건축물이 하나의 대지범위 안에 속하는 토지를 점유하고 있는 경우로서 권리산정기준일 후 그 건축물과 분리하여 취득한 토지
  3. 1필지의 토지를 권리산정기준일 후 분할하여 취득하거나 공유로 취득한 토지

<u>09.5.25 구 도시정비법 제48조제5항제1호가 개정되어 분양예정토지 또는 건축물의 추산액 산정에 대해 조례로 정하도록 한 내용이 삭제</u>[20]됨에 따라, 그에 맞춰 분양예정 토지 및 건축물중 분양예정 최소 규모 공동주택 1세대의 추산액의 괄호안의 "조례 제23조제1항제1호 및

---

[20] 구 도시정비법[시행 2009.4.22] [법률 제9632호, 2009.4.22, 일부개정]
제48조(관리처분계획의 인가 등) ⑤주택재개발사업에서 제1항제3호 및 제4호의 규정에 의한 재산을 평가할 때에는 다음 각 호의 방법에 의한다
  1. 제1항제3호의 분양예정인 대지 또는 건축물의 추산액은 시·도의 조례가 정하는 바에 의하여 산정하되, 시장·군수가 추천하는 부동산가격공시및감정평가에관한법률에 의한 2인 이상의 감정평가업자의 감정평가 의견을 참작하여야 한다
  2. 제1항제4호에 규정된 사항중 종전의 토지 또는 건축물의 가격은 시장·군수가 추천하는 부동산가격공시 및 감정평가에관한법률에 의한 감정평가업자 2인 이상이 평가한 금액을 산술평균하여 산정한다.

개정 도시정비법[시행 2009.11.28] [법률 제9729호, 2009.5.27, 일부개정]
제48조(관리처분계획의 인가 등) ⑤주택재개발사업 또는 도시환경정비사업에서 제1항제3호·제4호 및 제7호에 따라 재산 또는 권리를 평가할 때에는 다음 각 호의 방법에 의한다.
  1. 「부동산가격 공시 및 감정평가에 관한 법률」에 따른 감정평가업자 중 시장·군수가 선정·계약한 감정평가업자 2인 이상이 평가한 금액을 산술평균하여 산정한다. 다만, 관리처분계획을 변경·중지 또는 폐지하고자 하는 경우에는 분양예정 대상인 대지 또는 건축물의 추산액과 종전의 토지 또는 건축물의 가격은 사업시행자 및 토지등소유자 전원이 합의하여 이를 산정할 수 있다.
  2. 제1항제4호에 따라 조합원의 종전의 토지 또는 건축물의 가격산정 시 조합원이 둔 세입자로 인하여 손실보상이 필요한 경우 조합의 정관으로 정하는 바에 따라 해당 조합원이 둔 세입자에 대한 손실보상액을 뺀 나머지 가격을 종전의 토지 또는 건축물의 가격으로 산정할 수 있다.

제2호에 의한 지분 대지가격을 포함한 공동주택가격을 말한다"는 내용을 삭제함

부 칙 〈조례 제5197호, 2018.12.31〉
제1조(시행일) 이 조례는 공포한 날로부터 시행한다. 다만, 제13조제1항과 제14조부터 제18조까지 및 제20조제2항의 개정 규정은 공포 후 1년이 경과한 날부터 시행한다.
제6조(일반적 경과조치) 이 조례 시행 당시 종전의「대구광역시 도시정비조례」에 따른 결정·처분·절차 및 그 밖의 행위는 이 조례에 따라 행하여진 것으로 본다.

2 조례 제22조(현금청산 대상)제1항제1호, 제3항 (18.12.30~04.7.12)

① 주택재개발사업의 경우 법 제48조제2항제3호 및 영 제52조제1항제3호의 단서에 의하여 현금으로 청산할 수 있는 토지 또는 건축물은 다음 각 호의 1에 해당하는 경우를 말한다.
  1. 분양신청자가 소유하고 있는 종전의 토지 및 건축물의 가액이 당해 사업시행구역의 분양예정 토지 및 건축물중 분양예정 최소 규모 공동주택 1세대의 추산액(제23조제1항제1호 및 제2호에 의한 지분 대지가격을 포함한 공동주택가격을 말한다)이하인 경우.
    이 경우 종전의 토지 및 건축물의 가액은 사업시행인가일을 기준으로 산정하며, 구체적인 산정기준을 규칙에서 정하는 경우 이에 따라 산정한다.
③ 제1항 및 제2항을 적용함에 있어 다음 각 호의 1에 해당하는 경우에는 다수인의 분양신청자를 1인의 분양대상자로 본다.
  1. 다수인의 분양신청자가 하나의 세대(세대주와 동일한 세대별 주민등록표상에 등재되어 있지 아니한 세대주의 배우자 및 배우자와 동일한 세대를 이루고 있는 세대원을 포함한다)인 경우
  2. 하나의 토지 또는 주택을 다수인이 소유하고 있는 경우

◆ 도시정비조례 제23조

제23조(분양예정 토지 또는 건축물 추산액의 산정) ① 법 제48조제5항제1호에 의한 주택재개발사업의 분양예정토지 또는 건축물의 추산액은 지가공시 및 토지등의평가에 관한 법률에 의한 감정평가업자 2인 이상이 평가한 금액을 산술평균하여 산정하되, 공동주택(지분대지를 포함한다. 이하 같다)의 경우에는 다음 각 호의 방법에 의하여 추산액을 산정한다.
1. 국민주택기금을 지원받는 공동주택은 국민주택기금운용 및 관리규정을 적용할 것
2. 제1호 이외의 공동주택은 구청장이 제시한 원가(대지비 및 건축비와 사업시행에 소요된 제비용 등) 산출근거에 따라 2인 이상의 감정평가 업자가 평가한 감정평가액을 산술평균한 금액

으로 산정할 것

부칙〈2004.7.12〉

제1조(시행일) 이 조례는 공포한 날부터 시행한다.

제3조(일반적 경과조치) 이 조례 시행 전에 대구광역시 도시재개발사업조례, 「대구광역시 주거환경개선지구를 위한 특례에 관한 조례」 등에 의한 처분, 절차 및 그 밖의 행위는 이 조례의 규정에 의하여 행하여진 것으로 본다.

2. 소규모주택정비조례 【개정연혁】

조례 상 조합설립인가일, 주민협의체 구성신고일, 공공시행자 지정고시일, 지정개발자 지정고시일을 권리산정기준일로 규정함

1 조례 제26조제1항제3호(21.3 현재~18.10.1)

① 영 제31조제1항제3호에 따라 가로주택정비사업으로 분양하는 주택의 분양대상자는 관리처분계획기준일 현재 다음 각 호의 어느 하나에 해당하는 토지등소유자로 한다.

  3. 분양신청자가 소유하고 있는 권리가액이 분양용 최소규모 공동주택 1가구의 추산액 이상인 사람. 다만, 분양대상자가 동일한 세대인 경우의 권리가액은 세대원 모두의 권리가액을 합산하여 산정할 수 있다.

③ 제1항제2호의 종전 토지의 총면적 및 제1항제3호의 권리가액을 산정함에 있어 다음 각 호의 어느 하나에 해당하는 토지는 포함하지 아니한다.

  1. 「건축법」 제2조제1항제1호에 따른 하나의 대지범위 안에 속하는 토지가 여러 필지인 경우 권리산정기준일 이후에 그 토지의 일부를 취득하였거나 공유지분으로 취득한 토지

  2. 하나의 건축물이 하나의 대지범위 안에 속하는 토지를 점유하고 있는 경우로서 권리산정기준일 이후에 그 건축물과 분리하여 취득한 토지

  3. 1필지의 토지를 권리산정기준일 이후 분할하여 취득하거나 공유로 취득한 토지

부 칙 〈조례 제5161호, 2018.10.1〉
제1조(시행일) 이 조례는 공포한 날부터 시행한다.
제3조(일반적 경과조치) 이 조례 시행 당시 종전의 「대구광역시 도시정비조례」의 가로주택정비사업 및 주택재건축사업(정비구역이 아닌 구역에서 시행하는 주택재건축사업을 말한다. 이하 같다) 관련 규정에 따라 행하여진 처분·절차 및 행위는 이 조례의 관련 규정에 따라 행하여진 처분·절차 및 행위로 본다.
제4조(가로주택정비사업 등에 관한 경과조치) 종전 조례에 따라 시행 중인 가로주택정비사업 및 주택재건축사업은 각각 이 조례에 따른 가로주택정비사업과 소규모재건축사업으로 본다.

● 울산광역시

1. 도시정비조례 【개정연혁】

1 조례 제23조제1항제3호(21.3 현재~16.12.29)
① 영 제52조제1항제3호에 따른 주택재개발사업으로 건립되는 공동주택의 분양대상자는 관리처분계획기준일 현재 다음 각 호의 어느 하나에 해당하는 토지등소유자로 한다.

<u>3. 분양신청자가 소유하고 있는 권리가액이 분양용 최소규모 공동주택 1가구의 추산액 이상인 자. 다만, 분양신청자가 동일한 세대인 경우의 권리가액은 세대원 모두의 가액을 합산하여 산정할 수 있다.</u>

③ 제1항제2호의 종전 토지의 총면적 및 제1항제3호의 권리가액을 산정함에 있어 다음 각 호의 어느 하나에 해당하는 토지는 포함하지 아니한다.
  1. 「건축법」 제2조제1항제1호에 따른 하나의 대지범위 안에 속하는 토지가 여러 필지인 경우 권리산정 기준일 후에 그 토지의 일부를 취득하였거나 공유 지분으로 취득한 토지
  2. 하나의 건축물이 하나의 대지범위 안에 속하는 토지를 점유하고 있는 경우로서 권리산정 기준일 후 그 건축물과 분리하여 취득한 토지
      가. 삭제〈2016.12.29〉
      나. 삭제〈2016.12.29〉
  3. 1필지의 토지를 권리산정 기준일 후 분할하여 취득하거나 공유로 취득한 토지

09.5.25 분양예정토지 또는 건축물의 추산액 산정에 대해 조례로 정하도록 한 내용이 삭제(구 도시정비법 제48조제5항제1호 개정)되고, 16.12.29 '제24조제1항에 의한 지분대지 가격을 포함한 공동주택가격을 말한다"는 조례 내용이 삭제됨

부 칙〈개정 2016.12.29 조례 제1691호〉
제1조(시행일) 이 조례는 공포한 날부터 시행한다.

2 조례 제23조(현금청산 대상)제1항제1호, 제3항(16.12.28~04.6.10)
① 주택재개발사업의 경우 법 제48조제2항제3호 및 영 제52조제1항제3호에 의하여 현금으로 청산할 수 있는 토지 또는 건축물은 다음 각 호의 1에 해당하는 경우를 말한다.

1. 분양신청자가 소유하고 있는 종전의 토지 및 건축물 등의 가액인 권리가액이 당해 사업시행구역의 분양예정 토지 및 건축물중 분양용 최소규모 공동주택 1세대의 추산액(제24조제1항에 의한 지분대지 가격을 포함한 공동주택가격을 말한다) 이하인 경우. 이 경우 권리가액은 사업시행인가일을 기준으로 산정하며, 구체적인 산정기준을 규칙에서 정하는 경우에는 이에 따라 산정한다.

③ 제1항 및 제2항을 적용함에 있어 다음 각 호의 1에 해당하는 경우에는 수인의 분양신청자를 1인의 분양대상자로 본다.
  1. 수인의 분양신청자가 하나의 세대(세대주와 동일한 세대별 주민등록표상에 등재되어 있지 아니한 세대주의 배우자 및 배우자와 동일한 세대를 이루고 있는 세대원을 포함한다)인 경우
  2. 하나의 토지 또는 주택을 수인이 소유하고 있는 경우. 다만, 정비구역지정공람공고일 3월 이전부터 다가구주택을 건축물 준공 이후 다세대주택으로 전환된 주택을 취득하여 부동산등기를 완료한 경우에는 포함하지 아니한다.

◆ 조례 제24조

제24조(분양예정 토지 또는 건축물 추산액의 산정) ① 법 제48조제5항제1호에 의한 주택재개발사업의 분양예정 토지 또는 건축물의 추산액은 지가공시 및 토지등의 평가에 관한 법률에 의한 감정평가업자 2인 이상이 평가한 금액을 산술평균하여 산정한다. 다만, 공동주택(지분대지를 포함한다)의 경우에는 다음 각 호의 방법에 의하여 추산액을 산정한다.
1. 국민주택기금을 지원받는 공동주택은 국민주택기금운용 및 관리규정을 적용한다.
2. 제1호 이외의 공동주택은 사업시행자가 제시한 원가(대지비 및 건축비와 사업시행에 소요된 제비용 등) 산출근거에 따라 2명 이상의 감정평가업자가 평가한 감정평가액을 산술평균한 금액으로 한다. 이 경우 구청장·군수가 추천한 2명 이상의 감정평가업자의 의견을 참작하여야 한다.

부 칙 〈2004.6.10〉
① (시행일) 이 조례는 공포한 날부터 시행한다.
③ (경과조치) 이 조례 시행 전에 종전 규정에 의하여 행하여진 처분·절차 그 밖의 행위는 이 조례에 의하여 행하여진 것으로 본다.

2. 소규모주택정비조례 【개정연혁】

조례 상 조합설립인가일, 주민협의체 구성신고일, 공공시행자 지정고시일, 지정개발자 지정고시일을 권리산정기준일로 규정함

1 조례 제19조제1항제2호(21.3 현재~19.7.11)

① 영 제31조제1항제3호에서 "시·도 조례로 정하는 금액·규모·취득시기 또는 유형에 관한 기준에 부합하는 토지 등 소유자"는 다음 각 호의 어느 하나에 해당하는 자를 말한다.
  2. 분양신청자가 소유하고 있는 권리가액이 분양용 최소규모 공동주택 1가구의 추산액 이상인 자
③ 제1항제2호의 권리가액을 산정하는 경우에는 다음 각 호의 어느 하나에 해당하는 토지는 포함하지 아니한다.
  1. 「건축법」 제2조제1항제1호에 따른 하나의 대지범위 안에 속하는 토지가 여러 필지인 경우 권리산정기준일 후에 그 토지의 일부를 취득하였거나 공유지분으로 취득한 토지
  2. 하나의 건축물이 하나의 대지범위 안에 속하는 토지를 점유하고 있는 경우로서 권리산정기준일 후 그 건축물과 분리하여 취득한 토지
  3. 1필지의 토지를 권리산정기준일 후 분할하여 취득하거나 공유로 취득한 토지

부 칙 〈2019.7.11〉
이 조례는 공포한 날부터 시행한다.

서울특별시 도시정비조례 제36조제1항
① 영 제63조제1항제3호에 따라 재개발사업으로 건립되는 공동주택의 분양대상자는 관리처분계획기준일 현재 다음 각 호의 어느 하나에 해당하는 토지등소유자로 한다.
　4. 사업시행방식전환의 경우에는 전환되기 전의 사업방식에 따라 환지를 지정받은 자. 이 경우 제1호부터 제3호까지는 적용하지 아니할 수 있다.

자력재개발사업방식→합동재개발방식으로 전환된 경우를 말함.

사업시행방식(자력재개발→합동재개발)전환에 해당하는 지역
예) 서울특별시 송파구 거여·마천 재정비촉진지구(거여2-1, 거여2-2재개발사업)[21], 노원구 상계재정비촉진지구(상계1, 상계2, 상계3, 상계5구역), 마포 아현1-3구역, 관악구 봉천4-1구역, 봉천4-1-3구역이 해당됨
도시정비법 제123조 및 도시정비조례 제34조에 근거규정이 있음

조례 제36조제1항제1호부터 제3호의 적용을 받지 않는 것은 감보율에 의한 종전토지가 감소하였기 때문임

자력재개발사업방식에서 환지예정지란 토지구획정리사업의 원활한 촉진을 도모하고, 권리자의 권리관계를 안정시켜 권리자가 실제상 환지처분이 행하여진 것과 같은 효과를 가지게 함으로써 토지구획정리사업의 시행에 수반하여 야기되는 사권의 제한을 최소한도로 줄이기 위하여 환지계획에서 정하여진 환지의 위치, 면적으로 환지처분 전에 예정지로 미리 정하는 토지를 말함.
토지면적이 줄어든 이유로는 자력재개발사업방식에서의 토지구획정리사업 추진 과정에서 공원, 도로, 어린이놀이터 등 공공용지와 토지구획정리사업의 경비 충당을 위한 체비지 등의 공제로 종전의 토지면적에 비하여 일정비율로 감소될 수 있으며, 이와 같이 환지예정지 면적이 종전의 토지면적에 비하여 감소하는 것을 "감보(減步)"라고 하고 이 때 감소되는 비율이 감보율임.

---

21) 1973년 자력재개발구역으로 지정됐지만 자력재개발이 실패하여 중단돼 있다가, 2005년 1월 자력재개발에서 합동재개발로 사업방식을 변경함. 그럼에도 불구하고 정체되어 있다가, 2005년 3차 거여·마천뉴타운지구에 포함되었으며 2006년 재정비촉진지구로 의제되었다.

※ 도시정비법

제123조(재개발사업 등의 시행방식의 전환) ① 시장·군수등은 제28조제1항에 따라 사업대행자를 지정하거나 토지등소유자의 5분의 4 이상의 요구가 있어 제23조제2항에 따른 재개발사업의 시행방식의 전환이 필요하다고 인정하는 경우에는 정비사업이 완료되기 전이라도 대통령령으로 정하는 범위에서 정비구역의 전부 또는 일부에 대하여 시행방식의 전환을 승인할 수 있다.
② 사업시행자는 제1항에 따라 시행방식을 전환하기 위하여 관리처분계획을 변경하려는 경우 토지면적의 2/3 이상의 토지소유자의 동의와 토지등소유자의 4/5 이상의 동의를 받아야 하며, 변경절차에 관하여는 제74조제1항의 관리처분계획 변경에 관한 규정을 준용한다.
③ 사업시행자는 제1항에 따라 정비구역의 일부에 대하여 시행방식을 전환하려는 경우에 재개발사업이 완료된 부분은 제83조에 따라 준공인가를 거쳐 해당 지방자치단체의 공보에 공사완료의 고시를 하여야 하며, 전환하려는 부분은 이 법에서 정하고 있는 절차에 따라 시행방식을 전환하여야 한다.
④ 제3항에 따라 공사완료의 고시를 한 때에는「공간정보의 구축 및 관리 등에 관한 법률」제86조제3항에도 불구하고 관리처분계획의 내용에 따라 제86조에 따른 이전이 된 것으로 본다.
⑤ 사업시행자는 정비계획이 수립된 주거환경개선사업을 제23조제1항제4호의 시행방법으로 변경하려는 경우에는 토지등소유자의 2/3 이상의 동의를 받아야 한다.

■ 서울특별시 제36조제1항제4호

1. 도시정비조례 【개정연혁】

1 조례 제36조제1항제4호←제27조제1항제4호←제24조제1항제4호(21.2 현재 ~ 03.12.30)

① 영 제63조제1항제3호에 따라 재개발사업으로 건립되는 공동주택의 분양대상자는 관리처분계획기준일 현재 다음 각 호의 어느 하나에 해당하는 토지등소유자로 한다.
    4. 사업시행방식전환의 경우에는 전환되기 전의 사업방식에 의하여 환지를 지정받은 자. 이 경우 제1호 내지 제3호는 적용하지 아니할 수 있다

내용은 바뀌지 않고 조문 위치만 이동

부 칙 〈2003.12.30〉
제1조(시행일) 이 조례는 공포한 날부터 시행한다.

부 칙 〈2018.7.19 제6899호〉
제1조(시행일) 이 조례는 공포한 날부터 시행한다.

Q. 「주택개량촉진에 관한 임시조치법」에 따라 '81.2.20 재개발구역 지정되고, 81.10.23 사업시행인가, '89.1.17 舊 자력개발사업 관리처분계획인가시 환지계획에 의거 "분양지를 지정 받은 자"는 서울시 도시정비조례 제27조제1항제4호 및 제4항에 근거한 분양대상자 이면서 조합원 자격이 있는지?

A. 서울시 도시정비조례 제27조(주택재개발사업의 분양대상 등) 제1항제4호에 의하면 주택재개발사업으로 건립되는 공동주택의 분양대상자로 "사업시행방식전환의 경우에는 전환되기 전의 사업방식에 따라 환지를 지정 받은 자"를 분양대상자로 규정하고 있으며, 같은 조 제4항에는 "사업시행방식전환의 경우에는 환지면적의 크기, 공동환지 여부에 관계없이 환지를 지정받은 자 전부를 각각 분양대상자로 할 수 있다"로 규정되어 있음

따라서, 도시정비법 제80조에 따라 사업시행방식을 전환하는 경우에는 전환되기 전의 사업방식에 따라 "환지를 지정받은 자"를 분양대상자로 하고 있으며, 조합원 자격여부는 사실관계 확인 및 제반여건 등을 종합적으로 고려하여 관리처분인가권자인 구청장이 적의 판단 바람(서울특별시 재정비과 2014.10.1)

---

2. 소규모주택정비조례 【개정연혁】
해당 규정 없음

●대전광역시

1. 도시정비조례 【개정연혁】

1 **제32조제1항제4호, 제4항**(21.3 현재~18.10.5)←**제22조제1항제4호**(18.10.4~04.10.1)
① 영 제63조제1항제3호 단서에 따라 재개발사업으로 건립되는 공동주택의 분양대상자는 관리처분계획 기준일 현재 다음 각 호의 어느 하나에 해당되는 자로 한다.
  4. 사업시행방식이 전환되는 경우 전환되기 전의 사업방식에 따라 환지를 지정 받은 자. 이 경우 제1호부터 제3호까지의 규정은 적용하지 아니할 수 있다.
④ 제1항부터 제3항까지에도 불구하고 사업시행 방식이 전환되는 경우에는 환지면적의 크기, 공동환지 여부에 관계없이 환지를 지정 받은 자 전부를 각각 분양대상자로 할 수 있다.

내용은 개정 없이 조문위치만 이동.
 - 사업시행방식의 전환되기 전의 사업방식에 따라 환지를 지정 받은 자는 제32조제1항제1호 내지 제3호의 규정을 적용받지 않고 각 분양대상자임

부 칙〈2018.10.5 조례 제5175호〉
제1조(시행일) 이 조례는 공포한 날부터 시행한다.
제3조(일반적 경과조치) 이 조례 시행 당시 종전의「대전광역시 도시정비조례」에 따른 결정·처분·절차 및 그 밖의 행위는 이 조례의 규정에 따라 행하여진 것으로 본다.

2. 소규모주택정비조례 【개정연혁】
   - 사업시행방식의 전환되기 전의 사업방식 관련 규정 없음

● 부산광역시

1. 도시정비조례 【개정연혁】

1 제37조제1항제4호, 제4항(21.3 현재~18.7.11)←제22조제1항제4호, 제4항(18.7. 10~04.4.22)

① 영 제63조제1항제3호 단서에 따라 재개발사업으로 조성되는 대지 및 건축시설 중 공동주택의 분양대상자는 관리처분계획기준일 현재 다음 각 호의 어느 하나에 해당하는 자로 한다.
    4. 사업시행방식이 전환되는 경우 전환되기 전의 사업방식에 의하여 환지를 지정받은 자. 이 경우 제1호부터 제3호까지의 규정은 적용하지 아니할 수 있다.
④ 제1항부터 제3항까지의 규정에도 불구하고 사업시행방식이 전환되는 경우에는 환지면적의 크기, 공동환지 여부에 관계없이 환지를 지정받은 자 전부를 각각 분양대상자로 할 수 있다.

내용은 개정 없이 조문위치만 이동.
- 사업시행방식의 전환되기 전의 사업방식에 따라 환지를 지정 받은 자는 제37조제1항제1호 내지 제3호의 규정을 적용받지 않고 각 분양대상자임

부 칙〈2020.5.27〉
제1조(시행일) 이 조례는 공포 후 1개월이 경과한 날부터 시행한다.

2. 소규모주택정비조례 【개정연혁】
   - 사업시행방식의 전환되기 전의 사업방식 관련 규정 없음

● 인천광역시

1. 도시정비조례 【개정연혁】

1 제34조제3항제2호(21.3 현재~18.11.5)←제23조제3항제3호(18.11.4~04.7.19)
③ 제2항에 불구하고 다음 각 호의 어느 하나에 해당하는 토지등소유자에게는 공동주택을 공급할 수 있다.
    2. 법 제123조제1항에 따라 재개발사업의 시행방식이 전환된 경우로서 종전의 사업시행방식에 따라 환지를 지정받은 토지등소유자

부칙〈2004.7.19〉
제1조(시행일) 이 조례는 공포한 날부터 시행한다.

2. 소규모주택정비조례 【개정연혁】
   - 사업시행방식의 전환되기 전의 사업방식 관련 규정 없음

●광주광역시

1. 도시정비조례 【개정연혁】

1 제37조제1항제4호, 제4항(21.3 현재~18.11.15)←제25조제1항제4호, 제4항(18. 11.14~04.3.25)

① 영 제63조제1항제3호에서 "시도 조례로 정하는 바"에 따른 공동주택의 분양대상자는 조합원으로서 관리처분계획일 현재 다음 각 호의 어느 하나에 해당하는 토지등소유자로 한다.
   4. 사업시행방식전환의 경우에는 전환되기 전의 사업방식에 의하여 환지를 지정받은 사람. 이 경우 제1호 부터 제3호까지는 적용하지 아니할 수 있다.
④ 제1항부터 제3항까지에도 불구하고 사업시행방식전환의 경우에는 환지면적의 크기, 공동환지 여부에 관계없이 환지를 지정받은 자 전부를 각각 분양대상자로 할 수 있다.

2. 소규모주택정비조례 【개정연혁】
 - 사업시행방식의 전환되기 전의 사업방식 관련 규정 없음

●대구광역시

1. 도시정비조례 【개정연혁】

1 제36조제1항제4호, 제4항(21.3 현재~20.3.10)←**제22조제1항제4호, 제4항**(20.3.9~18.12.31)

① 영 제63조제1항제3호에서 "시도 조례로 정하는 바"에 따른 공동주택의 분양대상자는 조합원으로서 관리처분계획일 현재 다음 각 호의 어느 하나에 해당하는 토지등소유자로 한다.

    4. 사업시행방식전환의 경우에는 전환되기 전의 사업방식에 의하여 환지를 지정받은 사람. 이 경우 제1호부터 제3호까지는 적용하지 아니할 수 있다.

④ 제1항부터 제3항까지에도 불구하고 사업시행방식전환의 경우에는 환지면적의 크기, 공동환지 여부에 관계없이 환지를 지정받은 자 전부를 각각 분양대상자로 할 수 있다.

04.7.12~18.12.30: 관련 규정을 두지 않음

부 칙〈조례 제5364호, 2019.10.30〉
제1조(시행일) 이 조례는 공포한 날부터 시행한다.

부 칙〈조례 제5410호, 2020.3.10〉
이 조례는 공포한 날부터 시행한다.

2. 소규모주택정비조례 【개정연혁】
    - 사업시행방식의 전환되기 전의 사업방식 관련 규정 없음

● 울산광역시

1. 도시정비조례 【개정연혁】

1 조례 제29조제1항제4호, 제4항←제23조제1항제4호, 제4항(21.3 현재~16.12.29)
① 영 제52조제1항제3호에 따른 주택재개발사업으로 건립되는 공동주택의 분양대상자는 관리처분계획기준일 현재 다음 각 호의 어느 하나에 해당하는 토지등소유자로 한다.
  4. 사업시행방식전환의 경우에는 전환되기 전의 사업방식에 따라 환지를 지정받은 자. 이 경우 제1호부터 제3호까지 규정은 적용하지 아니할 수 있다.
④ 제1항부터 제3항까지 규정에도 불구하고 사업시행방식전환의 경우에는 환지면적의 크기, 공동환지 여부에 관계없이 환지를 지정받은 자 전부를 각각 분양대상자로 할 수 있다.

04.6.10~16.12.28: 관련 규정 없음

부 칙〈개정 2016.12.29 조례 제1691호〉
제1조(시행일) 이 조례는 공포한 날부터 시행한다.

2. 소규모주택정비조례 【개정연혁】
  - 사업시행방식의 전환되기 전의 사업방식 관련 규정 없음

서울특별시 도시정비조례 제36조제1항
① 영 제63조제1항제3호에 따라 재개발사업으로 건립되는 공동주택의 분양대상자는 관리처분계획기준일 현재 다음 각 호의 어느 하나에 해당하는 토지등소유자로 한다.
    5. 도시재정비법 제11조제4항에 따라 재정비촉진계획에 따른 기반시설을 설치하게 되는 경우로서 종전의 주택(사실상 주거용으로 사용되고 있는 건축물을 포함한다)에 관한 보상을 받은 자

- 서울특별시 동작구청의 경우 재정비촉진사업으로 도로 확장을 위한 재정비촉진계획 수립(예, 노량진6구역과 5구역)
수십여 가구가 도로로 철거되면서, 독자적 규정으로 토지등소유자가 어느 조합원인지 여부를 부여함(중복 조합원의 자격 배제). 따라서 해당 자치구에 방문해서 독자적 규정이 있는지 확인이 필요함.

- 신길음ㅇ도시정비형 재개발사업의 경우 재개발과 도시환경정비조합에서 각기 받은 사례가 있음

- 재정비촉진계획 변경에 따라 90㎡ 이하로 분리될 수도 있으므로, 재정비촉진계획 변경 공람공고 시에 확인하여야 함.

※ **도시재정비법**

제11조(기반시설 설치비용의 분담 등) ④ 시·도지사 또는 시장·군수·구청장이 재정비촉진계획에 따라 기반시설을 설치하게 되는 경우에 시·도지사 또는 시장·군수·구청장으로부터 토지 또는 건축물 등에 관한 보상을 받은 자가 그 보상금액에 국토부령으로 정하는 이자를 더한 금액을 시·도지사 또는 시장·군수·구청장에게 반환하는 경우에는 해당 재정비촉진구역 또는 인접한 재정비촉진구역의 토지등소유자로 보며, 이 경우 해당 재정비촉진구역 사업시행자가 기반시설의 설치에 필요한 부지를 제공한 것으로 본다. 또한 토지 또는 건축물 등에 관한 보상을 받은 자가 보상금액을 반환하지 아니한 경우에는 해당 재정비촉진구역 또는 인접한 재정비촉진구역에서 매각되는 토지 또는 건축물에 대하여 우선 매수를 청구할 수 있다.

제13조(재정비촉진계획 결정의 효력) ① 제12조에 따라 재정비촉진계획이 결정·고시되었을 때에는 그 고시일에 다음 각 호에 해당하는 승인·결정 등이 있은 것으로 본다. 〈개정 2011.4.14, 2017.2.8〉
1. 「도시정비법」 제4조에 따른 정비기본계획의 수립 또는 변경, 같은 법 제8조에 따른 정비구역의 지정 또는 변경 및 같은 조에 따른 정비계획의 수립 또는 변경
2. 「도시개발법」 제3조에 따른 도시개발구역의 지정 및 같은 법 제4조에 따른 개발계획의 수립 또는 변경
3. 「국토계획법」 제30조에 따른 도시·군관리계획(「국토계획법」 제2조제4호 가목·다목 및 마목의 경우만 해당한다)의 결정 또는 변경 및 같은 법 제86조에 따른 도시·군계획시설사업의 시행자 지정
② ~ ③ 생략

제33조(토지등 분할거래) ① 재정비촉진사업별로 해당 사업에 관하여 정하고 있는 관계 법률에 따라 주택 등 건축물을 공급하는 경우, 제5조제5항에 따른 고시가 있은 날 또는 시·도지사나 대도시 시장이 투기 억제 등을 위하여 따로 정하는 날(이하 이 조에서 "기준일") 이후에 다음 각 호의 어느 하나에 해당하는 경우에는 해당 토지 또는 주택 등 건축물을 분양받을 권리는 기준일을 기준으로 산정한다.
1. 한 필지의 토지가 여러 개의 필지로 분할되는 경우
2. 단독주택 또는 다가구주택이 다세대주택으로 전환되는 경우
3. 주택 등 건축물이 분할되거나 공유자의 수가 증가되는 경우
4. 하나의 대지 범위에 속하는 동일인 소유의 토지와 주택 등 건축물을 토지와 주택 등 건축물로 각각 분리하여 소유하는 경우
   ※ 1호부터 4호까지는 2006.7.1부터 효력이 발생됨
5. 나대지(裸垈地)에 건축물을 새로 건축하거나 기존 건축물을 철거하고 다세대주택이나 그 밖의 공동주택을 건축하여 토지등소유자가 증가하는 경우
   ※ 5호는 2008.12.31 개정, 시행된 날부터 신설됨
② 시·도지사 또는 대도시 시장은 제1항에 따라 기준일을 따로 정하는 경우 기준일, 지정사유, 건축물을 분양받을 권리의 산정 기준 등을 해당 지방자치단체의 공보에 고시하여야 한다.

08.7.30 주택재개발사업의 분양대상자에 대해 재정비촉진계획에 의하여 기반시설을 설치하게 되는 경우로서 종전의 주택(사실상 주거용으로 사용되고 있는 건축물을 포함)에 관한 보상을 받은 자를 추가함(도시재정비법은 06.7.1부터 시행되어 서울특별시 도시정비조례에서 신설된 것이 08.7.30임)

도시재정비법 제11조제4항에서 보상을 받은 자가 그 보상금액에 이자를 더한 금액을 시·도지사 또는 구청장에게 반환하는 경우 해당 재정비촉진구역 또는 인접한 재정비촉진구역의 토지등소유자로 본다는 규정에 따라 분양대상자로 함.

그러나 의제된다고 규정하고 있지만, 실무에서는 해당 또는 인근 재개발조합정관에서 정할 수 있도록 하고, 법 제35조제2항에 의한 동의를 받아야 조합원으로서 분양대상이 됨.

또한 서울특별시 도시정비조례 제22조제5호에서는 조합정관에 정할 사항으로 "재정비촉진지구의 도시계획사업으로 철거되는 주택을 소유한 자 중 구청장이 선정한 자에 대한 주택의 특별공급에 관한 사항"을 규정하고 있음.

Q1. 기반시설의 보상금액 반환이자 산정 시 이자율 적용시점은 보상을 받은 날로 산정해야 하는지, 보상금을 반환하는 시점을 적용하는지?

Q2. 은행업에 따른 인가를 받은 금융기관 중 전국을 영업구역으로 하는 금융기관의 범위는?

A1. 도시재정비법 시행규칙 제4조에 따른 기반시설 보상금액의 반환이자는 보상을 받은 날부터 보상금의 반환일 전일까지의 기간 동안 발생한 이자를 말하며, 이 경우 이자율은 보상금의 반환 당시 은행업에 따른 인가를 받은 금융기관 중 전국을 영업구역으로 하는 금융기관의 3년 만기 정기예금금리의 평균을 적용한다고 정하고 있음.

A2. 따라서, 기반시설의 보상금액 반환이자 산정 시 이자율 적용시점은 보상금 반환 당시라고 명시하고 있으므로 보상금을 반환하는 시점을 기준으로 산정하여야 하며, 은행업법 제4조에 따른 금융기관 중 전국을 영업구역으로 하는 금융기관의 범위는 금융위원회(은행과)로 문의바람(서울시 재정비과 2014.10.2).

■ 서울특별시 제36조제1항제5호(재정비촉진사업)

1. 도시정비조례 【개정연혁】

1 조례 제36조제1항제5호←제27조제1항제5호←제24조제1항제5호(21.3 현재~08.7.30)

① 영 제63조제1항제3호에 따라 재개발사업으로 건립되는 공동주택의 분양대상자는 관리처분계획기준일 현재 다음 각 호의 어느 하나에 해당하는 토지등소유자로 한다.
  5. 도시재정비법 제11조제4항에 따라 재정비촉진계획에 따른 기반시설을 설치하게 되는 경우로서 종전의 주택(사실상 주거용으로 사용되고 있는 건축물을 포함한다)에 관한 보상을 받은 자

03.12.30~08.7.29 관련 규정을 두지 않음

08.7.30 주택재개발사업의 분양대상자에 재정비촉진계획에 따라 기반시설을 설치하게 되는 경우로서 종전의 주택(사실상 주거용으로 사용되고 있는 건축물 포함)에 관한 보상을 받은 자를 분양대상자로 추가함

09.7.30 내용은 변하지 않고 조문만 제24조제1항제5호→제27조제1항제5호로 이동함

국토부령으로 정하는 이자를 더한 금액을 시·도지사 또는 구청장에게 반환하는 경우에는 해당 재정비촉진구역 또는 인접한 재정비촉진구역의 토지등소유자로 본다고 규정하고 있으나, 여기에 해당하는 자는 적극적으로 어느 조합에 해당되는지 여부를 구청장에게 확인, 요청하는 것이 좋음

다른 광역시의 경우 이 조항을 두지 않음

부칙 〈2008.7.30〉
제1조(시행일) 이 조례는 공포한 날부터 시행한다.

2. 소규모주택정비조례 【개정연혁】
- 사업시행방식의 전환되기 전의 사업방식 관련 규정 없음

● **대전광역시**
  - 도시정비조례, 도시재정비촉진조례, 소규모주택정비조례에 관련 규정 없음

● **부산광역시**
  - 도시정비조례, 도시재정비촉진조례, 소규모주택정비조례에 관련 규정 없음

● **인천광역시**
  - 도시정비조례, 도시재정비촉진조례, 소규모주택정비조례에 관련 규정 없음

● **광주광역시**
  - 도시정비조례, 도시재정비촉진조례, 소규모주택정비조례에 관련 규정 없음

● **대구광역시**
  - 도시정비조례, 도시재정비촉진조례, 소규모주택정비조례에 관련 규정 없음

● **울산광역시**
  - 도시정비조례, 도시재정비촉진조례, 소규모주택정비조례에 관련 규정 없음

● **경기도 / 수원시**
  - 도시정비조례, 도시재정비촉진조례, 소규모주택정비조례에 관련 규정 없음

서울특별시 도시정비조례 제36조제2항
② 제1항에도 불구하고 다음 각 호의 어느 하나에 해당하는 경우에는 여러 명의 분양신청자를 1명의 분양대상자로 본다.
    1. 단독주택 또는 다가구주택을 권리산정기준일 후 다세대주택으로 전환한 경우

- 단독주택 재건축사업과 같은 조문으로, 단독주택 재건축에는 2009.4.22 신설됨
  2009.4.22 이후의 건축허가분에 대해 적용

- 법 제77조(권리산정기준일)제1항제2호와 비교

정비사업을 통하여 분양받을 건축물이 "단독주택 또는 다가구주택이 다세대주택으로 전환되는 경우"에 해당하는 경우에는 제16조제2항 전단에 따른 고시가 있은 날 또는 시·도지사가 투기를 억제하기 위하여 기본계획 수립 후 정비구역 지정·고시 전에 따로 정하는 날(이하 이 조에서 "기준일")의 다음 날을 기준으로 건축물을 분양받을 권리를 산정한다.

조례 제36조제2항의 경우, 제1호~제6호 어느 하나에 해당하는 경우에는 여러 명의 분양신청자를 1명의 분양대상자로 봄.

제36조제1항이 각자 분양대상자라면 제2항은 여러 명의 분양신청자 중에서 1명을 분양대상자로 규정함

다가구주택
건축법 시행령(제3조의4 별표1)[22]에 의거 주택으로 쓰는 층수가 3개 층 이하로서 지하 주차장을 제외한 1개 동의 연면적이 660㎡ 이하이고, 19세대 이하가 거주할 수 있는 주택을 말한다.

---

22) 건축법 시행령 [별표 1] 〈개정 2018.9.4〉
    용도별 건축물의 종류(제3조의5 관련)
    1. 단독주택[단독주택의 형태를 갖춘 가정어린이집·공동생활가정·지역아동센터 및 노인복지시설(노인복지주택은 제외한다)을 포함한다]
      가. 단독주택

다만, 1층 바닥면적의 1/2 이상을 필로티 구조로 하여 주차장으로 사용하고 나머지 부분을 주택 외의 용도로 쓰는 경우에는 해당 층을 주택의 층수에서 제외함.

건축법상의 다가구주택은 도시 주택난 완화를 위해 1990년 건교부 지침으로 탄생됐으며, 60년대 산업화로 도시로 인구집중 되면서 주택부족난이 심화되자, 정부는 90.2월 다가구주택을 새로운 주거유형으로 도입함.

다가구주택은 89.12월 건축법 개정 시 다가구주택에 관한 법령이 제정되면서 법제화되어 90.4월 건축기준에 관한 세부지침에서 규모와 세대수가 완화되었고, 90.11월 주택건설촉진법의 개정에 따라 건축법과 주택법의 적용을 동시에 받음.

  나. 다중주택: 다음의 요건을 모두 갖춘 주택을 말한다.
    1) 학생 또는 직장인 등 여러 사람이 장기간 거주할 수 있는 구조로 되어 있는 것
    2) 독립된 주거의 형태를 갖추지 아니한 것(각 실별로 욕실은 설치할 수 있으나, 취사시설은 설치하지 아니한 것을 말한다. 이하 같다)
    3) 1개 동의 주택으로 쓰이는 바닥면적의 합계가 330㎡ 이하이고 주택으로 쓰는 층수(지하층은 제외한다)가 3개 층 이하일 것
  다. 다가구주택: 다음의 요건을 모두 갖춘 주택으로서 공동주택에 해당하지 아니하는 것을 말한다.
    1) 주택으로 쓰는 층수(지하층은 제외한다)가 3개 층 이하일 것. 다만, 1층의 전부 또는 일부를 필로티 구조로 하여 주차장으로 사용하고 나머지 부분을 주택 외의 용도로 쓰는 경우에는 해당 층을 주택의 층수에서 제외한다.
    2) 1개 동의 주택으로 쓰이는 바닥면적(부설 주차장 면적은 제외한다. 이하 같다)의 합계가 660㎡ 이하일 것
    3) 19세대(대지 내 동별 세대수를 합한 세대를 말한다) 이하가 거주할 수 있을 것
  라. 공관(公館)
2. 공동주택[공동주택의 형태를 갖춘 가정어린이집·공동생활가정·지역아동센터·노인복지시설(노인복지주택은 제외한다) 및 주택법 시행령 제10조제1항제1호에 따른 원룸형 주택을 포함한다. 다만, 가목이나 나목에서 층수를 산정할 때 1층 전부를 필로티 구조로 하여 주차장으로 사용하는 경우에는 필로티 부분을 층수에서 제외하고, 다목에서 층수를 산정할 때 1층의 전부 또는 일부를 필로티 구조로 하여 주차장으로 사용하고 나머지 부분을 주택 외의 용도로 쓰는 경우에는 해당 층을 주택의 층수에서 제외하며, 가목부터 라목까지의 규정에서 층수를 산정할 때 지하층을 주택의 층수에서 제외한다.
  가. 아파트: 주택으로 쓰는 층수가 5개 층 이상인 주택
  나. 연립주택: 주택으로 쓰는 1개 동의 바닥면적(2개 이상의 동을 지하주차장으로 연결하는 경우에는 각각의 동으로 본다) 합계가 660㎡를 초과하고, 층수가 4개 층 이하인 주택
  다. 다세대주택: 주택으로 쓰는 1개 동의 바닥면적 합계가 660㎡ 이하이고, 층수가 4개 층 이하인 주택(2개 이상의 동을 지하주차장으로 연결하는 경우에는 각각의 동으로 본다)
  라. 기숙사: 학교 또는 공장 등의 학생 또는 종업원 등을 위하여 쓰는 것으로서 1개 동의 공동취사시설 이용 세대 수가 전체의 50퍼센트 이상인 것(「교육기본법」 제27조제2항에 따른 학생복지주택을 포함한다)

■ 서울특별시 제36조제2항제1호

1. 도시정비조례 【개정연혁】

1 조례 제36조제2항제1호←제27조제2항제1호(21.3 현재~10.7.16)
② 제1항에도 불구하고 다음 각 호의 어느 하나에 해당하는 경우에는 여러 명의 분양신청자를 1명의 분양대상자로 본다.
 1. 단독주택 또는 다가구주택을 권리산정기준일 후 다세대주택으로 전환한 경우

10.7.16부터 적용되는 권리산정기준일은 정비구역 지정고시일 또는 구역지정 고시일 전에 서울특별시장이 따로 정하는 날이 있으면 그 날을 기준으로 함

18.7.19 전부개정 부칙은 기존의 부칙과 대조하여 누락된 것이 없는지 확인이 필요함

부 칙 〈2018.7.19 제6899호〉
제26조(분양대상 기준의 적용례 및 경과조치) ② 서울특별시조례 제4167호 도시정비조례 시행(2003.12.30) 전에 단독 또는 다가구주택을 다세대주택으로 전환하여 구분등기를 완료한 주택에 대하여는 제36조제2항제1호의 개정규정에도 불구하고 전용면적 60㎡ 이하의 주택을 공급하거나 정비구역 내 임대주택을 공급할 수 있으며, 다세대주택의 주거전용 총면적이 60㎡를 초과하는 경우에는 종전 관련조례의 규정에 따른다.
다만, 하나의 다세대전환주택을 "공유지분으로 소유하고 있는 경우"에는 주거전용 총면적에 포함시키지 아니하며 전용면적 85㎡ 이하 주택을 분양신청 조합원에게 배정하고 잔여분이 있는 경우, 전용면적 60㎡ 이하 주택 배정조합원의 상향요청이 있을 시에는 권리가액 다액 순으로 추가 배정할 수 있다.[23]

---

[23] 부칙 〈2003.12.30 제4167호〉
 제1조(시행일) 이 조례는 공포한 날부터 시행한다.
 제5조(분양대상기준의 경과조치) 제24조제2항제1호에 불구하고 이 조례 시행 전에 단독 또는 다가구주택을 다세대주택으로 전환하여 구분등기를 완료한 주택에 대하여는 전용면적 60㎡ 이하의 주택을 공급하거나 정비구역안의 임대주택을 공급할 수 있으며, 다세대주택의 주거전용 총면적이 60㎡를 초과하는 경우에는 종전 관련조례의 규정에 의한다. 단, 하나의 다세대전환주택을 공유지분으로 소유하고 있는 경우에는 주거전용 총면적에 포함시키지 아니하며 전용면적 85㎡ 이하 주택을 분양신청 조합원에게 배정하고 잔여분이 있는 경우, 전용면적 60㎡ 이하 주택 배정조합원의 상향요청이 있을 시에는 권리 가액 다액 순으로 추가 배정할 수 있다. 〈개정 2007.7.30〉
부칙 (제4167호 2003.12.30) 제5조가 2007.7.30 개정으로 단서가 추가됨
 - 조례 제4167호(2003.12.30) 시행일 이전에 다세대로 전환하여 구분등기를 완료한 주택에 대한 주택재개발사업의 분양대상 산정기준을 현실에 맞게 조정하고, 다세대전환주택의 공유지분을 주거전용 총면적에 포함시키지 아니하는 단서를 신설함

부칙 제26조는 03.12.30., 07.7.30. 부칙을 합하여 정리한 것임

Q. 사업시행인가 신청이 이루어지지 않은 재개발구역에서 1997.1.15 이전에 3가구로 건축허가 받은 다가구주택을 2001년에 3세대(주거전용면적 59.88㎡) 주택으로 전환한 경우 각 세대별 분양대상인지?

A. 「서울시 도시정비조례」 제36조제2항제1호에 따르면 단독주택 또는 다가구주택을 권리산정기준일 후 다세대주택으로 전환한 경우 여러 명의 분양신청자를 1명의 분양대상자로 보도록 하고 있으며,

부칙 제29조(권리산정기준일에 관한 적용례 및 경과조치) 제1항에 제36조 및 제37조 개정규정은 서울시조례 제5007호 서울시 도시정비조례 일부개정조례 시행 이후 최초로 기본계획(정비예정구역에 신규로 편입지역 포함)을 수립하는 분부터 적용한다고 규정하고 있음.

부칙 제26조(분양대상 기준의 적용례 및 경과조치)제2항에 따르면 서울시조례 제4167호 서울시 도시정비조례 시행(2003.12.30.) 전에 단독 또는 다가구주택을 다세대주택으로 전환하여 구분등기를 완료한 주택에 대하여는 제36조제2항제1호의 개정규정에도 불구하고 전용면적 60㎡ 이하의 주택을 공급하거나 정비구역 내 임대주택을 공급할 수 있으며, 다세대주택의 주거전용 총면적이 60㎡를 초과하는 경우에는 종전 관련 조례의 규정에 따른다고 규정하고 있으며,

부칙 제27조(다가구주택의 분양기준에 관한 경과조치)에 제36조제2항제1호와 제37조제2항제1호의 개정규정에도 불구하고 서울시조례 제4824호 서울시 도시정비조례 일부개정조례 시행(2009.7.30.) 당시 최초로 사업시행인가를 신청하는 분부터 1997년 1월 15일 전에 가구별로 지분 또는 구분소유등기를 필한 다가구주택이 건축허가 받은 가구 수의 증가 없이 다세대주택으로 전환된 경우에는 가구별 각각 1명을 분양대상자로 하여 적용하도록 규정하고 있음.

질의에 따른 분양대상 여부는 상기규정에 따른 기본계획수립일, 다세대주택으로 전환 및 등기 시점, 기존 다가구주택의 지분 또는 구분소유등기 시점 등을 확인·검토하여 판단할 사항임(서울시 주거정비과 2020.6.15.).

Q. 도시정비조례 부칙 제26조제2항에 따른 다세대주택의 주거전용 총면적이 60㎡를 초과하는 경우와 하나의 다세대전환주택을 공유지분으로 소유하고 있는 경우의 의미는?

A. 서울시 도시정비조례 부칙 〈제6899호, 2018.7.19.〉 제26조제2항에 따르면, 조례 4167

(2003.12.30)호 도시정비조례 시행 전에 단독 또는 다가구주택을 다세대주택으로 전환하여 구분등기를 완료한 주택에 대하여는 제36조제2항제1호의 개정규정에도 불구하고 전용면적 60㎡ 이하의 주택을 공급하거나 정비구역 내 임대주택을 공급할 수 있으며, 다세대주택의 주거전용 총면적이 60㎡를 초과하는 경우에는 종전 관련 조례의 규정에 따른다.

다만, 하나의 다세대전환주택을 공유지분으로 소유하고 있는 경우에는 주거전용 총면적에 포함시키지 아니하며 전용면적 85㎡이하 주택을 분양신청 조합원에게 배정하고 잔여분이 있는 경우, 전용면적 60㎡ 이하 주택 배정조합원의 상향요청이 있을 시에는 권리가액 다액 순으로 추가 배정할 수 있다고 규정하고 있음.

질의하신 다세대주택의 주거전용 총면적이 60㎡를 초과하는 경우는 총면적이 60㎡ 이상의 주택 공급이 가능할 것으로 보이고, 하나의 다세대전환주택을 공유지분으로 소유하고 있는 경우에는 주거전용 총면적에 포함시키지 아니한다는 규정에 따라 처리될 사항임〈서울시 재생협력과 2018.11.21〉

제27조(다세대주택으로 전환된 주택의 분양기준에 관한 경과조치) 제36조제2항제1호와 제37조제2항제1호의 개정규정에도 불구하고 서울특별시조례 제4824호 도시정비조례 일부개정조례 시행(2009.7.30) 당시 최초로 사업시행인가를 신청하는 분부터 1997.1.15 전에 가구별로 지분 또는 구분소유등기를 필한 다가구주택이 건축허가 받은 가구 수의 증가 없이 다세대주택으로 전환된 경우에는 가구별 각각 1명을 분양대상자로 하여 적용한다.

09.7.30 부칙을 말함

제29조(권리산정기준일에 관한 적용례 및 경과조치) ① 제36조 개정규정은 서울특별시조례 제5007호 도시정비조례 일부개정조례 시행 이후 최초로 기본계획(정비예정구역에 신규로 편입지역 포함)을 수립하는 분부터 적용한다.
② 서울특별시조례 제5007호(2010.7.15) 도시정비조례 일부개정조례 시행 전에 기본계획이 수립되어 있는 지역 및 지구단위계획이 결정·고시된 지역은 종전의 도시정비조례(조례 제5007호로 개정되기 전의 것을 말한다) 제27조에 따른다.

10.7.15 부칙을 말함

2 조례 제27조제2항제1호←제24조제2항제1호(10.7.15~03.12.30)

② 제1항에 불구하고 다음 각 호의 어느 하나에 해당하는 경우에는 수인의 분양신청자를 1인의 분양대상자로 본다.
　1. 단독주택 또는 다가구주택이 건축물준공 이후 다세대주택으로 전환된 경우

부 칙 〈2003.12.30 제정〉
제5조(분양대상기준의 경과조치) 제24조제2항제1호에 불구하고 이 조례 시행(2003.12.30) 전에 단독 또는 다가구주택을 다세대주택으로 전환하여 구분등기를 완료한 주택에 대하여는 전용면적 60㎡ 이하의 주택을 공급하거나 정비구역안의 임대주택을 공급할 수 있으며, 다세대주택의 주거전용면적이 60㎡를 초과하는 경우에는 종전 관련조례[24]에 의한다.

03.12.30 전에 단독 또는 다가구주택을 다세대주택으로 전환하여 구분등기를 완료한 주택은 전용면적 60㎡ 이하의 주택을 공급하거나, 정비구역안의 임대주택을 공급받을 수 있음. 이는 임의규정으로 조합에서 결정할 사항임

다세대주택의 주거전용면적이 60㎡를 초과 시에는 종전 도시재개발사업조례에 따라 각자를 분양대상자로 함

Q. 다세대전환주택 소유자에 대하여 임대주택을 공급한다고 조합총회 결의로써 정관에 정할 수 있는지?

A. 현행 서울시 도시정비조례 제24조제1항제2호에 따라 분양신청자가 해당 재개발구역내 소유하고 있는 토지의 총면적이 90㎡ 이상인 경우에는 지목이나 현황에 관계없이 공동주택 분양대상자가 될 수 있으며, 주택이 아닌 건축물을 소유한 자는 상가 등 부대복리시설을 분양하는 것이 원칙이나, 동 조례 제24조제1항제3호에 따라 권리가액이 분양용 최소규

---

[24] 도시재개발사업조례[시행 1997.1.15] [서울특별시조례 제3372호, 1997.1.15, 전부개정]
　　제27조(주택재개발사업의 분양대상) ② 다음 각 목의 1에 해당하는 경우에는 수인의 분양신청자를 1인의 분양대상자로 본다.
　　　나. 제1항제3호에 의한 하나의 주택을 수인이 소유하고 있는 경우
　　　※ 3. 종전의 건축물 중 주택(사실상 주거용으로 사용되고 있는 건축물을 포함한다)을 소유한 자. 다만, 그 주택이 제1호 가목, 나목 또는 라목에 해당하는 경우에는 그러하지 아니하다.
　부 칙 (1997.1.15)
　제1조(시행일) 이 조례는 공포한 날부터 시행한다.
　제6조(다가구 주택의 분양기준에 관한 경과조치) 이 조례 시행(1997.7.15.) 전에 건축법에 의하여 허가받은 다가구 주택으로서 가구별로 지분 또는 구분소유 등기를 필한 다가구 주택은 제27조제2항 나목에 불구하고 허가받은 가구수에 한하여 가구별 각각 1인 분양대상자로 한다.

모 공동주택 1가구의 추산액 이상인 때 주택을 분양받을 수 있음.
또한, 동 조례 부칙 제5조에 의거 2003.12.30 이전 다세대로 전환하여 구분소유등기를 필한 자에게는 임대주택을 공급한다고 정관에 정할 수는 있으나, 정관은 도시정비법 제16조 제1항에 의거 토지등소유자의 4/5 이상 동의를 얻어야 할 사안으로 조합총회 결의로써 정할 수는 없음(서울특별시 주거정비과 2007.4.18)

◆ 07.7.30 부칙〈2003.12.30 제4167호〉을 개정하여 단서 신설
단독주택 또는 다가구주택이 건축물준공 이후 다세대주택으로 전환된 경우(07.7.30~10.7.15)

부 칙〈2003.12.30 제4167호〉
제1조(시행일) 이 조례는 공포한 날부터 시행한다.
제5조(분양대상기준의 경과조치) 제24조제2항제1호에 불구하고 이 조례 시행 전에 단독 또는 다가구주택을 다세대주택으로 전환하여 구분등기를 완료한 주택에 대하여는 전용면적 60㎡ 이하의 주택을 공급하거나 정비구역안의 임대주택을 공급할 수 있으며, 다세대주택의 주거전용 총면적이 60㎡를 초과하는 경우에는 종전 관련조례의 규정에 의한다.
단, 하나의 다세대전환주택을 공유지분으로 소유하고 있는 경우에는 주거전용 총면적에 포함시키지 아니하며 전용면적 85㎡ 이하 주택을 분양신청 조합원에게 배정하고 잔여 분이 있는 경우, 전용면적 60㎡ 이하 주택 배정조합원의 상향요청이 있을 시에는 권리가액 다액 순으로 추가 배정할 수 있다.〈개정 2007.7.30〉

다세대 주거전용면적을 "다세대 주거전용 총면적"으로 개정함. 단 하나의 다세대 전환주택을 공유지분으로 소유한 경우에는 주거전용 총면적에 포함되지 않음.
조례 제4167호(03.12.30) 시행일 이전에 다세대로 전환하여 구분등기를 완료한 주택에 대한 ①전용면적 85㎡ 이하 주택을 배정하고 잔여분이 있는 경우, 전용면적 60㎡ 이하 주택 배정 조합원의 상향요청이 있을 시에는 권리가액 다액 순으로 추가 배정이 가능함

◆ 09.7.30 부칙〈제4824호, 일부개정〉

부칙〈2009.7.30〉

제1조(시행일) 이 조례는 공포한 날부터 시행한다.

제3조(다세대주택으로 전환된 주택의 분양기준에 관한 경과조치 등) ① 제27조제2항제1호에 불구하고 1997.1.15 전에 가구별로 지분 또는 구분소유등기를 필한 다가구주택이 건축허가 받은 가구 수의 증가 없이 다세대주택으로 전환된 경우에는 가구별 각각 1인을 분양대상자로 한다.

② 제1항의 개정규정은 이 조례 시행 당시 최초로 사업시행인가를 신청하는 분부터 적용한다.

조례 제27조제2항제1호는 손대지 않고 부칙 개정을 통해 서울특별시 도시재개발사업조례 전부개정으로 "1997.1.15 전에 가구별로 지분 또는 구분소유등기를 필한 다가구주택이 건축허가 받은 가구 수의 증가 없이 다세대주택으로 전환된 경우 각각 1인을 분양대상자로 완화"함

이는 09.7.30부터 최초 사업시행인가 신청 분부터 적용함

Q. (한남2구역 관련) 구분건물로 전환된 다세대주택의 조합원 및 분양권 자격이 있는지?

A. 조합설립 인가된 구역이며, 도시정비법 제19조제1항에 따라 토지등소유자(정비구역 안에 소재한 토지 또는 건축물의 소유자 또는 그 지상권자)는 조합원이 됨. 다만, 문의하신 다세대주택은 서울특별시 도시정비조례(2010.7.15 개정되기 전의 조례를 말함) 제27조제2항제1호 및 부칙〈제4824호, 2009.7.30〉제3조에 따라 단독주택 또는 다가구주택이 건축물준공 이후 다세대주택으로 전환된 경우이며, 1997.1.15 전에 가구별로 지분 또는 구분소유등기를 필한 다가구주택이 건축허가 받은 가구 수의 증가 없이 다세대주택으로 전환된 경우에 해당되지 않으므로 수인의 분양신청자를 1인의 분양대상자로 보아야 할 것으로 판단됨(서울특별시 주거사업과 2017.5.17)

2. 소규모주택정비조례 【개정연혁】

권리산정기준일을 주민협의체 구성 신고일, 조합설립인가일, 공공시행자 지정고시일, 지정개발자 지정고시일로 정함

1 조례 제37조제2항제1호(21.3 현재~18.12.31)

② 제1항에도 불구하고 다음 각 호의 어느 하나에 해당하는 경우에는 여러 명의 분양신청자를 1인의 분양대상자로 본다.
  1. 단독주택 또는 다가구주택을 권리산정기준일 후 다세대주택으로 전환한 경우

부 칙〈2018.12.31 제6946호〉
제1조(시행일) 이 조례는 공포한 날부터 시행한다.

● 대전광역시

1. 도시정비조례 【개정연혁】

1 조례 제32조제2항제1호(21.3 현재~18.10.5)

② 다음 각 호의 어느 하나에 해당되는 경우에는 여러 명의 분양신청자를 1명의 분양대상자로 본다.
  1. 단독 또는 다가구주택이 다세대주택으로 <u>변경되는 경우</u>

"전환되는 행위→변경되는 경우"로 제한하여, 변경된 후 여러 명이 분양신청을 하더라도 1인만 분양대상자가 됨

18.10.5 전부개정 시에 경과조치를 둠

대전광역시 조례 시행일인 04.10.1 전에 가구별로 지분 또는 구분소유등기를 필한 다가구주택(90.4.21 다가구주택 도입 이전에 단독주택으로 건축허가를 받아 지분 또는 구분등기를 필한 사실상의 다가구주택을 포함)은 제32조제2항에도 불구하고 다가구주택으로 건축허가 받은 가구 수에 한하여 가구별 각각 1인이 분양대상자임

부 칙 〈2018.10.5 조례 제5175호〉
제1조(시행일) 이 조례는 공포한 날부터 시행한다.
<u>제5조</u>(다가구주택의 분양기준에 관한 경과조치 등) ① 2004.10.1 전에 가구별로 지분 또는 구분소유등기를 필한 다가구주택(1990.4.21 다가구주택 제도 도입 이전에 단독주택으로 건축허가를 받아 지분 또는 구분등기를 필한 사실상의 다가구주택을 포함한다)은 제32조제2항에도 불구하고 다가구주택으로 건축허가 받은 가구 수에 한하여 가구별 각각 1인을 분양대상자로 한다.
② 제1항의 개정규정은 이 조례 시행 당시 최초로 사업시행인가를 신청하는 분부터 적용하며, 사업시행인가를 얻은 조합으로서 제1항에 따라 사업시행인가를 변경하고자 하는 경우에는 토지등소유자의 전원의 동의를 얻어야 한다.

2 조례 제32조제2항제1호←제22조제2항제1호(18.10.4~09.6.5)

② 다음 각 호의 어느 하나에 해당되는 경우에는 여러 명의 분양신청자를 1명의 분양대상자로 본다.
  1. 단독 또는 다가구주택이 다세대주택으로 전환되는 경우〈개정 2009.6.5〉

09.2.6 도시정비법 개정의 영향으로 건축물 준공 이후인 기준일을 삭제하고, 건축 준공 전이라도 단독, 다가구를 다세대로 전환하면 분양대상자에서 제외함

부 칙〈2009.6.5 조례 제3747호〉
이 조례는 공포한 날부터 시행한다.

3 조례 조례 제22조제2항제1호(09.6.4~04.10.1)

② 다음 각 호의 어느 하나에 해당되는 경우에는 여러 명의 분양신청자를 1명의 분양대상자로 본다.
  1. 단독주택 또는 다가구주택이 건축물 준공 이후 다세대주택으로 전환된 경우

서울특별시는 03.12.30 전에 단독 또는 다가구주택을 다세대주택으로 전환하여 구분등기를 완료한 주택은 전용면적 60㎡ 이하의 주택을 공급하거나, 정비구역안의 임대주택을 공급받을 수 있도록 부칙을 두었으나, 대전광역시는 규정이 없음.

부 칙〈2004.10.1〉
이 조례는 공포한 날부터 시행한다.

2. 소규모주택정비조례 【개정연혁】

권리산정기준일을 주민협의체 구성 신고일, 조합설립인가일, 공공시행자 지정고시일, 지정개발자 지정고시일로 정함

1 조례 제20조제2항제1호(21.3 현재~18.10.5)
② 제1항에도 불구하고 다음 각 호의 어느 하나에 해당하는 경우에는 여러 명의 분양신청자를 1명의 분양대상자로 본다.
   1. 단독주택 또는 다가구주택을 <u>권리산정기준일</u> 후 다세대주택으로 전환한 경우

변경 경우까지 포함된 도시정비조례와는 달리, 다세대로 전환한 경우만을 제한함.

부 칙〈2018.10.5 조례 제5173호〉
제1조(시행일) 이 조례는 공포한 날부터 시행한다.
제2조(일반적 경과조치) 이 조례 시행 당시 종전의 「대전광역시 도시정비조례」의 가로주택정비사업 및 주택재건축사업(정비구역이 아닌 구역에서 시행하는 주택재건축사업을 말한다) 관련 규정에 따라 행하여진 처분·절차 및 행위는 이 조례의 관련 규정에 따라 행하여진 처분·절차 및 행위로 본다.

● 부산광역시

1. 도시정비조례 【개정연혁】

1 제37조제2항제1호←조례 제22조제2항제1호(21.3 현재~12.12.26)

② 제1항에 따른 공동주택분양대상자중 다음 각 호의 어느 하나에 해당하는 경우에는 여러 명의 분양신청자를 1명의 분양대상자로 본다.
  1. 단독 또는 다가구주택이 법 제77조에 따른 권리산정기준일 이후 다세대주택으로 전환되는 경우, 수인의 분양신청자를 1인의 분양대상자로 본다.

"건축물 준공 이후→권리산정기준일'로 바뀜

부 칙〈2012.12.26〉
제1조(시행일) 이 조례는 공포한 날부터 시행한다.

2 조례 제22조제2항제1호(12.12.25~04.4.22)

② 제1항에 따른 공동주택분양대상자중 다음 각 호의 어느 하나에 해당하는 경우에는 여러 명의 분양신청자를 1명의 분양대상자로 본다.
  1. 단독주택 또는 다가구주택이 건축물 준공 이후 다세대주택으로 전환된 경우, 수인의 분양신청자를 1인의 분양대상자로 본다.

부 칙〈2004.4.22 조례 제3928호〉
제1조(시행일) 이 조례는 공포 후 1월이 경과한 날부터 시행한다.
제6조(주택재개발사업 분양대상 등에 관한 경과조치) 이 조례 시행 전에 단독 또는 다가구주택을 다세대주택으로 전환하여 구분등기를 완료한 주택은 제22조제2항에 불구하고 전용면적 60㎡ 이하의 주택을 공급하거나 정비구역 내 임대주택을 공급할 수 있으며, 다세대주택의 주거전용면적이 60㎡를 초과하는 경우에는 종전 관련조례의 규정을 적용한다.
제7조(다가구주택의 분양기준에 관한 경과조치) 이 조례 시행 전에 가구별로 공유지분 또는 구분소유등기를 필한 다가구주택 등은 제22조제2항에 불구하고 종전 관련조례의 규정을 적용한다.

2. 소규모주택정비조례 【개정연혁】

권리산정기준일을 주민협의체 구성 신고일, 조합설립인가일, 공공시행자 지정고시일, 지정개발자 지정고시일로 정함

1 조례 제19조제2항제1호(21.3 현재~18.7.11)

② 제1항에도 불구하고 다음 각 호의 어느 하나에 해당하는 경우에는 여러 명의 분양신청자를 1인의 분양대상자로 본다.
   1. 단독주택 또는 다가구주택을 권리산정기준일 후 다세대주택으로 전환한 경우

부 칙〈2018.7.11〉
제1조(시행일) 이 조례는 공포한 날부터 시행한다.

● 인천광역시

1. 도시정비조례 【개정연혁】

1 조례 제34조(정비사업의 분양대상 등)←제23조(관리처분의기준 등)←제24조제3항제3호
 (21.3 현재~11.2.21)
 ~~단독 또는 다가구주택이 다세대주택으로 전환되는 경우~~ 〈삭제〉

법률제명도 제23조(관리처분의 기준 등)로 바뀌면서 "단독주택 또는 다가구주택을 건축물 준공 이후 다세대주택으로 전환된 경우(제24조 현금청산 대상)"규정이 삭제됨

◆ 조례 제34조(정비사업의 분양대상 등)

제34조(정비사업의 분양대상 등) ① 법 제76조제1항제7호 가목에 따라 같은 세대에 속하지 아니하는 2명 이상이 공람공고일 이전에 하나의 토지를 공유한 경우에는 각 공유지분의 규모에 따라 다음 각 호와 같이 주택을 공급한다.
1. 토지면적 90㎡ 이상의 공유지분을 소유한 자에게는 각 1주택을 공급할 것
2. 토지면적 90㎡ 미만의 공유지분을 소유한 자가 2명 이상인 경우에는 해당 공유지분의 합이 토지면적 90㎡ 이상인 경우에 그 대표자에게 1주택을 공급할 것
② 영 제63조제1항제3호에 따른 공동주택의 분양대상자는 관리처분계획기준일 현재 다음 각 호의 기준에 적합하여야 한다.
1. 사업시행인가일을 기준으로 산정한 토지 및 건축물(기존무허가건축물을 포함한다) 가액의 합(부족한 금액을 해당 토지등소유자가 부담하는 경우 그 부담하는 금액을 포함한다)이 공동주택의 단위 세대별 추산액 중 최저가액 이상일 것
2. 토지만을 소유하고 있는 경우에는 해당 토지면적의 합(국·공유지를 점유·사용하고 있는 소유자에게 우선 매각하는 경우 그 면적을 포함한다)이 90㎡ 이상일 것
3. 둘 이상의 필지를 하나의 대지로 구획한 토지의 일부를 필지단위로 취득한 경우 취득시기(부동산등기부상의 접수일자를 기준으로 한다)가 공람공고일 이전일 것
③ 제2항에 불구하고 다음 각 호의 어느 하나에 해당하는 토지등소유자에게는 공동주택을 공급할 수 있다.

1. 공람공고일 이전에 분할된 필지의 면적이 30㎡ 이상인 토지를 소유한 자로서 다음 각 목의 모든 요건에 저촉되지 아니하는 토지등소유자
   가. 소유하고 있는 토지의 지목이 도로인 경우에는 해당 토지가 사실상의 도로가 아닐 것
   나. 공람공고일부터 무주택세대주 일 것
2. 법 제123조제1항에 따라 재개발사업의 시행방식이 전환된 경우로서 종전의 사업시행방식에 따라 환지를 지정받은 토지등소유자

④ 제1항부터 제3항까지의 규정에 따른 관리처분의 기준을 적용할 때에는 토지등소유자 1명에게 1주택만 공급한다.

부 칙 〈2011.2.21〉
제1조(시행일) 이 조례는 공포한 날부터 시행한다.
제2조(처분 등에 관한 경과조치) 이 조례 시행 당시 종전의 규정에 따라 행한 처분·절차 그 밖의 행위는 이 조례에 따라 행하여진 것으로 본다.

2 조례 제24조(현금청산 대상)제3항제3호(11.2.20~04.7.19)

③ 제1항 및 제2항을 적용함에 있어 다음 각 호의 어느 하나에 해당하는 경우에는 수인의 분양신청자를 1인의 분양대상자로 본다. 〈개정 2007.05.14〉
   3. 단독주택 또는 다가구주택을 <u>건축물 준공</u> 이후 다세대주택으로 전환된 경우

04.7.19 이전에 단독 또는 다가구주택을 다세대주택으로 전환하여 구분등기를 완료한 주택은 전용면적 60㎡ 이하의 주택을 공급하거나 정비구역 안 임대주택을 공급할 수 있음.

다만 다세대주택의 주거전용면적이 60㎡를 초과하는 경우에는 제24조제3항제3호를 적용하지 않음

부 칙 〈2004.7.19〉
제1조(시행일) 이 조례는 공포한 날부터 시행한다.
제7조(분양대상기준의 경과조치) 제24조제3항제3호에 불구하고 이 조례 시행일(2004.7.19) 이전에 단독 또는 다가구주택을 다세대주택으로 전환하여 구분등기를 완료한 주택은 전용면적 60㎡ 이하의 주택을 공급하거나 정비구역 안 임대주택을 공급할 수 있다. 다만, 다세대주택의 주거전용면적이 60㎡를 초과하는 경우에는 제24조제3항제3호를 적용하지 아니한다.

2. 소규모주택정비조례 【개정연혁】

권리산정기준일을 주민협의체 구성 신고일, 조합설립인가일, 공공시행자 지정고시일, 지정개발자 지정고시일로 정함

1 조례 제19조제2항제1호(21.3 현재~18.11.5)

② 제1항에도 불구하고 다음 각 호의 어느 하나에 해당하는 경우에는 여러 명의 분양신청자를 1인의 분양대상자로 본다.
  1. 단독주택 또는 다가구주택을 권리산정기준일 후 다세대주택으로 전환한 경우

부 칙 〈2018.11.5 조례 제6029호〉
제1조(시행일) 이 조례는 공포한 날부터 시행한다.

● 광주광역시

〈도시개발신문/도시정비 2021.12〉

재개발, 재건축사업에서 다주택자의 분양자격 수

(중략)

대법원 판례 대상인 광주광역시 학동4구역 재개발사업장은 투기과열지구가 아니다.
문제의 주택은 1988년 8월경 1층(96.24㎡)·2층(96.24㎡) 2세대만 거주하는 '다세대주택'으로 준공허가를 받았으면 등기상 집합건축물대장으로 등록돼야 하는데, 일반건축물대장으로 분류됐다는 것이다(즉 다가구주택이라는 것임).

조합인가 후인 2013년 6월경 A부부가 이 주택을 매입하면서 주택건축물대장 표기 변경 신청과 함께 1층과 2층인 2세대를 1층 4세대, 2층 2세대를 추가하여 총 6세대로 확대하는 세대 변경 신청도 함께 냈는데, 해당 구청에서 이를 해 줘 4세대가 늘어났다.

조합에서는 조합설립인가 후 다가구를 다세대로 전환해 2주택→6주택으로 증가하여, 늘어난 4주택을 구입한 사람들에 대한 조합원 지위를 인정하지 않았다.

다가구 → 다세대주택으로 전환

광주광역시 조례에 경과조치 없어

서울시는 도시정비조례 부칙 제27조에서 다세대주택으로 전환된 주택의 분양기준에 관한 경과조치를 두고 있다.

2009년 7월 30일 일부개정조례 시행 당시 최초로 사업시행인가를 신청하는 분부터 1997년 1월 15일 전에 가구별로 지분 또는 구분소유등기를 필한 다가구주택이 건축허가 받은 가구 수의 증가 없이 다세대주택으로 전환된 경우에는 가구별 각각 1명을 분양대상자로 하여 적용한다는 것이다.

광주광역시에는 이러한 규정 자체가 조례 제정(2004년 3월 25일)부터 현재까지 전혀 없다.

다만 제정 시부터 현재까지 관리처분계획기준일 현재 "단독주택 또는 다가구주택이 건축물 준공 이후 다세대주택으로 전환된 경우 여럿의 분양신청자 중 1인을 분양대상자로 한다(조례 §37②1)."는 규정을 두고 있다.

이 규정에 따라 늘어난 4가구를 제외한 것으로 판단된다.

관리처분계획기준일 vs 권리산정기준일의 경합

도시정비법령이 여러 차례 개정되었지만, 아직까지 시도 조례에선 분양대상기준을 관리처분계획 기준일이라 정하고 있다.

즉, 서울특별시, 광주광역시 등 모든 시도에서 관리처분계획기준일이란 '분양신청 기간이 만료되는 날'이라고 규정하고 있다. 이 기준일 전까지만 요건에 충족되면 각자가 분양대상이라는 것이다.

그러면서 세부적으로 분양대상을 제한하는 조문에서 '권리산정기준일'을 기준으로 이후 다가구를 다세대로 전환 시에는 1인만 분양대상자로 하고 있다.

이 권리산정기준일은 조례 아닌 도시정비법(§77)상 정비구역 지정고시일(조합설립인가 훨씬 이전) 이후 다세대로 전환하면 1인만 분양대상자라고 강제하고 있지만, 대법원은 관리처분계획 기준일에 맞춰 요건이 충족돼 있으면 가능하다는 조례를 이유로 고등법원의 판결에 손을 들어준 것이다. (이하생략)

〈도시개발신문 대표 전연규〉

1. 도시정비조례 【개정연혁】

1 조례 제37조제2항제1호(2~.3 현재~18.11.15)

② 다음 각 호의 어느 하나에 해당하는 경우에는 여러 명의 분양신청자를 1인의 분양대상자로 본다.

2. 단독 또는 다가구주택이 권리산정기준일 후 다세대주택으로 전환되는 경우

부 칙 〈2018.11.15〉

제1조(시행일) 이 조례는 공포한 날로부터 시행한다.

제6조(일반적 경과조치) 이 조례 시행 당시 종전의 「광주광역시 도시정비조례」에 따른 결정·처분·절차 및 그 밖의 행위는 이 조례의 규정에 따라 행하여진 것으로 본다.

2 조례 제25조제2항제1호(18.11.14~04.3.25)

② 다음 각 호의 어느 하나에 해당하는 경우에는 여러 명의 분양신청자를 1인의 분양대상자로 본다.
　1. 단독주택 또는 다가구주택이 <u>건축물 준공</u> 이후 다세대주택으로 전환된 경우

부 칙 ⟨2004.3.25⟩
제1조(시행일) 이 조례는 공포한 날로부터 시행한다.
제3조(일반적 경과조치) 이 조례 시행 전에 종전의 규정에 의하여 행하여진 처분, 절차 기타의 행위는 이 조례의 규정에 의하여 행하여진 것으로 본다.

2. 소규모주택정비조례 【개정연혁】

권리산정기준일은 토지등소유자가 사업시행자인 경우(주민합의체 구성을 신고한 날), 조합이 사업시행자가 되는 경우(조합설립인가일), 광주광역시 관할 자치구의 구청장 또는 토지주택공사 등이 사업시행자가 되는 경우(공공시행자 지정고시일), 지정개발자가 사업시행자로 지정되는 경우(지정개발자 지정고시일)에 따라 다름.

1 조례 제19조제2항제1호(21.3 현재~19.4.15)

② 제1항에도 불구하고 다음 각 호의 어느 하나에 해당하는 경우에는 여러 명의 분양신청자를 1인의 분양대상자로 본다.
　1. 단독주택 또는 다가구주택을 권리산정기준일 후 다세대주택으로 전환한 경우

부 칙 ⟨2019.4.15⟩
제1조(시행일) 이 조례는 공포한 날부터 시행한다.

● 대구광역시

1. 도시정비조례 【개정연혁】

1 조례 제36조제2항제1호(21.3 현재~18.12.31)
② 제1항에 따른 공동주택 분양대상자 중 다음 각 호의 어느 하나에 해당하는 경우에는 여러 명의 분양신청자를 1명의 분양대상자로 본다.
   1. 단독주택 또는 다가구주택을 권리산정기준일 후 다세대주택으로 바꾼 경우

04.7.12~18.12.30 관련 규정 없음

부 칙 〈2018.12.31 조례 제5197호〉
제1조(시행일) 이 조례는 공포한 날로부터 시행한다.
제6조(일반적 경과조치) 이 조례 시행 당시 종전의 「대구광역시 도시정비조례」에 따른 결정·처분·절차 및 그 밖의 행위는 이 조례에 따라 행하여진 것으로 본다.
제9조(주택재개발사업 등에 관한 경과조치) 이 조례 시행 당시 종전의 「도시정비법」(법률 제14567호로 개정되기 전의 것을 말한다)에 따라 시행 중인 주택재개발사업·도시환경정비사업은 각각 이 조례에 따른 주택정비형 재개발사업·도시정비형 재개발사업으로 본다.

2. 소규모주택정비조례 【개정연혁】

권리산정기준일을 주민협의체 구성 신고일, 조합설립인가일, 공공시행자 지정고시일, 지정개발자 지정고시일로 정함

1 조례 제26조제2항제1호(21.3 현재~18.10.1)

② 제1항에도 불구하고 다음 각 호의 어느 하나에 해당하는 경우에는 여러 명의 분양신청자를 1인의 분양대상자로 본다.
   1. 단독주택 또는 다가구주택을 권리산정기준일 이후 다세대주택으로 전환한 경우

부 칙〈2018.10.1 조례 제5161호〉
제1조(시행일) 이 조례는 공포한 날부터 시행한다.
제3조(일반적 경과조치) 이 조례 시행 당시 종전의 「대구광역시 도시정비조례」의 가로주택정비사업 및 주택재건축사업(정비구역이 아닌 구역에서 시행하는 주택재건축사업을 말한다. 이하 같다) 관련 규정에 따라 행하여진 처분·절차 및 행위는 이 조례의 관련 규정에 따라 행하여진 처분·절차 및 행위로 본다.
제4조(가로주택정비사업 등에 관한 경과조치) 종전 조례에 따라 시행 중인 가로주택정비사업 및 주택재건축사업은 각각 이 조례에 따른 가로주택정비사업과 소규모재건축사업으로 본다.

● 울산광역시

1. 도시정비조례 【개정연혁】

1 조례 제29조제2항제1호←제23조(현금청산)제2항제1호(21.3 현재~16.12.29)

② 제1항에도 불구하고 다음 각 호의 어느 하나에 해당하는 경우에는 수인의 분양 신청자를 1인의 분양대상자로 본다.
　1. 단독주택 또는 다가구주택을 권리산정 기준일 후 다세대주택으로 전환한 경우

부 칙 〈개정 2016.12.29 조례 제1691호〉
제1조(시행일) 이 조례는 공포한 날부터 시행한다.

2 조례 제23조(현금청산)제3항제2호(16.12.28~10.12.31)

③ 제1항 및 제2항을 적용함에 있어 다음 각 호의 어느 하나에 해당하는 경우에는 수명의 분양신청자를 1명의 분양대상자로 본다. 〈개정 2007.5.10, 2010.12.31〉
　1. 수인의 분양신청자가 하나의 세대(세대주와 동일한 세대별 주민등록표상에 등재되어 있지 아니한 세대주의 배우자 및 배우자와 동일한 세대를 이루고 있는 세대원을 포함한다)인 경우
　2. 하나의 토지 또는 주택을 수인이 소유하고 있는 경우. 다만, 다음 각 목의 어느 하나에 해당하는 경우에는 그러하지 아니한다.
　　가. 정비구역 지정공람공고일 3개월 이전부터 다가구주택을 건축물 준공 이후 다세대주택으로 전환된 주택을 취득하여 부동산 등기를 완료한 경우
　　나. 정비구역 지정공람공고일 이전부터 지분 또는 구분 소유등기를 필한 다가구주택 (1990년 4월 21일 다가구주택 제도 도입이전에 단독주택으로 건축허가를 받아 지분 또는 구분등기를 필한 사실상의 다가구 주택 포함)의 경우

부 칙 〈개정 2010.12.31 조례 제1193호〉
이 조례는 공포한 날부터 시행한다.

❸ 조례 제23조(현금청산)제3항제2호(10.12.30~04.6.10)

③ 제1항 및 제2항을 적용함에 있어 다음 각 호의 1에 해당하는 경우에는 수인의 분양신청자를 1인의 분양대상자로 본다.
　2. 하나의 토지 또는 주택을 수인이 소유하고 있는 경우. 다만, <u>정비구역 지정공람공고일 3월 이전</u>부터 다가구주택을 건축물 준공 이후 다세대주택으로 전환된 주택을 취득하여 부동산등기를 완료한 경우에는 포함하지 아니한다.

부칙〈2004.6.10〉
① (시행일) 이 조례는 공포한 날부터 시행한다.
③ (경과조치) 이 조례 시행 전에 종전 규정에 의하여 행하여진 처분·절차 그 밖의 행위는 이 조례에 의하여 행하여진 것으로 본다.

2. 소규모주택정비조례 【개정연혁】

권리산정기준일을 주민협의체 구성 신고일, 조합설립인가일, 공공시행자 지정고시일, 지정개발자 지정고시일로 정함

❶ 조례 제19조제2항제1호(21.3 현재~19.7.11)

② 제1항에도 불구하고 다음 각 호의 어느 하나에 해당하는 경우에는 여러 명의 분양신청자를 1명의 분양대상자로 본다.
　1. 단독주택 또는 다가구주택을 권리산정기준일 후 다세대주택으로 전환한 경우

부칙〈2019.7.11〉
이 조례는 공포한 날부터 시행한다.

● 경기도

경기도는 인구 50만 미만의 시에 적용함(과천, 광명, 광주, 구리, 군포, 김포, 동두천, 시흥, 안성, 양주, 양평, 오산, 이천, 의왕, 의정부, 파주, 포천, 평택, 하남등. 이하 같음)

1. 도시정비조례 【개정연혁】

1 조례 제26조제1항←제18조제3항제1호(21.3 현재~'6.5.17)

① 영 제63조제1항제3호 단서에 따라 다음 각 호의 어느 하나에 해당하는 경우에는 분양대상자를 1명으로 본다.
  1. 관리처분계획 기준일 현재 여러 명의 분양신청자가 하나의 세대인 경우. 이 경우 세대주와 동일한 세대별 주민등록표에 등재되어 있지 않은 세대주의 배우자 및 배우자와 동일한 세대를 이루고 있는 세대원을 포함한다.
  2. 하나의 주택 또는 한 필지의 토지를 수인이 소유하고 있는 경우. 다만, 권리산정기준일 이전부터 공유로 소유한 토지의 지분면적이 「건축법」 제57조제1항에 따라 해당 시·군 조례로 정하는 면적 이상인 자는 그러하지 아니하다. 〈개정 2020.01.13〉
  3. 권리산정기준일 이후 나대지에 건축물을 새로 건축하거나 기존 건축물을 철거하고 다세대주택, 그밖에 공동주택을 건축하여 토지등소유자의 수가 증가하는 경우〈전문개정 2020.01.13〉

~~제18조(주택공급 기준 등)~~
~~③ 영 제52조제1항제3호에 따라서 다음 각 호의 어느 하나에 해당하는 경우에는 분양대상자를 1명으로 본다.~~
  ~~1. 단독주택 또는 다가구주택 등의 건축물 준공 이후 다세대주택으로 전환된 경우~~
    〈2016.5.17〉

종전 제18조제3항제1호인 "단독주택 또는 다가구주택 등의 건축물 준공 이후 다세대주택으로 전환된 경우"은 2016.5.17 삭제됨

18.10.1 전부개정으로 제18조→제26조로 조 이동됨

부 칙 〈2016.5.17〉
제1조(시행일) 이 조례는 공포한 날부터 시행한다.

부 칙 〈2018.10.1〉
제1조(시행일) 이 조례는 공포한 날로부터 시행한다.

2 조례 제18조제3항제1호(16.5.16~07.4.9)

③ 영 제52조제1항제3호에 따라서 다음 각 호의 어느 하나에 해당하는 경우에는 분양대상자를 1명으로 본다.
   1. 단독주택 또는 다가구주택 등의 건축물 준공 이후 다세대주택으로 전환된 경우

04.5.17~07.4.8까지 재개발사업의 분양대상 자격 조문이 없었으나, 07.4.9부터 여러 사람이 분양신청을 하는 경우 1인을 분양대상자로 하는 소극적 규정을 두었음
조례 시행일(04.5.17)전에 지분 또는 구분소유 등기를 완료한 경우에는 가구별 또는 토지별 각각 1인을 분양대상자로 함.

부 칙 〈2007.4.9〉
① (시행일) 이 조례는 공포한 날부터 시행한다.
② (분양대상 기준의 경과조치) 제18조제3항의 개정규정은 이 조례 시행 일 전에 지분 또는 구분소유 등기를 완료한 경우에는 가구별 또는 토지별 각각 1인을 분양대상자로 할 수 있다.

2. 소규모주택정비조례 【개정연혁】
권리산정기준일을 별도로 정하지 않음.

1 조례 제18조제1항 (21.2 현재~18.11.29)
① 영 제31조제1항제3호 단서에 따라 분양대상에서 제외하는 토지 등 소유자는 「경기도 도시정비조례」 제26조제1항을 준용한다.

16.5.17 "단독주택 또는 다가구주택 등의 건축물 준공 이후 다세대주택으로 전환된 경우"인 제1호가 삭제된 규정을 준용함

부 칙 〈2018.11.29〉
제1조(시행일) 이 조례는 공포한 날부터 시행한다.
제2조(일반적 경과조치) 이 조례 시행 당시 종전의 「경기도 도시정비조례」에 따른 결정·처분·절차 및 행위는 이 조례의 규정에 따라 행하여진 것으로 본다.

● 수원시

경기도의 경우 인구 50만 이상의 대도시인 수원시는 '고양시, 남양주시, 부천시, 수원시, 안산시, 용인시, 화성시, 성남시, 안양시' 등과 같이 별도의 도시정비조례를 제정, 시행함.

1. 도시정비조례 【개정연혁】

1 조례 제30조제3항제1호←제24조제3항제1호(21.3 현재~12.8.14)

③ 영 제63조제1항제3호에 따라서 다음 각 호의 어느 하나에 해당하는 경우에는 분양대상자를 1명으로 본다.
   1. 단독주택 또는 다가구주택 등을 권리산정기준일 후 다세대주택으로 전환된 경우

12.8.14부터 권리산정기준일을 적용함
19.5.17 전부개정으로 내용 변경 없이 제30조제3항제1호로 이동함

부 칙〈2012.8.14〉
제1조(시행일) 이 조례는 공포한 날부터 시행한다.
제5조(권리산정기준일에 관한 적용례 및 경과조치) ① 제24조제3항은 이 조례 시행 후 최초로 기본계획(2020년 수원시 정비기본계획 포함)을 수립하는 분부터 적용한다.
② 이 조례 시행 전에 2010년 수원시 정비기본계획에 포함된 주택재개발사업 지역은 종전 경기도 도시정비조례(제4238호) 제18조제3항에 따른다.
제6조(일반적 경과조치) 이 조례 시행당시 종전의 규정에 의한 결정·처분·절차 그 밖의 행위는 이 조례의 규정에 따라 행하여진 것으로 본다. 다만, 인가·허가·승인(심의 포함) 등 신청 중인 경우에는 종전의 규정에 따른다.

2. 소규모주택정비조례 【개정연혁】

권리산정기준일을 주민협의체 구성 신고일, 조합설립인가일, 공공시행자 지정고시일, 지정개발자 지정고시일로 정함

1 조례 제20조제2항제1호(21.3 현재~19.3.29)
② 제1항에도 불구하고 다음 각 호의 어느 하나에 해당하는 경우에는 여러 명의 분양신청자를 1인의 분양대상자로 본다.
   1. 단독주택 또는 다가구주택을 권리산정기준일 후 다세대주택으로 전환한 경우

부 칙 〈2019.3.29 조례 제3893호〉
제1조(시행일) 이 조례는 공포한 날부터 시행한다.
제4조(일반적 경과조치) 이 조례 시행 당시 종전의 「수원시 도시정비조례」 및 「수원시 빈집정비 지원조례」에 따른 결정·처분·절차 및 행위는 이 조례의 규정에 따라 행하여진 것으로 본다.

서울특별시 도시정비조례 제36조제2항
② 제1항에도 불구하고 다음 각 호의 어느 하나에 해당하는 경우에는 여러 명의 분양신청자를 1명의 분양대상자로 본다.
　　2. 법 제39조제1항제2호에 따라 여러 명의 분양신청자가 1세대에 속하는 경우

- 제1항제3호 동일세대의 경우 세대원 전원의 가액을 합산하지만, 제2항제2호는 조례 시행 초기에는 합산규정을 두었다가 법 제39조제1항제2호(여러 명을 대표하는 1인을 조합원으로 본다)에 따른 대표자 1인만이 조합원임을 규정하면서 합산규정이 삭제됨

- 서울특별시, 대구시, 광주시 등은 "법 제39조제1항제2호에 따라 1세대에 속하는 경우"로 규정하며, "조합설립인가 후 세대분리"를 충족하지 못하면 대표자 1인만 조합원임 (대전광역시, 부산광역시) 여러 명의 분양신청자가 하나의 세대인 경우. 이 경우 세대주와 동일한 세대별 주민등록표상에 등재되어 있지 아니한 세대주의 배우자 및 배우자와 동일한 세대를 이루고 있는 세대원을 포함한다.

【법 제19조제1항제2호→법 제39조제1항제2호】
- 관리처분계획 기준일: 도시정비법 제72조제1항제3호에 따른 분양신청기간의 종료일을 말함(조례 제2조제3호).

- 구법 제19조제1항제2호
  09.2.6 법 개정으로 신설된 조항으로 09.8.7부터 효력 발생

※ 구 도시정비법
제19조(조합원의 자격 등〈개정 2003.12.31〉) ① 정비사업(시장·군수 또는 주택공사등이 시행하는 정비사업을 제외한다)의 조합원은 토지등소유자(재건축사업의 경우에는 재건축사업에 동의한 자에 한한다)로 하되, 다음 각 호의 어느 하나에 해당하는 때에는 그 수인을 대표하는 1인을 조합원으로 본다.
2. 수인의 토지등소유자가 1세대에 속하는 때(이 경우 동일한 세대별 주민등록표 상에 등재되어 있지 아니한 배우자 및 미혼인 20세 미만의 직계비속은 1세대로 보며, 1세대로 구성된 수인의 토지등소유자가 조합설립인가 후 세대를 분리하여 동일한 세대에 속하지 아니하는 때에도 이혼 및 20세 이상 자녀의 분가를

제외하고는 1세대로 본다)

- 현행 도시정비법
  조합원의 자격인정 기준에서 민법상 성년 규정과 동일하게 20세 이상에서 19세 이상 자녀로 변경하고, 자녀 분가요건을 실거주지와 주민등록상 분가한 경우로 명확히 함.
  17.2.8 전부개정되어 18.2.9부터 시행함

제39조(조합원의 자격 등) ① 제25조에 따른 정비사업의 조합원(사업시행자가 신탁업자인 경우에는 위탁자를 말한다. 이하 이 조에서 같다)은 토지등소유자(재건축사업의 경우에는 재건축사업에 동의한 자만 해당한다)로 하되, 다음 각 호의 어느 하나에 해당하는 때에는 그 여러 명을 대표하는 1명을 조합원으로 본다.
2. 여러 명의 토지등소유자가 1세대에 속하는 때. 이 경우 동일한 세대별 주민등록표 상에 등재되어 있지 아니한 배우자 및 미혼인 19세 미만의 직계비속은 1세대로 보며, 1세대로 구성된 여러 명의 토지등소유자가 조합설립인가 후 세대를 분리하여 동일한 세대에 속하지 아니하는 때에도 이혼 및 19세 이상 자녀의 분가(세대별 주민등록을 달리하고, 실거주지를 분가한 경우로 한정한다)를 제외하고는 1세대로 본다.

부부, 직계존비속, 동거인 등이 등재된 세대별 주민등록표: 1세대
배우자, 미혼인 19세미만 직계비속: 세대별 주민등록표상 분리되어 있어도 1세대
이혼 및 (기, 미혼 불문)19세 이상의 자녀 분가(주민등록 달리하고 실거주지 분가) 시: 1세대 제외

■ 서울특별시 제36조제2항제2호

1. 도시정비조례 【개정연혁】

1 조례 제36조제2항제2호(21.3 현재~18.7.19)

② 제1항에도 불구하고 다음 각 호의 어느 하나에 해당하는 경우에는 여러 명의 분양신청자를 1명의 분양대상자로 본다.
  2. 법 제39조제1항제2호[25]에 따라 여러 명의 분양신청자가 1세대에 속하는 경우

18.2.9 전부개정 도시정비법의 시행으로 미혼인 직계비속의 나이가 20세→19세로 낮추고 세대분리해도 1세대로 의제됨.
18.7.19 도시정비조례 전부개정으로 18.2.9 시행된 개정 도시정비법을 적용함
도시정비법 제39조제1항제2호의 세대분리는 주민등록표상 세대 분리뿐만 아니라 실거주도 분리되어야 하라는 의미임.

Q. 「도시정비법」 제19조제1항제2호에 따른 20세 이상 자녀의 분가에 해당하기 위해서는 주민등록표상 세대 분리만으로 족한지, 아니면 주민등록표상 세대 분리뿐만 아니라 실거주도 분리되어야 하는지?

〈질의배경〉

○ A(父)와 B(子)는 조합설립인가 전에 1세대를 구성하였으나, 조합설립인가 후에 20세 이상인 B는 A와 세대를 분리하였음. 현재 A는 B 소유의 다세대 주택에 대하여 임대차 계약을 체결하고, 해당 주택에서 B와 함께 거주하고 있음.

---

[25] 도시정비법[시행 2018.2.9] [법률 제14567호, 2017.2.8, 전부개정]
법 제39조(조합원의 자격) ① 제25조에 따른 정비사업의 조합원(사업시행자가 신탁업자인 경우에는 위탁자를 말한다. 이하 이 조에서 같다)은 토지등소유자(재건축사업의 경우에는 재건축사업에 동의한 자만 해당한다)로 하되, 다음 각 호의 어느 하나에 해당하는 때에는 그 여러 명을 대표하는 1명을 조합원으로 본다.
  2. 여러 명의 토지등소유자가 1세대에 속하는 때. 이 경우 동일한 세대별 주민등록표 상에 등재되어 있지 아니한 배우자 및 미혼인 19세 미만의 직계비속은 1세대로 보며, 1세대로 구성된 여러 명의 토지등소유자가 조합설립인가 후 세대를 분리하여 동일한 세대에 속하지 아니하는 때에도 이혼 및 19세 이상 자녀의 분가(세대별 주민등록을 달리하고, 실거주지를 분가한 경우로 한정한다)를 제외하고는 1세대로 본다.

부칙 〈법률 제14567호, 2017.2.8〉
제1조(시행일) 이 법은 공포 후 1년이 경과한 날부터 시행한다(효력발생시기는 2018.2.9).

○ 민원인은 A와 B가 주민등록표상 세대 분리가 된 경우에는, 다세대 주택의 같은 동(棟)의 같은 호(號)에서 함께 거주하고 있더라도 「도시정비법」 제19조제1항제2호에 따른 "20세 이상 자녀의 분가"에 해당한다고 생각하여 국토교통부에 이에 대하여 질의하였으나 국토교통부는 실 거주까지 분리되어야 하므로 이 경우는 "20세 이상 자녀의 분가"에 해당하지 않는다는 입장임.

A. 「도시정비법」 제19조제1항제2호에 따른 20세 이상 자녀의 분가에 해당하기 위해서는 주민등록표상 세대 분리뿐만 아니라 실거주도 분리되어야 함.

부 칙 〈2018.7.19 제6899호〉
제1조(시행일) 이 조례는 공포한 날부터 시행한다.
제8조(세대의 기준변경에 따른 적용례) 제36조제1항, 제2항의 개정규정에 따른 세대 기준은 2009.8.7 이후 최초로 조합설립인가를 받은 분부터 적용한다.

18.7.19 시행된 조례 상 도시정비법 제39조제1항제2호의 1세대 세대분리는 09.8.7 이후 최초 조합설립인가를 받은 것부터 적용함(1세대 개정규정이 09.2.6 개정됐지만 효력은 09.8.7부터임)

Q. 도시정비법 제39조제1항제2호의 '여러 명의 토지등소유자가 1세대에 속하는 때'에서 토지등소유자의 적용 범위는?

A. 「도시정비법」 제39조제1항제2호에서 '여러 명의 토지등소유자가 1세대에 속하는 때 그 여러명을 대표하는 1명을 조합원으로 보고, 이 경우 동일한 세대별 주민등록표 상에 등재되어 있지 아니한 배우자 및 미혼인 19세 미만의 직계비속은 1세대로 보며, 1세대로 구성된 여러 명의 토지등소유자가 조합설립인가 후 세대를 분리하여 동일한 세대에 속하지 아니하는 때에도 이혼 및 19세 이상 자녀의 분가(세대별 주민등록을 달리하고, 실거주지를 분가한 경우로 한정한다)를 제외하고는 1세대로 본다'고 규정하고 있으며,

같은 법 제2조제9호 가목에 따르면 '토지등소유자란 재개발사업의경우에는 정비구역에 위치한 토지 또는 건축물의 소유자 또는 그 지상권자'로 규정하고 있는바, 질의하신 사항은 상기 규정 등 검토하여 판단할 사항임(서울시 주거정비과 2021.1.19)

제29조(권리산정기준일에 관한 적용례 및 경과조치) ① 제36조 개정규정은 서울특별시조례 제5007호 도시정비조례 일부개정조례 시행 이후 최초로 기본계획(정비예정구역에 신규로 편입지역 포함)을 수립하는 분부터 적용한다.

② 서울특별시조례 제5007호 도시정비조례 일부개정조례 시행 전에 기본계획이 수립되어 있는 지역 및 지구단위계획이 결정·고시된 지역은 종전의 도시정비조례(조례 제5007호로 개정되기 전의 것을 말한다) 제27조에 따른다.

Q. 종전 조례 규정을 따르는 구역일 경우 2003.12.30 전부터 공유지분으로 소유한 토지의 권리가액이 분양용 최소규모 공동주택 1가구의 추산액 이상인 자는 별도의 분양대상자로 볼 수 있는지?

A. 서울시 도시정비조례 부칙〈제6899호, 2018.7.19〉 제29조(권리산정기준일에 관한 적용례 및 경과조치) 제2항에 조례 제5007호 도시정비조례 일부개정조례 시행 전에 기본계획이 수립되어 있는 지역 및 지구단위계획이 결정·고시된 지역은 종전 도시정비조례(조례 제5007호로 개정되기 전의 것을 말한다) 제27조 및 제28조에 따른다고 규정하고 있으며,

제3항은 분양대상 적용 시 제2항을 따르는 경우 2003.12.30 전부터 공유지분으로 소유한 토지의 권리가액이 분양용 최소규모 공동주택 1가구의 추산액 이상인 자는 종전의 도시정비조례(조례 제5007호로 개정되기 전의 것을 말한다) 제27조제2항제3호에 따른 분양대상자로 본다고 명시하고 있음(서울시 주거정비과 2019.1.15)

---

2 조례 제27조제2항제2호(18.7.18~10.7.16)

② 제1항에도 불구하고 다음 각 호의 어느 하나에 해당하는 경우에는 여러 명의 분양신청자를 1명의 분양대상자로 본다.

   2. 법 제19조제1항제2호 도시정비법[26]에 따라 수인의 분양신청자가 1세대에 속하는 경우

세대분리기준일은 조합설립인가일임
18.7.19 조례 전부개정은 이혼 및 20세 이상 자녀의 분가(세대별 주민등록을 달리하고, 실거주지를 분가한 경우로 한정한다)를 제외하고는 1세대로 봄.

반면 미혼인 20세 미만의 직계비속은 1세대로 보며, 1세대로 구성된 수인의 토지등소유자가 조합설립인가 후 세대를 분리하여 동일한 세대에 속하지 아니하는 때에도 이혼 및 20세 이상 자녀의 분가를 제외하고는 1세대로 봄

17.8.9 도시정비법 개정으로 조합설립인가일 이전에 신탁회사를 지정개발자로 지정 시 지정일이 기준일(단 시행일은 18.2.9): <u>단독시행자인 지정개발자 지정일 이전에 세대 분리를 해야 됨</u>[27]

부칙 〈2010.7.15 제5007호〉
제1조(시행일) 이 조례는 2010.7.16부터 시행한다.
제3조(권리산정기준일에 관한 적용례 및 경과조치) ① 제27조 개정규정은 최초로 기본계획(정비예정구역에 신규로 편입지역 포함)을 수립하는 분부터 적용한다.
② 이 조례 시행 전에 기본계획이 수립되어 있는 지역 및 지구단위계획이 결정·고시된 지역은 종전규정(제27조)에 따른다.

---

26) 도시정비법 [시행 2009.2.6] [법률 제9444호, 2009.2.6 일부개정]
   제19조(조합원의 자격 등) 〈개정 2003.12.31〉 ① 정비사업(시장·군수 또는 주택공사등이 시행하는 정비사업을 제외한다)의 조합원은 토지 등 소유자(주택재건축사업의 경우에는 주택재건축사업에 동의한 자에 한한다)로 하되, 다음 각 호의 어느 하나에 해당하는 때에는 그 수인을 대표하는 1인을 조합원으로 본다.
      2. 수인의 토지등소유자가 1세대에 속하는 때(이 경우 동일한 세대별 주민등록표 상에 등재되어 있지 아니한 배우자 및 미혼인 20세 미만의 직계비속은 1세대로 보며, 1세대로 구성된 수인의 토지등소유자가 조합설립인가 후 세대를 분리하여 동일한 세대에 속하지 아니하는 때에도 <u>이혼 및 20세 이상 자녀의 분가를 제외</u>하고는 1세대로 본다)
   부칙 〈법률 제9444호, 2009.2.6〉
   제1조(시행일) 이 법은 공포한 날부터 시행한다. 다만, 제4조제3항·제11항, 제5조제7항, 제8조제4항 각 호 외의 부분, 제11조제3항, 제12조, 제13조, 제14조제2항·제3항, 제19조제1항, 제26조, 제28조, 제40조제1항의 개정규정은 <u>공포 후 6개월이 경과한 날부터 시행한다.〈2009.8.7 효력발생〉</u>

27) 도시정비법 [시행 2018.2.9] [법률 제14857호, 2017.8.9, 일부개정]
   제39조(조합원의 자격 등) ① 제25조에 따른 정비사업의 조합원(사업시행자가 신탁업자인 경우에는 위탁자를 말한다. 이하 이 조에서 같다)은 토지등소유자(재건축사업의 경우에는 재건축사업에 동의한 자만 해당한다)로 하되, 다음 각 호의 어느 하나에 해당하는 때에는 그 여러 명을 대표하는 1명을 조합원으로 본다. 다만, 「국가균형발전 특별법」 제18조에 따른 공공기관지방이전시책 등에 따라 이전하는 공공기관이 소유한 토지 또는 건축물을 양수한 경우 양수한 자(공유의 경우 대표자 1명을 말한다)를 조합원으로 본다. 〈개정 2017.8.9〉
      3. 조합설립인가(조합설립인가 전에 제27조제1항제3호에 따라 신탁업자를 사업시행자로 지정한 경우에는 사업시행자의 지정을 말한다. 이하 이 조에서 같다) 후 1명의 토지등소유자로부터 토지 또는 건축물의 소유권이나 지상권을 양수하여 여러 명이 소유하게 된 때
   부칙 〈법률 제14857호, 2017.8.9〉
   제1조(시행일) 이 법은 2018년 2월 9일부터 시행한다.

❸ 조례 제27조제2항제2호(10.7.15~09.7.30)

② 제1항에도 불구하고 다음 각 호의 어느 하나에 해당하는 경우에는 여러 명의 분양신청자를 1명의 분양대상자로 본다.

2. 관리처분계획기준일 현재 수인의 분양신청자가 하나의 세대인 경우.

<u>이 경우 동일한 세대별 주민등록표 상에 등재되어 있지 아니한 배우자 및 미혼인 20세 미만의 직계비속은 1세대로 보며, 1세대로 구성된 수인의 토지등소유자가 조합설립인가 후 세대를 분리하여 동일한 세대에 속하지 아니하는 때에도 이혼 및 20세 이상 자녀의 분가를 제외하고는 1세대로 보고, 권리가액은 세대원 전원의 가액을 합산하여 산정한다.</u>

09.7.30~10.7.15의 경우 조합설립인가 후 세대를 분리하여 동일한 세대에 속하지 아니하는 때에도 이혼 및 20세 이상 자녀의 분가를 제외하고는 1세대로 봄

권리가액은 세대원 전원의 가액을 합산하여 산정함

부칙〈2009.7.30〉
제1조(시행일) 이 조례는 공포한 날부터 시행한다.
제4조(세대의 기준변경에 따른 경과조치) ① 제27조제1항 및 제2항에 따라 개정된 세대의 기준은 2009.8.7 이후 최초로 조합설립인가를 얻은 분부터 적용한다.
② 이 조례 시행(2009.7.30) 당시 종전의 규정에 따른 조합설립인가 신청 분은 제27조제1항 및 제2항 개정규정에도 불구하고 종전의 규정(조례 제24조제2항제2호 03.12.30~09.7.29를 말함)에 따른다.

---

28) 도시정비법[시행 2009.2.6] [법률 제9444호, 2009.2.6, 일부개정]
　　제19조 (조합원의 자격 등 〈개정 2003.12.31〉) ①정비사업(시장·군수 또는 주택공사등이 시행하는 정비사업을 제외한다)의 조합원은 토지등소유자(재건축사업의 경우에는 주택재건축사업에 동의한 자에 한한다)로 하되, 다음 각 호의 어느 하나에 해당하는 때에는 그 수인을 대표하는 1인을 조합원으로 본다. 〈개정 2005.3.18, 2009.2.6〉
　　　　1. 토지 또는 건축물의 소유권과 지상권이 수인의 공유에 속하는 때
　　　　2. 수인의 토지등소유자가 1세대에 속하는 때(이 경우 동일한 세대별 주민등록표 상에 등재되어 있지 아니한 배우자 및 미혼인 20세 미만의 직계비속은 1세대로 보며, 1세대로 구성된 수인의 토지등소유자가 조합설립인가 후 세대를 분리하여 동일한 세대에 속하지 아니하는 때에도 이혼 및 20세 이상 자녀의 분가를 제외하고는 1세대로 본다)
　　　　3. 조합설립인가 후 1인의 토지등소유자로부터 토지 또는 건축물의 소유권이나 지상권을 양수하여 수인이 소유하게 된 때
　　부칙 〈법률 제9444호, 2009.2.6〉
　　제1조(시행일) 이 법은 공포한 날부터 시행한다. 다만, 제19조제1항의 개정규정은 공포 후 6개월이 경과한 날부터 시행한다(효력발생시기 2009.8.7).

부칙 제4조제1항에서 개정 도시정비법 제19조제1항제2호의 효력발생시기인 09.8.7부터로 이에 해당하면 대표자 1인을 선정하여야 함.[28]

Q. 재개발사업의 조합인가(2002년)되고, 사업시행인가(2005년) 0 후 같은 구역에서 동일세대가 다수의 토지 및 상가를 보유하고 있는 경우 조합원의 권리가액을 합산할 수 있는지?

A. 「서울시 도시정비조례」 제27조제2항제2호에 따르면, 제1항에 불구하고 관리처분계획기준일 현재 수인의 분양신청자가 하나의 세대인 경우. 동일한 세대별 주민등록표 상에 등재되어 있지 아니한 배우자 및 미혼인 20세 미만의 직계비속은 1세대로 보며,

1세대로 구성된 수인의 토지등소유자가 조합설립인가 후 세대를 분리하여 동일한 세대에 속하지 아니하는 때에도 이혼 및 20세 이상 자녀의 분가를 제외하고는 1세대로 보고, 권리가액은 세대원 전원의 가액을 합산하여 산정한다.(개정 2009.7.30)에 해당하는 경우에는 수인의 분양신청자를 1인의 분양대상자로 본다고 규정하고 있습니다.

부칙(2009.7.30) 제4조 제2항에 의거 이 조례 시행 당시 종전의 규정에 따른 조합설립인가 신청 분은 제27조제1항 및 제2항 개정규정에도 불구하고, 종전의 규정에 따른다고 규정하고 있으므로,

서울시 도시정비조례(2009.4.22) 제24조제2항제2호에 의거 관리처분계획기준일 현재 수인의 분양신청자가 하나의 세대인 경우 세대주와 동일한 세대별 주민등록표상에 등재되어 있지 아니한 세대주의 배우자 및 배우자와 동일한 세대를 이루고 있는 세대원을 포함한다고 규정하고 있는 바,

귀하가 질의하신 사항은 조합의 정관에서 별도의 규정이 없을 경우라면 상기 규정에 따라 한 세대가 여러 물건을 소유할 경우 권리가액을 합산하여야 할 것임(서울시 주거정비과 2020.10.15)

4 조례 제24조제2항제2호(09.7.29~03.12.30)

② 다음 각 호의 어느 하나에 해당하는 경우에는 수인의 분양신청자를 1인의 분양대상자로 본다.

    2. 관리처분계획기준일 현재 수인의 분양신청자가 하나의 세대인 경우. 이 경우 세대주와 동일한 세대별 주민등록표상에 등재되어 있지 아니한 세대주의 배우자 및 배우자와 동일한 세대를 이루고 있는 세대원을 포함한다.

- 조합설립인가일이 아닌 관리처분계획기준일 전까지 세대분리 시 분양대상

예: 부모가 재개발구역 내 주택을 소유하고 있고, 독립된 세대주로서의 자격이 없는 자녀의 명의로 같은 재개발구역 내 주택을 하나 더 소유하고 있으면 이를 동일한 세대로 보고 1개의 분양자격만 인정함

부칙〈2003.12.30〉
제1조(시행일) 이 조례는 공포한 날부터 시행한다.

2. 소규모주택정비조례 【개정연혁】

권리산정기준일을 주민협의체 구성 신고일, 조합설립인가일, 공공시행자 지정고시일, 지정개발자 지정고시일로 정함

1 조례 제37조제2항제2호(21.3 현재~18.12.31)

② 제1항에도 불구하고 다음 각 호의 어느 하나에 해당하는 경우에는 여러 명의 **분양신청자**를 1인의 분양대상자로 본다.
  2. 법 제24조제1항제2호에 따라 여러 명의 분양신청자가 1세대에 속하는 경우

소규모주택정비법 제24조제1항제2호에 따른 1세대로 규정함.
세대분리는 주민등록표상 세대 분리뿐만 아니라 실거주도 분리되어야 함.

※ 소규모주택정비법

제24조(조합원의 자격 등) ① 조합원은 토지등소유자(소구모재건축사업의 경우에는 소규모재건축사업에 동의한 자만 해당한다)로 하되, 다음 각 호의 어느 하나에 해당하는 때에는 그 여러 명을 대표하는 1명을 조합원으로 본다.
  1, 3: 생략
  2. 여러 명의 토지등소유자가 1세대에 속하는 때. 이 경우 동일한 세대별 주민등록표상에 등재되어 있지 아니한 배우자 및 미혼인 19세 미만의 직계비속은 1세대로 보며, 1세대로 구성된 여러 명의 토지등소유자가 조합설립인가 후 세대를 분리하여 동일한 세대에 속하지 아니하는 때에도 이혼 및 19세 이상 자녀의 분가(세대별 주민등록을 달리하며 실거주지를 분가한 경우로 한정한다)를 제외하고는 1세대로 본다.

부 칙 〈2018.12.31 제6946호〉
제1조(시행일) 이 조례는 공포한 날부터 시행한다.

● 대전광역시

조례 제32조제1항제5호인 직계존비속 세대원 소유토지의 합산이 건축조례 제39조 면적 이상인 경우와 구별됨

제1항제5호는 직계존비속의 세대원으로 규정하면서 합산면적이 건축조례 규모 이상인 자는 각자가 분양대상자이지만, 본조 제2항제2호는 세대분리를 하지 않으면 공유로 1주택만 공급받게 됨

다른 광역시의 경우 도시정비법 제39조제1항제2호에 의한 영향으로 "법 제39조제1항제2호에 여러 명의 분양신청자가 1세대에 속하는 경우"라는 조문을 두고 있으나, 대전광역시의 경우 조례 제정 시부터 현재까지 그대로 존속함

1. 도시정비조례 【개정연혁】

1 조례 제37조제2항제2호←제32조제2항제2호←제22조제2항제2호(21.3 현재~04.10.1)
② 다음 각 호의 어느 하나에 해당되는 경우에는 여러 명의 분양신청자를 1명의 분양대상자로 본다.
　2. 여러 명의 분양신청자가 하나의 세대인 경우. 이 경우 세대주와 동일한 세대별 주민등록표상에 등재되어 있지 아니한 세대주의 배우자 및 배우자와 동일한 세대주를 이루고 있는 세대원을 포함한다.

조례 제정 시부터 현재까지 이 조문으로 존속됨
20.12.29 내용 변경 없이 제32조→제37조로 위치만 이동함.

법 제39조제1항제2호에서는 "법 제39조제1항제2호에 따라 여러 명의 분양신청자가 1세대에 속하는 경우"로 규정하고, 이 경우 대표하는 1인을 조합원으로 하여 분양대상자로 하고 있음
※ (재개발, 재건축)조합설립인가 전 세대분리해야, 세대원 주택공급이 가능함

부 칙 〈조례 제3281호, 2004.10.1〉
제1조(시행일) 이 조례는 공포한 날부터 시행한다.

2. 소규모주택정비조례 【개정연혁】

권리산정기준일을 주민협의체 구성 신고일, 조합설립인가일, 공공시행자 지정고시일, 지정개발자 지정고시일로 정함

1 조례 제20조제2항제2호(21.3 현재~18.10.5)

2. 법 제24조제1항제2호에 따라 여러 명의 분양신청자가 1세대에 속하는 경우.
 이 경우 세대주와 동일한 세대별 주민등록표상에 등재되어 있지 않은 세대주의 배우자 및 배우자와 동일한 세대를 이루고 있는 세대원을 포함한다.

대전광역시 도시정비조례 제32조제2항제2호에선 "여러 명의 분양신청자가 하나의 세대인 경우"로 규정하고 있으나, 소규모주택정비조례에선 도시정비법 제39조제1항제2호인 내용을 제20조제1항제2호로 두되, 단서 조항을 추가함.

부 칙 〈2018.10.5 조례 제5173호〉
제1조(시행일) 이 조례는 공포한 날부터 시행한다.
제2조(일반적 경과조치) 이 조례 시행 당시 종전의 대전광역시 도시정비조례의 가로주택정비사업 및 주택재건축사업(정비구역이 아닌 구역에서 시행하는 주택재건축사업을 말한다) 관련 규정에 따라 행하여진 처분·절차 및 행위는 이 조례의 관련 규정에 따라 행하여진 처분·절차 및 행위로 본다.

● 부산광역시

1. 도시정비조례 【개정연혁】

1 조례 제37조제2항제2호←제22조제2항제2호(21.3 현재~04.4.22)
② 다음 각 호의 어느 하나에 해당되는 경우에는 여러 명의 분양신청자를 1명의 분양대상자로 본다.
  2. 여러 명의 분양신청자가 하나의 세대인 경우. 이 경우 세대주와 동일한 세대별 주민등록표상에 등재되어 있지 아니한 세대주의 배우자 및 배우자와 동일한 세대주를 이루고 있는 세대원을 포함한다.

조례 제정 시부터 현재까지 이 조문으로 존속됨
법 제39조제1항제2호에서는 "법 제39조제1항제2호에 따라 여러 명의 분양신청자가 1세대에 속하는 경우"로 규정하고, 이 경우 대표하는 1인을 조합원으로 하여 분양대상자로 하고 있음
※(재개발, 재건축)조합설립인가 전 세대분리해야, 세대원 주택공급이 가능함

부 칙 〈조례 제3928호, 2004.4.22〉
제1조(시행일) 이 조례는 공포한 날부터 시행한다.

2. 소규모주택정비조례 【개정연혁】

권리산정기준일을 주민협의체 구성 신고일, 조합설립인가일, 공공시행자 지정고시일 지정개발자 지정고시일로 정함

1 조례 제19조제2항제2호(21.3 현재~18.7.11)
② 제1항에도 불구하고 다음 각 호의 어느 하나에 해당하는 경우에는 여러 명의 분양신청자를 1인의 분양대상자로 본다
  2. 여러 명의 분양신청자가 하나의 세대인 경우. 이 경우 세대주와 동일한 세대별 주민등록표상에 등재되어 있지 아니한 세대주의 배우자 및 배우자와 동일한 세대를 이루고 있는 세대원을 포함한다.

부 칙 〈2018.7.11 조례 제5789호〉
제1조(시행일) 이 조례는 공포한 날부터 시행한다.

● 인천광역시

1. 도시정비조례 【개정연혁】

1 조례 제34조(정비사업의 분양대상등)←제23조(관리처분의 기준 등)←제24조(21.3 현재~11.2.21)
관련 규정이 없음

종전의 조례 제24조제3항〈11.2.11 삭제〉
~~③ 제1항 및 제2항을 적용함에 있어 다음 각 호의 1에 해당하는 경우에는 수인의 분양신청자를 1인의 분양대상자로 본다.~~
  ~~1. 수인의 분양신청자가 하나의 세대(세대주와 동일한 세대별 주민등록표상에 등재되어 있지 아니한 세대주의 배우자 및 배우자와 동일한 세대를 이루고 있는 세대원을 포함한다)인 경우~~

11.2.11 전부개정으로 종전의 제3항을 삭제함에 따라 도시정비법 제39조제1항제2호의 적용받게 됨

부칙〈2011.2.21 조례 제4904호〉
제1조(시행일) 이 조례는 공포한 날부터 시행한다.
제2조(처분 등에 관한 경과조치) 이 조례 시행 당시 종전의 규정에 따라 행한 처분·절차 그 밖의 행위는 이 조례에 따라 행하여진 것으로 본다.

2 조례 제24조(현금청산 대상)제3항제1호(11.2.20~04.7.19)
③ 제1항 및 제2항을 적용함에 있어 다음 각 호의 1에 해당하는 경우에는 수인의 분양신청자를 1인의 분양대상자로 본다.
  1. 수인의 분양신청자가 하나의 세대(세대주와 동일한 세대별 주민등록표상에 등재되어 있지 아니한 세대주의 배우자 및 배우자와 동일한 세대를 이루고 있는 세대원을 포함한다)인 경우

◆ 조례 제24조

제24조(현금청산 대상) ① 주택재개발사업의 경우 법 제48조제2항제3호 및 영 제52조제1항제3호에 의하여 현금으로 청산할 수 있는 토지 또는 건축물은 다음 각 호의 1에 해당하는 경우를 말한다.

1. 분양신청자가 소유하고 있는 종전의 토지 및 건축물의 가액이 당해 사업시행구역의 분양예정 토지 및 건축물 중 분양용 최소규모 공동주택 1세대의 추산액(제25조제1항제1호 및 제2호에 의한 지분대지 가격을 포함한 공동주택가격[29]을 말한다.) 이하인 경우. 이 경우 종전의 토지 및 건축물의 가액은 사업시행인가일을 기준으로 산정한다.
2. 「건축법」 제2조제1호에 의한 하나의 대지에 속하는 토지가 수필지이거나 그 대지안에 수개의 건축물이 있는 경우로서 정비구역지정을 위한 공람공고일 후에 그 토지의 일부를 취득(수필지 중 1필지 이상을 필지단위로 취득하였거나 필지의 일부를 공유지분으로 취득한 것을 모두 포함한다.)하였거나, 그 건축물의 일부를 취득(수동의 건축물중 1동 이상을 취득하였거나 1동의 건축물 일부를 공유지분으로 취득한 것을 모두 포함한다.)한 경우
3. 하나의 건축물이 하나의 대지에 속하는 토지를 점유하고 있는 경우로서 구역지정 공람공고일 후에 그 건축물과 토지를 분리하여 취득하거나, 그 건축물 또는 토지의 일부를 취득한 경우
4. 「지적법」 제2조제3호에 의한 1필지의 토지를 구역지정 공람공고일 후에 분할취득 또는 공유지분으로 취득한 경우
5. 신발생무허가 건축물의 소유자의 경우
6. 분양신청자가 소유하고 있는 종전 토지의 총면적(국·공유지를 불하받는 경우에는 그 면적을 포함한다.)이 건축조례 제28조제1항제1호에 따른 분할 제한면적 미만인 경우〈개정 2010.01.18〉

② 제1항에 불구하고 다음 각 호의 어느 하나에 해당하는 경우 현금으로 청산하지 아니하고 주택을 공급할 수 있다.〈개정 2007.5.14〉

---

[29] 인천시 도시정비조례 (일부개정) 2011.02.14
제25조 (분양예정 토지 또는 건축물 추산액의 산정) ① 법 제48조제5항제1호에 의한 주택재개발사업의 분양예정의 토지 또는 건축물의 추산액 산정방법은 「부동산가격 공시 및 감정평가에 관한 법률」에 의한 감정평가업자 2인 이상이 평가한 금액을 산술평균하여 산정하되, 공동주택(지분대지를 포함한다. 이하 같다.)의 경우에는 다음 각 호의 방법에 의하여 추산액을 산정한다.〈개정 2007.05.14〉
 1. 국민주택기금을 지원받는 공동주택은 「국민주택기금운용및관리규정」을 적용한다.
 2. 제1호 이외의 공동주택은 사업시행자가 제시한 원가(대지비 및 건축비와 사업시행에 스요된 제비용 등) 산출근거에 따라 2인 이상의 감정평가업자가 평가한 감정평가액을 산술평균한 금액으로 한다.

1. 구역지정 공람공고일 이전에 분할된 1필지의 토지로서 그 면적이 $30m^2$ 이상인 토지(다만, 지목이 도로이며 도로로 이용되고 있는 경우는 제외한다.)의 구역지정 공람공고일 현재 소유자는 사업시행인가고시일 후부터 준공인가일까지 분양신청자를 포함한 세대원(세대주 및 세대주와 동일한 세대별 주민등록표상에 등재되어 있지 아니한 세대주의 배우자 및 배우자와 동일한 세대를 이루고 있는 세대원을 포함한다. 이하 이 항에서 같다.) 전원이 주택을 소유하고 있지 아니한 경우에 한하여 분양대상자로 한다. 이 경우 주택소유여부에 관하여 필요한 사항은 「주택공급에 관한 규칙」 제6조제3항을 준용하며, 분양받을 권리를 양도받은 자의 경우에는 권리양수일(제4항의 부동산 등기부상 접수일자)부터 공사완료공고일 기간 동안 양도받은 자를 포함한 세대원 전원이 주택을 소유하고 있지 아니하여야 한다.
2. 구역지정 공람공고일 이전에 주택(기존무허가건축물 및 사실상 주거용으로 사용되고 있는 건축물을 포함한다.)을 소유한 자. 다만, 제1항제5호에 해당하는 경우에는 그러하지 아니하다.
3. 분양신청자가 소유하고 있는 종전의 토지 등의 총가액(이하 "종전가액")이 분양용 최소규모 공동주택 1가구의 추산액 이상인 자
4. 사업시행방식이 전환되는 경우 전환되기 전의 사업방식에 의하여 환지를 지정 받은 자. 이 경우 제1호 내지 제3호의 규정은 적용하지 아니할 수 있다.

부칙〈2004.7.19 조례 제3771호〉
제1조(시행일) 이 조례는 공포한 날부터 시행한다.
제4조(일반적 경과조치) 인천광역시 재개발사업조례, 「인천광역시 주거환경개선지구조례」에 행하여진 처분·절차 그 밖의 행위는 이 조례에 의하여 행하여진 것으로 본다.
제9조(주택재개발사업 분양대상에 관한 경과조치) 이 조례 시행 당시 종전 인천광역시 도시재개발사업조례 제26조제1항제3호에 의거 관리처분계획을 인가하여 분양대상에서 제외된 경우라도 이 조례의 완화된 분양대상기준에 해당되는 때에는 이 조례를 적용할 수 있다.

2. 소규모주택정비조례 【개정연혁】

권리산정기준일을 주민협의체 구성 신고일, 조합설립인가일, 공공시행자 지정고시일, 지정개발자 지정고시일로 정함

1 조례 제19조제2항제2호(21.3 현재~18.11.5)

② 제1항에도 불구하고 다음 각 호의 어느 하나에 해당하는 경우에는 여러 명의 분양신청자를 1인의 분양대상자로 본다.
  2. 법 제24조제1항제2호에 따라 여러 명의 분양신청자가 1세대에 속하는 때

부 칙 〈2018.11.5 조례 제6029호〉
제1조(시행일) 이 조례는 공포한 날부터 시행한다.

● **광주광역시**

1. 도시정비조례 【개정연혁】

1 조례 제37조제2항제2호(21.3 현재~18.11.15)

② 다음 각 호의 어느 하나에 해당하는 경우에는 여러 명의 분양신청자를 1인의 분양대상자로 본다.
   2. <u>법 제39조제1항제2호에 따라</u> 수인의 분양신청자가 1세대에 속하는 때

현행 도시정비법 제39조제1항제2호에 따르도록 함

부 칙 〈2018.11.15〉
제1조(시행일) 이 조례는 공포한 날로부터 시행한다.
제6조(일반적 경과조치) 이 조례 시행 당시 종전의 「광주광역시 도시정비조례」에 따른 결정·처분·절차 및 그 밖의 행위는 이 조례의 규정에 따라 행하여진 것으로 본다.

2 조례 제25조제2항제2호(18.11.14~04.3.25)

② 다음 각 호의 어느 하나에 해당하는 경우에는 수인의 분양신청자를 1인의 분양대상자로 본다. 〈개정 2012.5.15〉
   2. <u>관리처분계획기준일 현재</u> 수인의 분양신청자가 하나의 세대인 경우. 이 경우 세대주와 동일한 세대별 주민등록표상에 등재되어 있지 아니한 세대주의 배우자 및 배우자와 동일한 세대를 이루고 있는 세대원을 포함한다.

다른 광역시와 달리 제2호 안에 '관리처분계획기준일 현재'란 내용이 포함됨
따라서 관리처분계획기준일 전까지 세대분리를 하지 않아도 분양 가능한 것처럼 이해돼 도시정비법과 정면으로 충돌됨

부 칙 〈2004.3.25〉
제1조(시행일) 이 조례는 공포한 날로부터 시행한다.

2. 소규모주택정비조례 【개정연혁】

권리산정기준일은 토지등소유자가 사업시행자인 경우(주민합의체 구성을 신고한 날), 조합이 사업시행자가 되는 경우(조합설립인가일), 광주광역시 관할 자치구의 구청장 또는 토지주택공사 등이 사업시행자가 되는 경우(공공시행자 지정고시일), 지정개발자가 사업시행자로 지정되는 경우(지정개발자 지정고시일)에 따라 다름.

1 조례 제19조제2항제2호(21.3 현자~18.11.5)
② 제1항에도 불구하고 다음 각 호의 어느 하나에 해당하는 경우에는 여러 명의 분양신청자를 1인의 분양대상자로 본다.
  2. 법 제24조제1항제2호에 따라 여러 명의 분양신청자가 1세대에 속하는 때

부 칙〈2018.11.5 조례 제6029호〉
제1조(시행일) 이 조례는 공포한 날부터 시행한다.

● 대구광역시

1. 도시정비조례 【개정연혁】

1 조례 제36조제2항제2호(21.3 현재~18.12.31)
② 제1항에 따른 공동주택 분양대상자 중 다음 각 호의 어느 하나에 해당하는 경우에는 여러 명의 분양신청자를 1명의 분양대상자로 본다.
<u>2. 법 제39조제1항제2호에 따라 여러 명의 분양신청자가 1세대에 속하는 때</u>

현행 도시정비법 제39조제1항제2호를 따름.

부칙〈조례 제5197호, 2018.12.31〉
제1조(시행일) 이 조례는 공포한 날로부터 시행한다. 다만, 제13조제1항과 제14조부터 제18조까지 및 제20조제2항의 개정 규정은 공포 후 1년이 경과한 날부터 시행한다.
제2조(유효기간) 제2조제4호 내지 제7호에 따라 정비사업을 관리형 주거환경개선사업·공동주택 주거환경개선사업·주택정비형 재개발사업 및 도시정비형 주택재개발사업으로 구분하여 운영하는 사항은 2030 대구광역시 정비기본계획을 수립하여 고시한 때까지 그 효력을 가진다.

2 조례 제22조(현금청산)제3항(18.12.30~04.7.12)
③ 제1항 및 제2항을 적용함에 있어 다음 각 호의 1에 해당하는 경우에는 다수인의 분양신청자를 1인의 분양대상자로 본다.
 1. 다수인의 분양신청자가 하나의 세대(세대주와 동일한 세대별 주민등록표상에 등재되어 있지 아니한 세대주의 배우자 및 배우자와 동일한 세대를 이루고 있는 세대원을 포함한다)인 경우
 2. 하나의 토지 또는 주택을 다수인이 소유하고 있는 경우

부 칙 〈2004.7.12〉

제1조(시행일) 이 조례는 공포한 날부터 시행한다.

제3조(일반적 경과조치) 이 조례 시행 전에 대구광역시 도시재개발사업조례,「대구광역시 주거환경개선지구를 위한 특례에 관한 조례」등에 의한 처분, 절차 및 그 밖의 행위는 이 조례의 규정에 의하여 행하여진 것으로 본다.

2. 소규모주택정비조례 【개정연혁】

권리산정기준일을 주민협의체 구성 신고일, 조합설립인가일, 공공시행자 지정고시일, 지정개발자 지정고시일로 정함

1 조례 제26조제2항제2호 (21.3 현재~18.10.1)

② 제1항에도 불구하고 다음 각 호의 어느 하나에 해당하는 경우에는 여러 명의 분양신청자를 1인의 분양대상자로 본다.
   2. 법 제24조제1항제2호에 따라 여러 명의 분양신청자가 1세대에 속하는 경우

부 칙 〈조례 제5161호, 2018.10.1〉

제1조(시행일) 이 조례는 공포한 날부터 시행한다.

제3조(일반적 경과조치) 이 조례 시행 당시 종전의「대구광역시 도시정비조례」의 가로주택정비사업 및 주택재건축사업(정비구역이 아닌 구역에서 시행하는 주택재건축사업을 말한다) 관련 규정에 따라 행하여진 처분·절차 및 행위는 이 조례의 관련 규정에 따라 행하여진 처분·절차 및 행위로 본다.

제4조(가로주택정비사업 등에 관한 경과조치) 종전 조례에 따라 시행 중인 가로주택정비사업 및 주택재건축사업은 각각 이 조례에 따른 가로주택정비사업과 소규모재건축사업으로 본다.

● 울산광역시

1. 도시정비조례 【개정연혁】

1 조례 제29조제2항제2호←제23조(주택재개발사업의 분양대상 등)제2항제2호(21.3 현재 ~16.12.29)

② 제1항에도 불구하고 다음 각 호의 어느 하나에 해당하는 경우에는 수인의 분양 신청자를 1인의 분양대상자로 본다. 〈개정 2006.1.12, 2007.5.10, 2010.12.31, 2016.12.29〉
  <u>2. 법 제39조제1항제2호에 따라 수인의 분양신청자가 1세대에 속하는 경우</u>

도시정비법 제39조제1항제2호의 세대분리는 주민등록표상 세대 분리뿐만 아니라 실거주도 분리되어야 하라는 의미임.

부 칙〈개정 2016.12.29 조례 제1691호〉
제1조(시행일) 이 조례는 공포한 날부터 시행한다.

2 조례 제23조(현금청산)제3항제1호(16.12.28~04.6.10)

③ 제1항 및 제2항을 적용함에 있어 다음 각 호의 1에 해당하는 경우에는 수인의 분양신청자를 1인의 분양대상자로 본다.
  1. 여러 명의 분양신청자가 하나의 세대(세대주와 동일한 세대별 주민등록표상에 등재되어 있지 아니한 세대주의 배우자 및 배우자와 동일한 세대를 이루고 있는 세대원을 포함한다)인 경우

대구광역시 도시정비조례와 유사함

부 칙〈2004.6.10〉
① (시행일) 이 조례는 공포한 날부터 시행한다.
② (다른 조례의 폐지) 「울산광역시 주거환경개선지구조례」는 이를 폐지한다.
③ (경과조치) 이 조례 시행 전에 종전 규정에 의하여 행하여진 처분·절차 그 밖의 행위는 이 조례에 의하여 행하여진 것으로 본다.

2. 소규모주택정비조례 【개정연혁】

권리산정기준일을 주민협의체 구성 신고일, 조합설립인가일, 공공시행자 지정고시일, 지정개발자 지정고시일로 정함

1 조례 제19조제2항제2호(21.3 현재~19.7.11)

② 제1항에도 불구하고 다음 각 호의 어느 하나에 해당하는 경우에는 여러 명의 분양신청자를 1인의 분양대상자로 본다.
　2. 법 제24조제1항제2호에 따라 여러 명의 분양신청자가 1세대에 속하는 경우

소규모주택정비법 제24조제1항제2호에서의 세대분리는 주민등록표상 세대 분리뿐만 아니라 실거주도 분리되어야 함.

부칙
이 조례는 공포한 날부터 시행한다.

● 경기도

1. 도시정비조례 【개정연혁】

1 조례 제26조제1항제1호←제18조제3항제2호(21.3 현재~07.4.9)
① 영 제63조제1항제3호 단서에 따라 다음 각 호의 어느 하나에 해당하는 경우에는 분양대상자를 1명으로 본다.
　1. 관리처분계획 기준일 현재 여러 명의 분양신청자가 하나의 세대인 경우. 이 경우 세대주와 동일한 세대별 주민등록표에 등재되어 있지 않은 세대주의 배우자 및 배우자와 동일한 세대를 이루고 있는 세대원을 포함한다.

04.5.17~07.4.8까지 분양대상 규정을 두지 않았으나, 07.4.9 신설함
18.10.1 전부개정으로 제18조→제26조로 조 위치만 이동함

부 칙 〈2007.4.9〉
① (시행일) 이 조례는 공포한 날부터 시행한다.
② (분양대상 기준의 경과조치) 제18조제3항의 개정규정은 이 조례 시행 일 전에 지분 또는 구분소유 등기를 완료한 경우에는 가구별 또는 토지별 각각 1인을 분양대상자로 할 수 있다.

부 칙 〈2018.10.1〉
제1조(시행일) 이 조례는 공포한 날로부터 시행한다.

2. 소규모주택정비조례 【개정연혁】
권리산정기준일을 별도로 정하지 않음.

1 조례 제18조제1항(21.3 현재~18.11.29)
① 영 제31조제1항제3호 단서에 따라 분양대상에서 제외하는 토지 등 소유자는 「경기도 도시정비조례」 제26조제1항을 준용한다.

도시정비조례 제26조제1항을 준용
※ 제26조(주택공급 기준 등) ① 영 제63조제1항제3호 단서에 따라 다음 각 호의 어느 하나에 해당하는 경우에는 분양대상자를 1명으로 본다.
1. 관리처분계획 기준일 현재 여러 명의 분양신청자가 하나의 세대인 경우. 이 경우 세대주와 동일한 세대별 주민등록표에 등재되어 있지 않은 세대주의 배우자 및 배우자와 동일한 세대를 이루고 있는 세대원을 포함한다.

부 칙〈2018.11.29〉
제1조(시행일) 이 조례는 공포한 날부터 시행한다.
제2조(일반적 경과조치) 이 조례 시행 당시 종전의 「경기도 도시정비조례」에 따른 결정·처분·절차 및 행위는 이 조례의 규정에 따라 행하여진 것으로 본다.

● 수원시

1. 도시정비조례 【개정연혁】

1 조례 제30조제3항제2호⇔제24조제3항제2호(21.3 현재~12.8.14)

③ 영 제63조제1항제3호에 따라 다음 각 호의 어느 하나에 해당하는 경우에는 분양대상자를 1명으로 본다.
   2. 관리처분계획 기준일 현재 여러 명의 분양신청자가 하나의 세대인 경우. 이 경우 세대주와 동일한 세대별 주민등록 표상에 등재되어 있지 않은 세대주의 배우자 및 배우자와 동일한 세대를 이루고 있는 세대원을 포함한다.

19.5.17 전부개정으로 내용은 변화 없이 제24조→제30조로 이동함

종전 제24조제3항은 이 조례 시행 후 최초로 기본계획(2020년 수원시 정비기본계획 포함)을 수립하는 분부터 적용함

부 칙 〈2012.8.14〉
제1조(시행일) 이 조례는 공포한 날부터 시행한다.
제5조(권리산정기준일에 관한 적용례 및 경과조치) ① 제24조제3항은 이 조례 시행 후 최초로 기본계획(2020년 수원시 정비기본계획 포함)을 수립하는 분부터 적용한다.
② 이 조례 시행 전에 2010년 수원시 정비기본계획에 포함된 주택재개발사업 지역은 종전 경기도 도시정비조례(제4238호) 제18조제3항에 따른다.
제6조(일반적 경과조치) 이 조례 시행당시 종전의 규정에 의한 결정·처분·절차 그 밖의 행위는 이 조례의 규정에 따라 행하여진 것으로 본다. 다만, 인가·허가·승인(심의 포함) 등 신청 중인 경우에는 종전의 규정에 따른다.

2. 소규모주택정비조례 【개정연혁】

경기도와 달리 권리산정기준일을 주민협의체 구성 신고일, 조합설립인가일, 공공시행자 지정고시일, 지정개발자 지정고시일로 정함

① 조례 제20조제2항(21.3 현재~19.3.29)
관련 규정이 없음

◆ 조례 제20조
제20조(가로주택정비사업의 분양대상) ② 제1항에도 불구하고 다음 각 호의 어느 하나에 해당하는 경우에는 여러 명의 분양신청자를 1인의 분양대상자로 본다.
1. 단독주택 또는 다가구주택을 권리산정기준일 후 다세대주택으로 전환한 경우
2. 1필지의 토지를 권리산정기준일 후 여러 개의 필지로 분할한 경우
3. 권리산정기준일 후 나대지에 건축물을 새로이 건축하거나 기존 건축물을 철거하고 다세대주택, 그밖에 공동주택을 건축하여 토지등소유자가 증가되는 경우

부 칙 〈2019.3.29 조례 제3893호〉
제1조(시행일) 이 조례는 공포한 날부터 시행한다.
제4조(일반적 경과조치) 이 조례 시행 당시 종전의 「수원시 도시정비조례」 및 「수원시 빈집정비 지원조례」에 따른 결정·처분·절차 및 행위는 이 조례의 규정에 따라 행하여진 것으로 본다.

서울특별시 도시정비조례 제36조제2항(제1항제2호, 제3호와 비교)
② 제1항에도 불구하고 다음 각 호의 어느 하나에 해당하는 경우에는 여러 명의 분양신청자를 1명의 분양대상자로 본다.
   3. 1주택 또는 1필지의 토지를 여러 명이 소유하고 있는 경우. 다만, 권리산정기준일 이전부터 공유로 소유한 토지의 지분이 제1항제2호 또는 권리가액이 제1항제3호에 해당하는 경우는 예외로 한다.

- 조례 제36조제1항제2호, 제3호에 대한 부연 설명
  제36조제3항은 제1항제2호와 제3호의 합산 외에도 공유인 제2항제3호(토지와 건물 분리는 제외)는 합산으로 조합원 분양대상이 됨을 강조한 규정임
  ※ 법 제39조제1항(여러 명을 대표하는 1인을 조합원으로 본다)
    1. 토지 또는 건축물의 소유권과 지상권이 여러 명의 공유에 속하는 때

14.5.14. 개정, 시행된 조례에서 권리산정기준일 이전부터 토지를 공유로 소유한 자의 경우 권리가액이 충분한 공유자들이 공동주택을 분양 받도록 함.

제36조제1항제2호와 제3호인 종전토지 총면적 90㎡이하이거나, 이 면적에 미달되더라도 권리산정기준일 이전의 경우 합산하여 분양대상이 될 수 있는 규정이라면, 제2항제3호는 공유지분의 형태에서 합산하여 권리가액 이상이라도 분양대상자란 점에서 구별됨

03.1.2.30 부칙 제7조에서의 97.1.15은 종전 서울특별시 도시재개발사업조례 전면개정일임

※ 도시재개발사업조례 부칙(1997.1.15)
제1조(시행일) 이 조례는 공포한 날부터 시행한다.

제6조(다가구주택의 분양기준에 관한 경과조치) 이 조례 시행 전에 건축법 규정에 의하여 허가받은 다가구주택으로서 가구별로 지분 또는 구분소유 등기를 필한 다가구주택은 제27조 제2항 나목에 불구하고 허가받은 가구 수에 한하여 가구별 각각 1인 분양대상자로 한다.

10.4.21 다가구제도 도입되어 99.5.9부터 건축법 시행령 별표1에 단독주택으로 포함됨
다가구주택은 89.12월 건축법 개정 시 다가구주택에 관한 법령이 제정되면서 법제화되었으며, 90.4월 건축기준에 관한 세부지침에서 규모와 세대수가 완화됨
99.4.30 개정 건축법 시행령 별표1의 용도별 건축물의 종류에서 단독주택에 처음으로 다가구주택이 포함됨(시행은 99.5.9)

■ 서울특별시 제36조제2항제3호

1. 도시정비조례 【개정연혁】

1 조례 제36조제2항제3호←제27조제2항제3호(21.3 현재~14.5.14)
② 제1항에도 불구하고 다음 각 호의 어느 하나에 해당하는 경우에는 여러 명의 분양신청자를 1명의 분양대상자로 본다.
   3. 1주택 또는 1필지의 토지를 여러 명이 소유하고 있는 경우. 다만, 권리산정기준일 이전부터 공유로 소유한 토지의 지분이 제1항제2호 <u>또는 권리가액이 제1항제3호에 해당하는 경우는 예외로 한다.</u>[30]

제1항제3호는 1인이 소유하는 것을 전제로 하는 것인 반면, 본조 제3호는 처음부터 여러 사람이 공유하고 있다는 점에서 구별됨.
권리산정기준일 이전부터 공유토지의 지분이 90㎡ 이상 외에도 14.5.14 개정으로 권리가액이 분양용 최소규모 공동주택 1가구 추산액 이상인 경우에 대해서도 공유자들에게 분양대상자로 함.
10.7.16부터 권리산정기준일을 적용받게 되는 경우에는 정비구역 지정고시일 또는 그 전에 고시한 기준일로 함

◆ 부칙 〈2014.5.14 제5701호〉
제1조(시행일) 이 조례는 공포한 날부터 시행한다.
제2조(주택재개발사업의 분양대상 등의 경과조치) 분양대상을 적용함에 있어 부칙(제5007호, 2010.7.15) 제3조제2항에 의해 종전규정을 따르는 경우 <u>2003.12.30</u> 전부터 공유지분으로 소유한 토지의 권리가액이 분양용 최소규모 공동주택 1가구의 추산액 이상인 자는 종전규정 제27조제2항제3호에 따른 분양대상자로 본다.

---

[30] 서울시 도시정비조례
    제36조(재개발사업의 분양대상 등) ① 영 제63조제1항제3호에 따라 재개발사업으로 건립되는 공동주택의 분양대상자는 관리처분계획기준일 현재 다음 각 호의 어느 하나에 해당하는 토지등소유자로 한다.
      3. 분양신청자가 소유하고 있는 권리가액이 분양용 최소규모 공동주택 1가구의 추산액 이상인 자. 다만, 분양신청자가 동일한 세대인 경우의 권리가액은 세대원 전원의 가액을 합하여 산정할 수 있다.

종전엔 1주택 또는 1필지의 토지를 수인이 소유하고 있는 경우 수인의 분양신청자를 1인의 분양대상자로 보도록 하되, 권리산정기준일 이전에 공유로 소유한 토지의 지분면적이 90㎡ 이상인 자에 한해서만 예외로 하고 있었음

이를 권리가액이 분양용 최소규모 공동주택 1가구의 추산액 이상인 자인 경우에도 예외로 하여 분양대상을 확대함.

◆ 15.5.14 개정 부칙 〈2009.4.22 제4768호〉
제1조(시행일) 이 조례는 공포한 날부터 시행한다.
제3조(협동주택의 분양기준에 관한 경과조치 등) ① 제27조제2항제3호와 제28조제2항제3호에 불구하고 종전 「서울특별시 주택개량재개발사업시행조례」 제4조제2항에 따라 건축된 협동주택으로서 지분 또는 구분소유등기를 필한 세대는 사실상 구분된 가구 수에 한하여 각각 1인을 분양대상자로 한다. 〈개정 2015.5.14〉
② 제1항의 개정규정은 이 조례 시행 당시 최초로 조합설립인가를 신청하는 분부터 적용한다.

88.5.7 폐지된「서울특별시 주택개량재개발사업시행조례」제4조제2항에 따라 건축된 협동주택의 경우「도시정비조례」부칙〈4768호, 2009.4.22〉 제3조제1항에 88.5.7 전에 지분 또는 구분소유등기를 필한 세대는 사실상 구분된 가구 수에 한하여 각각 1인을 분양대상자로 인정[31] 한 바 있음

15.5.14 개정으로 「서울특별시 주택개량재개발사업시행조례」 폐지일(88.5.7) 전에 합법적으로 건축허가를 득하였으나 조례 폐지일 이후 지분 또는 구분소유등기를 한 세대이거나, 조례 폐지일 이후 건축허가를 받아 건축한 주택이지만 건축물대장이나 건축물 등기부등본에 "협동주택"으로 등재되어 있는 세대도 있어 이들에 대한 분양자격에 대한 분쟁이 상존해 있었음.

따라서, 협동주택으로서 지분 또는 구분소유등기를 필한 세대로 사실상 구분된 가구 수에 대해 각각 1인을 분양대상자로 인정하는 것으로 분양자격을 확대함

---

[31] 서울시 도시정비조례 부칙 〈2009.04.22〉
제1조(시행일) 이 조례는 공포한 날부터 시행한다.
제3조(협동주택의 분양기준에 관한 경과조치 등) ① 제24조제2항제3호와 제24조의2제2호·제3호에 불구하고 종전 「서울특별시주택개량재개발사업시행조례」 제4조제2항에 따라 건축된 협동주택으로서 1988년 5월 7일 전에 지분 또는 구분소유등기를 필한 세대는 사실상 구분된 가구 수에 한하여 각각 1인을 분양대상자로 한다.

◆ 부칙 〈2018.7.19 제6899호〉

제1조(시행일) 이 조례는 공포한 날부터 시행한다.

제28조(다가구주택의 분양기준에 관한 경과조치) ① 1997.1.15 전에 가구별로 지분 또는 구분소유등기를 필한 다가구주택(1990.4.21 다가구주택 제도 도입 이전에 단독주택으로 건축허가를 받아 지분 또는 구분등기를 필한 사실상의 다가구주택을 포함한다)은 제36조제2항제3호의 개정규정에도 불구하고 다가구주택으로 건축허가 받은 가구 수로 한정하여 가구별 각각 1명[32]을 분양대상자로 한다.

97.1.15 전에 가구별로 지분 또는 구분소유등기를 필한 다가구주택, 90.4.21 다가구주택 제도 도입 이전에 단독주택으로 건축허가를 받아 지분 또는 구분등기를 필한 사실상의 다가구주택: 다가구주택으로 건축허가 받은 가구 수에 한하여 가구별 각각 1인을 분양대상자로 봄

Q. 1990.4.21 이전 건축물의 지분 소유자는 단독 분양대상자라는 법적 근거보다 우선하여 조합의 실사에 의한 현재 독립된 주거 공간으로 이용 가능 여부로 분양대상자를 판단하여야 하는지?

A. 서울시 도시정비조례 부칙〈제6899호, 2018.7.19〉 제28조에 따라 1997.1.15 전에 가구별로 지분 또는 구분소유등기를 필한 다가구주택(1990.4.21 다가구주택 제도 도입 이전에 단독주택으로 건축허가를 받아 지분 또는 구분등기를 필한 사실상의 다가구주택을 포함한다)은 제36조제2항제3호의 개정규정에도 불구하고 다가구주택으로 건축허가 받은 가구 수로 한정하여 가구별 각각 1명을 분양대상자로 한다고 규정하고 있는바,

질의의 경우 상기 규정에 해당한다면 다가구주택으로 건축 허가받은 가구 수에 한하여 가구별 각각 1명을 분양대상자 볼 수 있을 것으로 판단됨(서울시 재생협력과 2018.12.28).

---

[32] Q. 서울시 도시정비조례 부칙(제6899호, 2018.7.19)제28조(다가구주택의 분양기준에 관한 경과조치)제1항의 괄호안의 내용 중 '(1990년 4월 21일 다가구주택 제도 도입 이전에 단독주택으로 건축허가를 받아 지분 또는 구분등기를 필한 사실상의 다가구주택을 포함한다)'는 규정의 '지분 또는 구분등기의 기준시점'과 '다가구주택으로 건축허가 받은 가구 수로 한정하여 가구별 각각 1명'이란?
A. 서울시 도시정비조례 〈부칙6899호, 2018.7.19〉 제28조2항 따르면, 1997년 1월 15일 전에 가구별로 지분 또는 구분소유등기를 필한 다가구주택(1990년 4월 21일 다가구주택 제도 도입 이전에 단독주택으로 건축허가를 받아 지분 또는 구분등기를 필한 사실상의 다가구주택을 포함한다)은 제36조제2항제3호의 개정규정에도 불구하고 다가구주택으로 건축허가 받은 가구 수로 한정하여 가구별 각각 1명을 분양대상자로 한다고 규정하고 있음.
귀하가 질의하신 내용과 같이 1990년 4월 21일 다가구주택 제도 도입 이전에 단독주택으로 건축허가를 받아 지분 또는 구분등기를 필한 사실상의 다가주택을 포함한다는 규정에 따라 지분 또는 구분등기의 기준시점은 1990년 4월 21일 전에 가구별로 지분 또는 구분소유등기를 필한 다가구주택으로 건축허가 받은 가구 수로 한정하여 가구별 각각 1명을 분양대상자로 규정하고 있음(서울시 재생협력과 2018.10.18)

제29조(권리산정기준일에 관한 적용례 및 경과조치) ① 제36조 개정규정은 서울특별시조례 제5007호 도시정비조례 일부개정조례 시행 이후 최초로 기본계획(정비예정구역에 신규로 편입지역 포함)을 수립하는 분부터 적용한다.
② 서울특별시조례 제5007호 도시정비조례 일부개정조례 시행 전에 기본계획이 수립되어 있는 지역 및 지구단위계획이 결정·고시된 지역은 종전의 도시정비조례(조례 제5007호로 개정되기 전의 것을 말한다) 제27조에 따른다.
③ 분양대상 적용 시 제2항을 따르는 경우 2003.12.30 전부터 공유지분으로 소유한 토지의 권리가액이 분양용 최소규모 공동주택 1가구의 추산액 이상인 자는 종전의 도시정비조례(조례 제5007호로 개정되기 전의 것을 말한다) 제27조제2항제3호에 따른 분양대상자로 본다.

제31조(협동주택[33]의 분양기준에 관한 경과조치 등) 제36조제2항제3호의 개정규정에도 불구하고 서울특별시조례 제4768호 도시정비조례 일부개정조례 시행 당시 최초로 조합설립인가를 신청하는 분부터 종전의 「서울특별시 주택개량재개발사업시행조례」 제4조제2항[34]에 따라 건축된 협동주택으로서 지분 또는 구분소유등기를 필한 세대는 사실상 구분된 가구 수로 한정하여 각각 1명을 분양대상자로 하여 적용한다.

❷ 조례 제27조제2항제3호(14.5.13~10.7.16)

② 제1항에도 불구하고 다음 각 호의 어느 하나에 해당하는 경우에는 여러 명의 분양신청자를 1명의 분양대상자로 본다.
  3. 1주택 또는 1필지의 토지를 수인이 소유하고 있는 경우. 다만, 권리산정기준일 이전부터 공유로 소유한 토지의 지분면적이 90㎡ 이상인 자는 그러하지 아니하다

03.12.30~14.5.13 : 공유토지 지분 면적이 90㎡ 이상인 자에 대해서 분양대상자로 하였음

---

33) 협동주택
   건축법상의 용어는 아니며, 1974.7.1 제정되어 1988.5.7 폐지된 「서울특별시 주택개량재개발사업시행조례」에 의하여 건축된 연립주택 형태임. 수인이 공동으로 환지받은 소규모 토지에 관계 법규를 든 독주택에 준하여 2~6세대로 건축된 주택(협동주택)을 말함.
34) 서울특별시 주택개량재개발사업시행조례[시행 1987.9.4][조례 제2213호, 1987.9.4, 일부개정]
   이 조례는 1988.5.7 폐기됨. 이후 도시재개발사업조례가 시행됨
   제4조(사업방법) ① 사업은 구역 내 불량건축물을 전면 철거 후 주택을 건립하는 방법과 재개발계획에 따른 공공시설과 이를 위하여 지장물등을 정리하고 현존주택을 개량 또는 개축(이하 "개량"하 게하는 방법으로 병행시할 수 있다.

부 칙 〈2010.7.15 제5007호〉

제1조(시행일) 이 조례는 2010.7.16부터 시행한다.

제3조(권리산정기준일에 관한 적용례 및 경과조치) ① 제27조 개정규정은 최초로 기본계획(정비예정구역에 신규로 편입지역 포함)을 수립하는 분부터 적용한다.

② 이 조례 시행 전에 기본계획이 수립되어 있는 지역 및 지구단위계획이 결정·고시된 지역은 종전규정(제27조)에 따른다.

③ 조례 제27조제2항제3호←제24조제2항제3호(10.7.15~03.12.30)

② 제1항에 불구하고 다음 각 호의 어느 하나에 해당하는 경우에는 수인의 분양신청자를 1인의 분양대상자로 본다. 〈개정 2009.7.30〉

  3. 하나의 주택 또는 한 필지의 토지를 수인이 소유하고 있는 경우. 다만 이 조례 시행일 전부터 공유지분으로 소유한 토지의 지분면적이 건축조례 제25조제1호에 의한 규모 이상인 자는 그러하지 아니하다

부 칙 〈2009.4.22 제4768호〉

제1조(시행일) 이 조례는 공포한 날부터 시행한다.

제3조(협동주택의 분양기준에 관한 경과조치 등) ① 제27조제2항제3호에 불구하고 종전 「서울특별시 주택개량재개발사업시행조례」 제4조제2항에 따라 건축된 협동주택으로서 지분 또는 구분소유등기를 필한 세대는 사실상 구분된 가구 수에 한하여 각각 1인을 분양대상자로 한다. 〈개정 2015.5.14〉

② 제1항의 개정규정은 이 조례 시행 당시 최초로 조합설립인가를 신청하는 분부터 적용한다.

주택재개발사업의 관리처분기준 중 분양대상을 정함에 있어 88.5.7 폐지된 「서울특별시 주택개량재개발사업시행조례」 제4조제2항에 따라 건축된 협동주택의 경우 도시정비조례 부칙 〈제4768호, 2009.4.22〉 제3조제1항에 1988.5.7 전에 지분 또는 구분소유등기를 필한 세대는 사실상 구분된 가구 수에 한하여 각각 1인을 분양대상자로 인정하였음.

그러나, 이 조례 폐지일 전에 합법적으로 건축허가를 득하였으나 지분 또는 구분소유등기를 조례 폐지일 이후에 한 세대이거나, 조례 폐지일 이후 건축허가를 받아 건축한 주택임에도 불구하고 건축물대장이나 건축물 등기부등본에 "협동주택"으로 등재되어 있는 세대에 대한 분양자격으로 논란이 있었음.

이에 협동주택으로서 지분 또는 구분소유등기를 필한 세대의 경우, 사실상 구분된 가구 수에 대해 각각 1인을 분양대상자로 인정하는 것으로 분양자격을 확대함.

Q. 이 주택은 1985년 건축허가를 득하고 1989년 지분을 나눈 단독주택으로, 각각 독립된 주거 형태인 지분 비율로 주거 면적을 점유하고 있음
   1) 단독주택에 해당한다면 부칙 제7조에서 인정하고 있는 사실상 다가구주택으로 지분을 분할한 가구 수로 분양대상자로 볼 수 있는지?
   2) 다가구주택에 해당한다면 부칙 제7조에 의해 1990년 이전 지분을 분할 한 행위를 다가구주택 건축허가 행위로 간주할 수 있는지?

A. 서울시 도시정비조례 부칙〈제4167호, 2003.12.30〉제7조 1997.1.15 이전에 가구별로 지분 또는 구분소유등기를 필한 다가구 주택(1990.4.21 다가구주택제도 도입이전에 단독주택으로 건축허가를 받아 지분 또는 구분등기를 필한 사실상의 다가구주택을 포함한다)은 제24조제2항제3호에 불구하고 다가구 주택으로 건축허가 받은 가구 수에 한하여 가구별 각각 1인을 분양대상자로 한다고 규정하고 있으므로,

Q. 1), 2)와 같이 이 부칙 제7조에서 1990.4.21 다가구주택제도 도입이전에 단독주택으로 건축허가를 받아 지분 또는 구분등기를 필한 사실상의 다가구주택의 경우라면 제24조제2항제3호에 불구하고 다가구 주택으로 건축허가 받은 가구 수에 한하여 가구별 각각 1인을 분양대상자로 한다고 규정하고 있으니 건축물 대장 확인 등 구체적인 사항은 관리처분계획인가권자인 해당 자치구청장에게 문의바람(서울시 재생협력과 2018.3.6).

Q. A토지(갑 소유)와 B토지(을 소유)상 다가구주택이 1994.1.7 지분율 1/2로 갑과 을이 공유소유로 등기를 필한 경우, 각각이 분양대상인지?

A. 서울시 도시정비조례 부칙〈제4167호, 2003.12.30〉제7조에 따라 1997.1.15 이전에 가구별로 지분 또는 구분소유등기를 필한 다가구주택(1990.4.21 다가구주택 제도 도입 이전에 단독주택으로 건축허가를 받아 지분 또는 구분등기를 필한 사실상의 다가구주택을 포함)은 제24조제2항제3호에 불구하고 다가구주택으로 건축허가 받은 가구 수에 한하여 가구별 각각 1인을 분양대상자로 한다고 규정하고 있는바,

질의의 경우 상기 규정에 해당한다면 다가구주택으로 건축허가 받은 가구 수에 한하여 가구별 각각 1인을 분양대상자 볼 수 있을 것으로 판단됨(서울시 재생협력과 2017.11.15).

부 칙 〈2003.12.30 조례 제4167호〉
제7조(다가구주택의 분양기준에 관한 경과조치) 1997.1.15 이전에 가구별로 지분 또는 구분소유 등기를 필한 다가구주택은 제24조제2항제3호에 불구하고 다가구로 건축허가 받은 가구 수에 한하여 가구별 각각 1인을 분양대상자로 한다.

2. 소규모주택정비조례 【개정연혁】

조례 상 조합설립인가일, 주민협의체 구성신고일, 공공시행자 지정고시일, 지정개발자 지정고시일을 권리산정기준일로 규정함

1 조례 제37조제2항제3호(21.3 현재~18.12.31)

② 제1항에도 불구하고 다음 각 호의 어느 하나에 해당하는 경우에는 여러 명의 분양신청자를 1인의 분양대상자로 본다.
   3. 1주택 또는 1필지의 토지를 여러 명이 소유하고 있는 경우. 다만, 권리산정기준일 이전부터 공유로 소유한 토지의 지분이 제1항제2호 또는 권리가액이 제1항제3호에 해당하는 경우에는 그러하지 아니하다.
④ 제2항제3호 본문에도 불구하고 법 제33조제3항제7호 가목에 따라 2명 이상이 하나의 토지를 공유한 경우로서 "시·도 조례로 정하여 주택을 공급할 수 있는 경우"란「건축법」제정(1962.1.20) 이전에 가구별로 독립된 주거의 형태로 건축물이 건축되어 있고 가구별로 지분등기가 되어 있는 토지로서「도시정비법」제2조제11호에 따른 정관 등에서 가구별 지분 등기된 토지에 대하여 주택 공급을 정한 경우를 말한다.

제2항제3호의 경우, 14.5.14 개정 도시정비조례와 같음

Q. 1997년 1월 15일 전에 가구별로 지분 또는 구분소유등기를 필한 다가구주택(1990년 4월 21일 다가구주택 도입 이전에 단독주택으로 허가를 받아 지분 또는 구분등기를 필한 사실상의 다가구주택 포함)은 1962년 1월 20일 이후 가구별 지분등기가 되었으므로 서울시 소규모주택정비조례 제37조제4항에 해당이 안되어 다가구주택 소유자 전원을 1인의 분양대상으로 보아야 하는지?

A. 조례 제37조제4항은 「건축법」 제정(1962.1.20) 전에 가구별로 독립된 주거의 형태로 건축되어 있고 가구별로 지분등기가 되어 있는 토지로서 정관 등에서 가구별 지분 등기된 토지에 대하여 주택 공급을 정한 경우를 말하는 것이므로 건축법 제정 이후에 가구별 지분등기가 된 경우는 이에 해당하지 않음(서울시 주거환경개선과 2020.3.20)

부 칙 〈2018.12.31 제6946호〉
제1조(시행일) 이 조례는 공포한 날부터 시행한다.

● 대전광역시

제정 시부터 현재까지 권리산정기준일이 아닌 구역지정 공람공고일을 사용함
조례 제32조제1항제5호는 직계존비속 세대원이 소유한 토지를 합산하는 규정으로 합산의 제한은 없음.
제2항제3호는 처음부터 공유인 경우에서 구역지정 공람공고일 전의 다른 공유지분의 합산을 의미하는 것임.

1. 도시정비조례 【개정연혁】

1 조례 제32조제2항제3호←제22조제2항제3호(21.3 현재~04.10.1)

② 다음 각 호의 어느 하나에 해당되는 경우에는 여러 명의 분양신청자를 1명의 분양대상자로 본다.
   3. 하나의 주택 또는 1 필지의 토지를 여러 명이 소유하고 있는 경우. 다만 구역지정 공람공고일 이전에 공유지분으로 소유한 토지의 지분면적이 대전광역시 건축조례 제39조에 의한 규모 이상인 자는 그러하지 아니하다.

구역지정 공람공고일 이전에 공유지분으로 소유한 토지의 지분면적이 대전광역시 건축조례 규모 이상인 자는 분양대상자로 함.
대전광역시는 토지면적에 대한 합산 외에는 권리가액의 합산규정이 없음

부 칙〈2004.10.1 조례 제3281호〉
제1조(시행일) 이 조례는 공포한 날부터 시행한다.

부 칙〈2018.10.5 조례 제5175호〉
제1조(시행일) 이 조례는 공포한 날부터 시행한다.

2. 소규모주택정비조례 【개정연혁】

도시정비조례에서는 구역지정 공람공고일이 기준일인데, 소규모주택정비조례에서는 "권리산정기준일"을 조합설립인가일, 주민협의체 구성신고일, 공공시행자 지정고시일, 지정개발자 지정고시일로 정함

1 조례 제30조제2항제3호 (21.3 현재~18.10.5)
② 다음 각 호의 어느 하나에 해당되는 경우에는 여러 명의 분양신청자를 1명의 분양대상자로 본다.
  3. 1주택 또는 1필지의 토지를 여러 명이 소유하고 있는 경우. 다만, 권리산정기준일 이전부터 공유로 소유한 토지의 지분이 제1항제2호 또는 권리가액이 제1항제3호에 해당하는 경우에는 그러하지 아니하다.

도시정비조례와는 달리 권리가액의 합산 규정을 둠

부 칙 〈2018.10.5 조례 제5173호〉
제1조(시행일) 이 조례는 공포한 날부터 시행한다.
제2조(일반적 경과조치) 이 조례 시행 당시 종전의 「대전광역시 도시정비조례」의 가로주택정비사업 및 주택재건축사업(정비구역이 아닌 구역에서 시행하는 주택재건축사업을 말한다) 관련 규정에 따라 행하여진 처분·절차 및 행위는 이 조례의 관련 규정에 따라 행하여진 처분·절차 및 행위로 본다.

● 부산광역시

여러 사람이 소유하는 경우 공유지분으로 소유한 토지의 지분면적이 건축조례 제39조에 의한 규모 이상인 자는 분양대상자로 하고 권리가액의 합산규정은 없음.
이는 도시정비조례나 소규모주택정비조례도 같음.

1. 도시정비조례 【개정연혁】

1 조례 제37조제2항제3호←조례 제22조제2항제3호(21.3 현재~12.12.26)

② 다음 각 호의 어느 하나에 해당되는 경우에는 여러 명의 분양신청자를 1명의 분양대상자로 본다.
  3. 1주택 또는 1필지의 토지를 여러 명이 소유하고 있는 경우. 다만, 법 제77조에 따른 <u>권리산정 기준일</u> 이전에 공유지분으로 소유한 토지의 지분면적이 「부산광역시 건축조례」 제39조에 따른 <u>규모 이상인 자는 그러하지 아니하다.</u>

기준일이 구역지정 공람공고일→권리산정기준일로 바뀜

부 칙〈2012.12.26〉
제1조(시행일) 이 조례는 공포한 날부터 시행한다.

2 조례 제22조제2항제3호(12.12.25~04.4.22)

② 다음 각 호의 어느 하나에 해당되는 경우에는 여러 명의 분양신청자를 1명의 분양대상자로 본다.
  3. 1주택 또는 1필지의 토지를 수인이 소유하고 있는 경우. 다만, <u>구역지정 공람공고일</u> 이전에 공유지분으로 소유한 토지의 지분면적이 부산광역시 건축조례 제39조에 의한 규모 이상인 자는 그러하지 아니하다.

부 칙〈2004.4.22〉
제1조(시행일) 이 조례는 공포 후 1월이 경과한 날부터 시행한다.
제3조(일반적 경과조치) 이 조례 시행 전에 부산광역시 재개발사업조례 또는 「부산광역시 주거

환경개선지구조례」에 의한 처분·절차 및 그 밖의 행위는 이 조례의 규정에 의하여 행하여진 것으로 본다.

2. 소규모주택정비조례 【개정연혁】

도시정비조례에서는 구역지정 공람공고일이 기준일인데, 소규모주택정비조례에서는 권리산정기준일은 조합설립인가일, 주민협의체 구성신고일, 공공시행자 지정고시일, 지정개발자 지정고시일로 정함

1 조례 제19조제2항제3호(21.3 현재~18.7.11)

② 다음 각 호의 어느 하나에 해당되는 경우에는 여러 명의 분양신청자를 1명의 분양대상자로 본다.

   3. 1주택 또는 1필지의 토지를 여러 명이 소유하고 있는 경우. 다만, 권리산정기준일 이전에 공유지분으로 소유한 토지의 지분면적이 「부산광역시 건축 조례」 제39조에 따른 규모 이상인 자는 그러하지 아니하다

부 칙 〈2018.7.11 조례 제5173호〉

제1조(시행일) 이 조례는 공포한 날부터 시행한다.

제3조(일반적 경과조치) 이 조례 시행 당시 종전의 「부산광역시 도시정비조례」의 가로주택정비사업 및 주택재건축사업(정비구역이 아닌 구역에서 시행하는 주택재건축사업을 말한다. 이하 같다) 관련 규정에 따라 행하여진 처분·절차 및 행위는 이 조례의 관련 규정에 따라 행하여진 처분·절차 및 행위로 본다.

제4조(가로주택정비사업 등에 관한 경과조치) 종전 조례에 따라 시행 중인 가로주택정비사업 및 주택재건축사업은 각각 이 조례에 따른 가로주택정비사업과 소규모재건축사업으로 본다.

● 인천광역시

1. 도시정비조례 【개정연혁】

1 **조례 제34조(정비사업의 분양대상 등)←조례 제23조(관리처분의 기준 등)제2항제3호← 조례 제24조(현금청산 대상)(21.3 현재~11.2.21)**

① 법 제76조제1항제7호 가목에 따라 같은 세대에 속하지 아니하는 2명 이상이 공람공고일 이전에 하나의 토지를 공유한 경우에는 각 공유지분의 규모에 따라 다음 각 호와 같이 주택을 공급한다.
   1. 토지면적 90㎡ 이상의 공유지분을 소유한 자에게는 각 1주택을 공급할 것
   2. 토지면적 90㎡ 미만의 공유지분을 소유한 자가 2명 이상인 경우에는 해당 공유지분의 합이 토지면적 90㎡ 이상인 경우에 그 대표자에게 1주택을 공급할 것

〈종전 조례〉
~~제24조제3항제2호: 하나의 주택 또는 한필의 토지를 수인이 소유하고 있는 경우. 다만, 2007.5.15.(조례 시행일) 전부터 공유지분으로 소유한 토지의 지분면적이 건축조례 제28조에 의한 규모 이상인 자는 그러하지 아니하다.~~ 〈삭제〉

11.2.21 전부개정으로 하나의 주택 또는 한필의 토지를 수인이 소유하고 있는 경우에 대한 규정 대신 현재의 조례 내용으로 개정됨

부칙〈2011.2.21〉
제1조(시행일) 이 조례는 공포한 날부터 시행한다.
제2조(처분 등에 관한 경과조치) 이 조례 시행 당시 종전의 규정에 따라 행한 처분·절차 그 밖의 행위는 이 조례에 따라 행하여진 것으로 본다.

2 **조례 제24조(현금청산 대상)제3항제2호(11.2.20~04.7.19)**

③ 제1항 및 제2항을 적용함에 있어 다음 각 호의 1에 해당하는 경우에는 수인의 분양신청자를 1인의 분양대상자로 본다.
   2. 하나의 주택 또는 한필의 토지를 수인이 소유하고 있는 경우. 다만, 2004.7.19(조례 시행

일) 전부터 공유지분으로 소유한 토지의 지분면적이 건축조례 제28조에 의한 규모 이상인 자는 그러하지 아니하다.

07.5.14 개정으로 조례 시행일→2004.7.19로 정리함.

부 칙 〈2004.7.19〉
제1조(시행일) 이 조례는 공포한 날부터 시행한다.
제9조(주택재개발사업 분양대상에 관한 경과조치) 이 조례 시행 당시 종전 인천광역시 도시재개발사업조례 제26조제1항제3호에 의거 관리처분계획을 인가하여 분양대상에서 제외된 경우라도 이 조례의 완화된 분양대상기준에 해당되는 때에는 이 조례를 적용할 수 있다.

2. 소규모주택정비조례 【개정연혁】

도시정비조례에서는 구역지정 공람공고일 이전이 기준일인데, 소규모주택정비조례에서는 권리산정기준일은 조합설립인가일, 주민협의체 구성신고일, 공공시행자 지정고시일, 지정개발자 지정고시일로 정함

1 조례 제19조제2항제3호(21.3 현재~18.11.5)
② 제1항에도 불구하고 다음 각 호의 어느 하나에 해당하는 경우에는 여러 명의 분양신청자를 1인의 분양대상자로 본다.
  3. 1주택 또는 1필지의 토지를 여러 명이 소유하고 있는 경우. 다만, 권리산정기준일 현재 해당 토지를 3년 이상 공유로 소유한 자로서 토지 지분의 합이 90㎡ 이상인 경우 또는 권리가액이 제1항제3호에 해당하는 경우에는 그러하지 아니하다.

부 칙 〈2018.11.5 조례 제6029호〉
제1조(시행일) 이 조례는 공포한 날부터 시행한다.
제2조(다른 조례와의 관계) 이 조례 시행 당시 다른 조례에서 종전의 「인천광역시 도시정비조례」 또는 그 규정을 인용한 경우 이 조례 중 그에 해당하는 규정이 있으면 종전의 「인천광역시 도시정비조례」의 규정은 이 조례 또는 이 조례의 해당 규정을 인용한 것으로 본다.

● 광주광역시

1. 도시정비조례 【개정연혁】

1 조례 제37조제2항제3호(21.3 현재~19.4.15)
② 다음 각 호의 어느 하나에 해당하는 경우에는 여러 명의 분양신청자를 1인의 분양대상자로 본다.
  3. 하나의 주택 또는 한 필지의 토지를 여러 명이 소유하고 있는 경우. 다만 권리산정기준일 이전부터 공유지분으로 소유한 토지의 지분면적이 「광주광역시 건축조례」 제31조제1호에 따른 규모(용도지역 미구분) 이상인 자 또는 제1항제3호에 해당하는 경우에는 그러하지 아니하다.

19.4.15 조례 개정으로 괄호안 내용이 추가됨

부 칙 〈2019.4.15〉
이 조례는 공포한 날부터 시행한다.

2 조례 제37조제2항제3호(19.4.14~18.11.15)
② 다음 각 호의 어느 하나에 해당하는 경우에는 여러 명의 분양신청자를 1인의 분양대상자로 본다.
  3. 하나의 주택 또는 한 필지의 토지를 여러 명이 소유하고 있는 경우. 다만 권리산정기준일 이전부터 공유지분으로 소유한 토지의 지분면적이 「광주광역시 건축조례」 제31조제1호에 따른 규모 이상인 사람 또는 제1항제3호에 해당하는 경우에는 그러하지 아니하다.

기준일이 종전의 조례 시행일→권리산정기준일로 바뀜
건축조례 조문이 종전 제41조에서 제31조로 바뀌었으나, 그 면적은 변경이 없음

부 칙 〈2018.11.15〉
제1조(시행일) 이 조례는 공포한 날로부터 시행한다.

제6조(일반적 경과조치) 이 조례 시행 당시 종전의 「광주광역시 도시정비조례」에 따른 결정·처분·절차 및 그 밖의 행위는 이 조례의 규정에 따라 행하여진 것으로 본다.

3 조례 제25조제2항제3호(18.11.14~04.3.25)

② 다음 각 호의 어느 하나에 해당하는 경우에는 수인의 분양신청자를 1인의 분양대상자로 본다
  3. 하나의 주택 또는 한 필지의 토지를 수인이 소유하고 있는 경우. 다만 이 조례 시행일 전부터 공유지분으로 소유한 토지의 지분면적이 건축조례 제41조 제1호에 의한 규모 이상인 자는 그러하지 아니하다.

부칙〈2004.3.25〉
제1조(시행일) 이 조례는 공포한 날로부터 시행한다.
제3조(일반적 경과조치) 이 조례 시행 전에 종전의 규정에 의하여 행하여진 처분, 절차 기타의 행위는 이 조례의 규정에 의하여 행하여진 것으로 본다.

2. 소규모주택정비조례 【개정연혁】

권리산정기준일은 토지등소유자가 사업시행자인 경우(주민합의체 구성을 신고한 날), 조합이 사업시행자가 되는 경우(조합설립인가일), 광주광역시 관할 자치구의 구청장 또는 토지주택공사 등이 사업시행자가 되는 경우(공공시행자 지정고시일), 지정개발자가 사업시행자로 지정되는 경우(지정개발자 지정고시일)에 따라 다름.

1 조례 제19조제2항제3호(21.3 현재~19.4.15)

① 영 제31조제1항제3호에 따라 가로주택정비사업으로 분양하는 주택의 분양대상자는 관리처분계획기준일 현재 다음 각 호의 어느 하나에 해당하는 토지등소유자로 한다.
  1. 생략
  2. 분양신청자가 소유하고 있는 종전 토지의 총면적이 「광주광역시 건축조례」 제31조제1호에 따른 규모(용도지역 따구분) 이상인 자. 다만, 권리산정기준일 이전에 분할된 1필지의 토지로서 그 면적이 20㎡ 이상인 토지(지목이 도로이며 도로로 이용되고 있는 토지를 제외한다)의 소유자는 법 제29조에 따른 사업시행계획인가일 이후부터 법 제39조제3항에 따른 준공인가 고시일까지 분양신청자를 포함한 세대원(세대주, 세대주와 동일한 세대별 주민

등록표상에 등재되어 있지 않은 세대주의 배우자 및 배우자와 동일한 세대를 이루고 있는 세대원을 포함한다) 전원이 주택을 소유하고 있지 않은 경우에 한하여 분양대상자로 할 수 있다.〈개정 2020.12.15〉

3. 분양신청자가 소유하고 있는 권리가액이 분양용 최소규모 공동주택 1가구의 추산액 이상인 자. 다만, 분양대상자가 동일한 세대인 경우의 권리가액은 세대원 모두의 권리가액을 합산하여 산정할 수 있다.

② 제1항에도 불구하고 다음 각 호의 어느 하나에 해당하는 경우에는 여러 명의 분양신청자를 1인의 분양대상자로 본다.

3. 1주택 또는 1필지의 토지를 여러 명이 소유하고 있는 경우. 다만, 권리산정기준일 이전부터 공유로 소유한 토지의 지분이 제1항제2호에 해당하는 경우 또는 권리가액이 제1항제3호에 해당하는 경우에는 그러하지 아니하다.

부 칙〈신설 2019.4.15〉

제1조(시행일) 이 조례는 공포한 날부터 시행한다.
제2조(다른 조례의 폐지)「광주광역시 빈집 정비 지원 조례」는 폐지한다.

● 대구광역시

1. 도시정비조례 【개정연혁】

1 조례 제36조(재개발사업의 분양대상 등)제2항제3호(21.3 현재~18.12.31)
② 제1항에 따른 공동주택 분양대상자 중 다음 각 호의 어느 하나에 해당하는 경우에는 여러 명의 분양신청자를 1명의 분양대상자로 본다.
  3. 1주택 또는 1필지의 토지를 여러 명이 소유하고 있는 경우. 다만, 권리산정기준일 이전부터 공유로 소유한 토지의 지분이 제1항제2호 또는 권리가액이 제1항제3호에 해당하는 경우는 예외로 한다.

부 칙 〈조례 제5197호, 2018.12.31〉
제1조(시행일) 이 조례는 공포한 날로부터 시행한다.
제6조(일반적 경과조치) 이 조례 시행 당시 종전의 「대구광역시 도시정비조례」에 따른 결정·처분·절차 및 그 밖의 행위는 이 조례에 따라 행하여진 것으로 본다

2 조례 제22조(현금청산)제1항제3호, 제3항제2호(18.12.30~04.7.12)
① 주택재개발사업의 경우 법 제48조제2항제3호 및 영 제52조제1항제3호의 단서에 의하여 현금으로 청산할 수 있는 토지 또는 건축물은 다음 각 호의 1에 해당하는 경우를 말한다.
  4. 지적법 제2조제3호에 의한 1필지의 토지를 구역지정공람 공고일 이후에 분할취득 또는 공유지분으로 취득한 경우
③ 제1항 및 제2항을 적용함에 있어 다음 각 호의 1에 해당하는 경우에는 다수인의 분양신청자를 1인의 분양대상자로 본다.
  1. 다수인의 분양신청자가 하나의 세대(세대주와 동일한 세대별 주민등록표상에 등재되어 있지 아니한 세대주의 배우자 및 배우자와 동일한 세대를 이루고 있는 세대원을 포함한다)인 경우
  2. 하나의 토지 또는 주택을 다수인이 소유하고 있는 경우

부칙 〈2004.7.12〉

제1조(시행일) 이 조례는 공포한 날부터 시행한다.

제3조(일반적 경과조치) 이 조례 시행 전에 대구광역시 도시재개발사업조례,「대구광역시 주거환경개선지구를 위한 특례에 관한 조례」등에 의한 처분, 절차 및 그 밖의 행위는 이 조례의 규정에 의하여 행하여진 것으로 본다.

2. 소규모주택정비조례 【개정연혁】

조례 상 조합설립인가일, 주민협의체 구성신고일, 공공시행자 지정고시일, 지정개발자 지정고시일을 권리산정기준일로 규정함

1 조례 제26조제2항제3호, 제4항(21.3 현재~18.10.1)

② 제1항에도 불구하고 다음 각 호의 어느 하나에 해당하는 경우에는 여러 명의 분양신청자를 1인의 분양대상자로 본다.

　3. 1주택 또는 1필지의 토지를 여러 명이 소유하고 있는 경우. 다만, 권리산정기준일 이전부터 공유로 소유한 토지의 지분이 제1항제2호 또는 권리가액이 제1항제3호에 해당하는 경우에는 그러하지 아니하다.

④ 제2항제3호 본문에도 불구하고 법 제33조제3항제7호 가목에 따라 2명 이상이 하나의 토지를 공유한 경우로서 "시·도 조례로 정하여 주택을 공급할 수 있는 경우"란 「건축법」 제정(1962.1.20) 이전에 가구별로 독립된 주거의 형태로 건축물이 건축되어 있고, 가구별로 지분등기가 되어 있는 토지로서 「도시정비법」 제2조제11호에 따른 정관등[35]에서 가구별 지분등기된 토지에 대하여 주택 공급을 정한 경우를 말한다.

---

35) 도시정비법
　　제2조(정의) 이 법에서 사용하는 용어의 뜻은 다음과 같다.
　　　11. "정관등"이란 다음 각 목의 것을 말한다.
　　　　가. 제40조에 따른 조합의 정관
　　　　나. 사업시행자인 토지등소유자가 자치적으로 정한 규약
　　　　다. 특별자치시장, 특별자치도지사, 시장, 군수, 자치구의 구청장(이하 "시장·군수등"이라 한다), 토지주택공사등 또는 신탁업자가 제53조에 따라 작성한 시행규정

부칙 〈조례 제5161호, 2018.10.1〉

제1조(시행일) 이 조례는 공포한 날부터 시행한다.

제3조(일반적 경과조치) 이 조례 시행 당시 종전의 「대구광역시 도시정비조례」의 가로주택정비사업 및 주택재건축사업(정비구역이 아닌 구역에서 시행하는 주택재건축사업을 말한다. 이하 같다) 관련 규정에 따라 행하여진 처분·절차 및 행위는 이 조례의 관련 규정에 따라 행하여진 처분·절차 및 행위로 본다.

● 울산광역시

1. 도시정비조례 【개정연혁】

1 조례 제29조제2항제3호←제23조제2항제3호(21.3 현재~16.12.29)

② 제1항에도 불구하고 다음 각 호의 어느 하나에 해당하는 경우에는 수인의 분양 신청자를 1인의 분양대상자로 본다.
  3. 1주택 또는 1필지의 토지를 수인이 소유하고 있는 경우. 다만, 권리산정기준일 이전부터 공유한 토지의 지분이 제1항제2호 또는 권리가액이 제1항제3호에 해당하는 경우에는 그러하지 아니하다.

16.12.29 제23조제2항제3호로 이동하고 내용이 변경됨.
다세대주택으로 전환된 주택을 예외로 한 단서를 삭제하고 제29조제1항제2호, 제1항제3호의 경우를 예외로 해 각자 분양대상자로 함

◆ 조례 제29조제1항제2호, 제3호

제29조(재개발사업의 분양대상 등) ① 영 제63조제1항제3호에 따른 재개발사업으로 건립되는 공동주택의 분양대상자는 관리처분계획기준일 현재 다음 각 호의 어느 하나에 해당하는 토지등소유자로 한다.
1. 종전의 건축물 중 주택(기존무허가건축물 및 사실상 주거용으로 사용되고 있는 건축물을 포함한다)을 소유한 자
2. 분양신청자가 소유하고 있는 종전 토지의 총면적이 「울산광역시 건축조례」 제50조제1호의 규모 이상인 자. 다만, 권리산정 기준일 이전에 분할된 1필지의 토지로서 그 면적이 20㎡ 이상인 토지(지목이 도로이며, 도로로 이용되고 있는 경우는 제외한다)의 소유자는 사업시행인가고시일 이후부터 법 제83조제3항에 따른 공사완료 고시일까지 분양신청자를 포함한 세대원(세대주 및 세대주와 동일한 세대별 주민등록표상에 등재되어 있지 아니한 세대주의 배우자 및 배우자와 동일한 세대를 이루고 있는 세대원을 포함한다) 모두가 주택을 소유하고 있지 아니한 경우에 한정하여 분양대상자로 한다.

3. 분양신청자가 소유하고 있는 권리가액이 분양용 최소규모 공동주택 1가구의 추산액 이상인 자. 다만, 분양신청자가 동일한 세대인 경우의 권리가액은 세대원 모두의 가액을 합산하여 산정할 수 있다.
4. 사업시행방식전환의 경우에는 전환되기 전의 사업방식에 따라 환지를 지정받은 자. 이 경우 제1호부터 제3호까지의 규정은 적용하지 아니할 수 있다.

부 칙 〈개정 2016.12.29 조례 제1691호〉
제1조(시행일) 이 조례는 공포한 날부터 시행한다.

2 조례 제23조제3항제2호(16.12.23~04.6.10)

③ 제1항 및 제2항을 적용함에 있어 다음 각 호의 1에 해당하는 경우에는 수인의 분양신청자를 1인의 분양대상자로 본다.
2. 하나의 토지 또는 주택을 수인이 소유하고 있는 경우. 다만, 정비구역 지정공람공고일 3월 이전부터 다가구주택을 건축물 준공 이후 다세대주택으로 전환된 주택을 취득하여 부동산등기를 완료한 경우에는 포함하지 아니한다.

부 칙 〈2004.6.10〉
① (시행일) 이 조례는 공포한 날부터 시행한다.
③ (경과조치) 이 조례 시행 전에 종전 규정에 의하여 행하여진 처분·절차 그 밖의 행위는 이 조례에 의하여 행하여진 것으로 본다.

2. 소규모주택정비조례 【개정연혁】

조례 상 조합설립인가일, 주민협의체 구성신고일, 공공시행자 지정고시일, 지정개발자 지정고시일을 권리산정기준일로 규정함

1 조례 제19조제2항제3호, 제4항(21.3 현재~19.7.11)

② 제1항에도 불구하고 다음 각 호의 어느 하나에 해당하는 경우에는 여러 명의 분양신청자를 1명의 분양대상자로 본다.
   3. 1주택 또는 1필지의 토지를 여러 명이 소유하고 있는 경우. 다만, 권리산정기준일 이전부터 공유로 소유한 토지의 지분면적이「울산광역시 건축조례」제50조에 따른 규모 이상인 경우는 제외한다.
④ 제2항제3호 본문에도 불구하고 2명 이상이 1토지를 공유한 경우로서「건축법」제정(1962년 1월 20일) 이전에 가구별로 독립된 주거의 형태로 건축물이 건축되어 있고 가구별로 지분등기가 되어 있는 토지로서「도시정비법」제2조제11호에 따른 정관 등에서 가구별 지분등기된 토지에 대하여 주택 공급을 정한 경우에는 법 제33조제7호 가목에 따라 주택을 공급할 수 있다.

법 제33조제7호 가목은 대전광역시 소규모주택정비사업편을 참조바람.
도시정비법 제2조제11호에 따른 정관등은 대구광역시 소규모주택정비사업편을 참조 바람

부 칙〈2019.7.11〉
이 조례는 공포한 날부터 시행한다.

● 경기도

1. 도시정비조례 【개정연혁】

1 조례 제26조제1항제2호(21.3 현재~18.10.1)

③ 영 제63조제1항제3호에 의거 다음 각 호의 어느 하나에 해당하는 경우에는 분양대상자를 1인으로 본다.
  2. 하나의 주택 또는 한필지의 토지를 수인이 소유하고 있는 경우. 다만, 2008년 7월 25일 이전부터 공유지분으로 소유한 토지의 지분면적이 「건축법」 제57조제1항에 따른 해당 시·군 조례로 정하는 면적 이상인 자는 그러하지 아니하다.
④ 제1항제2호에도 불구하고 법 제76조제1항제7호 가목에서 "2명 이상이 1토지를 공유한 경우로서 시·도 조례로 주택공급을 따로 정하고 있는 경우"란 「건축법」 제정·시행된 1962년 1월 20일 이전에 가구별로 독립된 주거의 형태로 건축물이 건축되어 있고 가구별로 지분등기가 되어 있는 토지로서 법 제2조제11호에 따른 정관등에서 가구별 지분등기된 토지에 대하여 주택 공급을 정한 경우를 말한다.

18.10.1 내용 변경 없이 종전 18조제3항제5호→제26조제1항제2호로, 제18조제4항→제26조제4항으로 이동함

부 칙 〈2018.10.1〉
제1조(시행일) 이 조례는 공포한 날로부터 시행한다.

2 조례 제18조제3항제5호, 제4항(18.9.30~09.12.31)

③ 영 제52조제1항제3호에 따라서 다음 각 호의 어느 하나에 해당하는 경우에는 분양대상자를 1명으로 본다.
  5. 하나의 주택 또는 한필지의 토지를 수인이 소유하고 있는 경우. 다만, 2008년 7월 25일 이전부터 공유지분으로 소유한 토지의 지분면적이 「건축법」 제57조제1항에 따른 해당 시·군 조례로 정하는 면적 이상인 자는 그러하지 아니하다. 〈개정 2009.12.31〉
④ 제3항제5호 본문에도 불구하고 법 제48조제2항제6호 단서에 따라 2명 이상이 1토지를 공유한 경우로서 '도 조례로 정하여 주택을 공급할 수 있는 경우'란 「건축법」 제정(1962.1.20)

이전에 가구별로 독립된 주거의 형태로 건축물이 건축되어 있고 가구별로 지분등기가 되어 있는 토지로서 법 제2조제11호에 따른 정관등에서 가구별 지분등기된 토지에 대하여 주택 공급을 정한 경우를 말한다. [신설 2010.7.14]

09.12.31 제5호에 단서를 신설하여 이 개정규정은 2007년 4월 9일 전에 지분 또는 구분소유 등기를 완료한 경우에는 가구별 또는 토지별 각각 1인을 분양대상자로 할 수 있도록 함.
10.7.14 제3항을 신설함

부 칙 〈2009.12.31〉
제1조(시행일) 이 조례는 공포한 날부터 시행한다.

부 칙 〈2010.7.14〉
제1조(시행일) 이 조례는 공포한 날부터 시행한다.
제2조(적용례) 제18조제4항의 개정규정은 이 조례 시행 전에 가구별 지분등기가 된 경우에만 적용한다.

3 조례 제18조제3항제5호(09.12.30~08.7.25)

③ 영 제52조제1항제3호에 의거 다음 각 호의 어느 하나에 해당하는 경우에는 분양대상자를 1인으로 본다.
    5. 하나의 주택 또는 한필지의 토지를 수인이 소유하고 있는 경우

04.5.17~08.7.24 관련 규정 없음

부 칙 〈2008.7.25〉
제1조(시행일) 이 조례는 공포한 날부터 시행한다.

2. 소규모주택정비조례 【개정연혁】
권리산정기준일을 정하지 않음

1 조례 제19조(21.3 현재~18.11.29)
① 영 제31조제1항제3호 단서에 따라 분양대상에서 제외하는 토지 등 소유자는 「경기도 도시정비조례」 제26조제1항을 준용한다.

경기도 도시정비조례 제26조제1항을 준용한다고 했으나, 실제로는 제26조제1항제2호가 정확한 표현임

◆ 도시정비조례 제26조제1항제2호
제26조(주택공급 기준 등) ① 영 제63조제1항제3호 단서에 따라 다음 각 호의 어느 하나에 해당하는 경우에는 분양대상자를 1명으로 본다.
2. 하나의 주택 또는 한 필지의 토지를 수인이 소유하고 있는 경우. 다만, 권리산정기준일 이전부터 공유로 소유한 토지의 지분면적이 「건축법」 제57조제1항에 따라 해당 시·군 조례로 정하는 면적 이상인 자는 그러하지 아니하다. 〈개정 2020.01.13〉

부 칙 〈2018.11.29〉
제1조(시행일) 이 조례는 공포한 날부터 시행한다.
제2조(일반적 경과조치) 이 조례 시행 당시 종전의 「경기도 도시정비조례」에 따른 결정·처분·절차 및 행위는 이 조례의 규정에 따라 행하여진 것으로 본다.

● 수원시

1. 도시정비조례 【개정연혁】

1 조례 제30조제3항제5호←제24조제3항(21.3 현재~12.8.14)

③ 영 제63조제1항제3호에 따라서 다음 각 호의 어느 하나에 해당하는 경우에는 분양대상자를 1명으로 본다.
   5. 하나의 주택 또는 한필지의 토지를 여러 명이 소유하고 있는 경우. 다만, 권리산정기준일 이전부터 공유지분으로 소유한 토지의 지분면적이 「건축법」 제57조제1항에 따른 시 조례로 정하는 면적 이상인 자는 그러하지 아니하다.
④ 제3항제5호 본문에도 불구하고 법 제76조제1항제7호 가목에 따라 2명 이상이 하나의 토지를 공유한 경우로서 "시도 조례로 정하여 주택을 공급할 수 있는 경우"란 「건축법」 제정(1962.1.20) 이전에 가구별로 독립된 주거의 형태로 건축물이 건축되어 있고 가구별로 지분등기가 되어 있는 토지로서 법 제2조제11호에 따른 정관 등에서 가구별 지분등기된 토지에 대하여 주택 공급을 정한 경우를 말한다.

19.5.17 전부개정으로 내용은 변화 없이 종전의 제24조제3항제5호→제30조제3항제5호로 위치만 이동함

부 칙 〈2012.8.14〉
제1조(시행일) 이 조례는 공포한 날부터 시행한다.
제5조(권리산정기준일에 관한 적용례 및 경과조치) ① 제24조제3항은 이 조례 시행 후 최초로 기본계획(2020년 수원시 정비기본계획 포함)을 수립하는 분부터 적용한다.
② 이 조례 시행 전에 2010년 수원시 정비기본계획에 포함된 주택재개발사업 지역은 종전 경기도 도시정비조례(제4238호) 제18조제3항에 따른다.
제6조(일반적 경과조치) 이 조례 시행당시 종전의 규정에 의한 결정·처분·절차 그 밖의 행위는 이 조례의 규정에 따라 행하여진 것으로 본다. 다만, 인가·허가·승인(심의 포함) 등 신청 중인 경우에는 종전의 규정에 따른다.

2. 소규모주택정비조례 【개정연혁】

경기도와 달리 권리산정기준일을 주민협의체 구성 신고일, 조합설립인가일, 공공시행자 지정고시일, 지정개발자 지정고시일로 정함

1 조례 제20조제2항 (21.3 현재~19.3.29)
관련 규정 없음

◆ 조례 제20조
제20조(가로주택정비사업의 분양대상) ② 제1항에도 불구하고 다음 각 호의 어느 하나에 해당하는 경우에는 여러 명의 분양신청자를 1인의 분양대상자로 본다.
1. 단독주택 또는 다가구주택을 권리산정기준일 후 다세대주택으로 전환한 경우
2. 1필지의 토지를 권리산정기준일 후 여러 개의 필지로 분할한 경우
3. 권리산정기준일 후 나대지에 건축물을 새로이 건축하거나 기존 건축물을 철거하고 다세대주택, 그밖에 공동주택을 건축하여 토지등소유자가 증가되는 경우

부칙 〈2019.3.29 조례 제3893호〉
제1조(시행일) 이 조례는 공포한 날부터 시행한다.
제3조(다른 조례의 개정) 수원시 도시계획조례 제70조제1항4호 및 5호 중 「도시정비법」을 「도시정비법」 및 「빈집 및 소규모주택 정비에 관한 특례법」으로 한다.
제4조(일반적 경과조치) 이 조례 시행 당시 종전의 「수원시 도시정비조례」 및 「수원시 빈집정비 지원조례」에 따른 결정·처분·절차 및 행위는 이 조례의 규정에 따라 행하여진 것으로 본다.

서울특별시 도시정비조례 제36조제2항

② 제1항에도 불구하고 다음 각 호의 어느 하나에 해당하는 경우에는 여러 명의 분양신청자를 1명의 분양대상자로 본다.
   3. 1필지의 토지를 권리산정기준일 후 여러 개의 필지로 분할한 경우

- 도시정비법, 도시재정비법상 규제 이전 서울특별시는 도시재개발사업조례, 도시정비조례에서 조례 시행일(2003.12.30)을 기준으로 규제해 왔음.

- 정비사업을 통하여 분양받을 건축물이 "1필지의 토지가 여러 개의 필지로 분할되는 경우"에 해당하는 경우에는 제16조제2항 전단에 따른 고시가 있는 날 또는 시·도지사가 투기를 억제하기 위하여 기본계획 수립 후 정비구역 지정·고시 전에 따로 정하는 날(이하 이 조에서 "기준일")의 다음 날을 기준으로 건축물을 분양받을 권리를 산정한다.

■ 서울특별시 제36조제2항제4호

1. 도시정비조례 【개정연혁】

1 조례 제36조제2항제4호←제27조제2항제4호(21.3 현재~10.7.16)

② 제1항에도 불구하고 다음 각 호의 어느 하나에 해당하는 경우에는 여러 명의 분양신청자를 1명의 분양대상자로 본다.
   4. 1필지의 토지를 권리산정기준일 후 여러 개의 필지로 분할한 경우

부 칙 〈2018.7.19 제6899호〉
제1조(시행일) 이 조례는 공포한 날부터 시행한다.
제29조(권리산정기준일에 관한 적용례 및 경과조치) ① 제36조 개정규정은 제5007호 도시정비조례 일부개정조례 시행 이후 최초로 기본계획(정비예정구역에 신규로 편입지역 포함)을 수립하는 분부터 적용한다.
② 서울특별시 조례 제5007호 도시정비조례 일부개정조례 시행 전에 기본계획이 수립되어 있는 지역 및 지구단위계획이 결정·고시된 지역은 종전의 도시정비조례(조례 제5007호로 개정되기 전의 것을 말한다) 제27조에 따른다.

2 조례 제27조제2항제4호←제24조제2항제4호(10.7.15~03.12.30)

② 제1항에도 불구하고 다음 각 호의 어느 하나에 해당하는 경우에는 여러 명의 분양신청자를 1명의 분양대상자로 본다.
   4. 이 조례 시행일(03.12.30) 이후 한 필지의 토지를 수개의 필지로 분할한 경우

※ 서울특별시 도시정비조례[시행 2003.12.30] [조례 제4167호., 2003.12.30 제정]

제24조(주택재개발사업의 분양대상 등) ① 영 제52조제1항제3호에 의하여 주택재개발사업으로 건립되는 공동주택의 분양대상자는 관리처분계획기준일 현재 다음 각 호의 1에 해당하는 토지등소유자로 한다.
2. 분양신청자가 소유하고 있는 종전토지의 총면적이 서울특별시 건축조례 제25조제1호의 규모 이상인 자. 다만, 이 조례 시행일 전에 분할된 1필지의 토지로서 그 면적이 30㎡ 이상

인 토지(지목이 도로이며 도로로 이용되고 있는 토지를 제외한다)의 소유자는 법 제28조에 의한 사업시행인가고시일 이후부터 공사완료 고시일까지 분양신청자를 포함한 세대원(세대주 및 세대주와 동일한 세대별 주민등록표상에 등재되어 있지 아니한 세대주의 배우자 및 배우자와 동일한 세대를 이루고 있는 세대원을 포함한다) 전원이 주택을 소유하고 있지 아니한 경우에 한하여 분양대상자로 한다.

부 칙 〈2003.12.30〉
제1조(시행일) 이 조례는 공포한 날부터 시행한다.
제8조(주택재개발사업 분양대상 기준에 관한 경과 조치) 이 조례 시행 당시 종전 도시재개발법 제4조에 의하여 재개발구역으로 지정된 정비구역(정비계획이 수립되지 않은 정비구역은 제외한다)의 경우 제24조에 불구하고 구역지정 고시일을 이 조례 시행일로 보며 제24조제1항제2호 단서 규정의 30㎡을 20㎡로 한다.

Q. 하나의 필지 상에 근린상가 및 주택으로 구성된 주택 1동과 창고건물 1동 등이 각각 가동·나동으로 분리되어 있는 경우, 2동을 분할하여 그 중 1동을 다세대로 신축하여 분양(분할되는 토지는 200㎡ 이상,

각 세대의 주거전용면적이 정비사업으로 건립되는 분양용 공동주택의 최소 주거전용면적 이상인 경우)하려면 분양받은 각각의 구분소유권자가 분양대상자에 해당되는지?

A. 서울시 조례 제24조제2항에 따라 2003.12.30 이후 한 필지의 토지를 수개의 필지로 분할한 경우에는 수인의 분양신청자를 1인의 분양대상자로 보도록 정하고 있으므로 토지를 분할하여 다세대로 신축하는 경우에는 수인의 분양신청자를 1인의 분양대상자에 해당됨(서울시 주정 2010.8.13).

Q. 재개발예정구역 내에 지목이 도로인 토지(2필지, 면적 합계 111㎡)를 소유한 경우, 공동주택 분양대상이 되는지?

A. 재개발구역 내 2003.12.30 이전부터 각각 분할되어 있던 토지이고, 면적의 합계가 90㎡ 이상인 경우에는 지목에 관계없이 공동주택의 분양대상자가 될 수 있음(서울시 주거정비과 2004.10.27)

2. 소규모주택정비조례 【개정연혁】

조례 상 조합설립인가일, 주민협의체 구성신고일, 공공시행자 지정고시일, 지정개발자 지정고시일을 권리산정기준일로 규정함

1 조례 제37조제2항제4호(21.3 현재~18.12.31)
② 제1항에도 불구하고 다음 각 호의 어느 하나에 해당하는 경우에는 여러 명의 분양신청자를 1인의 분양대상자로 본다.
　4. 1필지의 토지를 권리산정기준일 후 여러 개의 필지로 분할한 경우

부 칙 〈2018.12.31 제6946호〉
제1조(시행일) 이 조례는 공포한 날부터 시행한다.
제3조(경과조치) 이 조례 시행 당시 종전의 「서울특별시 빈집 활용 및 관리에 관한 조례」에 따른 지원은 이 조례에 의하여 행하여진 것으로 본다.

● 대전광역시

1. 도시정비조례 【개정연혁】

1 조례 제32조제2항제4호←제22조제2항제4호(21.3 현재~04.10.1)
② 다음 각 호의 어느 하나에 해당되는 경우에는 여러 명의 분양신청자를 1명의 분양대상자로 본다.
    4. <u>구역지정 공람공고일</u> 이후에 1필지의 토지를 여러 개의 필지로 분할한 경우

18.10.5 전부개정으로 내용은 변하지 않고 제22조→제32조로 위치만 이동됨

부 칙〈2004.10.1〉
제1조(시행일) 이 조례는 공포한 날부터 시행한다.

2. 소규모주택정비조례 【개정연혁】

조례 상 조합설립인가일, 주민협의체 구성신고일, 공공시행자 지정고시일, 지정개발자 지정고시일을 권리산정기준일로 규정함

1 조례 제20조제2항제4호(21.3 현재~18.10.5)
② 다음 각 호의 어느 하나에 해당되는 경우에는 여러 명의 분양신청자를 1명의 분양대상자로 본다.
   4. 1필지의 토지를 권리산정기준일 후 여러 개의 필지로 분할한 경우

부 칙〈2018.10.5 조례 제5173호〉
제1조(시행일) 이 조례는 공포한 날부터 시행한다.
제2조(일반적 경과조치) 이 조례 시행 당시 종전의 「대전광역시 도시정비조례」의 가로주택정비사업 및 주택재건축사업(정비구역이 아닌 구역에서 시행하는 주택재건축사업을 말한다) 관련 규정에 따라 행하여진 처분·절차 및 행위는 이 조례의 관련 규정에 따라 행하여진 처분·절차 및 행위로 본다.

● 부산광역시

1. 도시정비조례 【개정연혁】

1 제37조제2항제4호←제22조제2항제4호(21.3 현재~12.12.26)

② 다음 각 호의 어느 하나에 해당되는 경우에는 여러 명의 분양신청자를 1명의 분양대상자로 본다.
    4. 법 제77조에 따른 <u>권리산정 기준일</u> 이후에 1필지의 토지를 수개의 필지로 분할한 경우
        〈개정 2012.12.26〉

기준일이 구역지정 공람공고일→권리산정기준일로 바뀜
18.7.11 전부개정으로 제22조→제37조로 이동됨

부 칙〈2012.12.26〉
제1조(시행일) 이 조례는 공포한 날부터 시행한다.

2 제22조제2항제4호(12.12.25~04.4.22)

② 다음 각 호의 어느 하나에 해당되는 경우에는 여러 명의 분양신청자를 1명의 분양대상자로 본다.
    4. <u>구역지정 공람공고일</u> 이후에 1필지의 토지를 수개의 필지로 분할한 경우

부 칙〈2004.4.22〉
제1조(시행일) 이 조례는 공포 후 1월이 경과한 날부터 시행한다.
제3조(일반적 경과조치) 이 조례 시행 전에 부산광역시 재개발사업조례 또는 「부산광역시 주거환경개선지구조례」에 의한 처분·절차 및 그 밖의 행위는 이 조례의 규정에 의하여 행하여진 것으로 본다.

2. 소규모주택정비조례 【개정연혁】

조례 상 조합설립인가일, 주민협의체 구성신고일, 공공시행자 지정고시일, 지정개발자 지정고시일을 권리산정기준일로 규정함

1 조례 제19조제2항제4호(21.3 현재~18.10.5)
② 제1항에도 불구하고 다음 각 호의 어느 하나에 해당하는 경우에는 여러 명의 분양신청자를 1인의 분양대상자로 본다.
　4. 권리산정기준일 후에 1필지의 토지를 수 개의 필지로 분할한 경우

부 칙〈2018.10.5〉
제1조(시행일) 이 조례는 공포한 날부터 시행한다.
제3조(일반적 경과조치) 이 조례 시행 당시 종전의「부산광역시 도시정비조례」의 가로주택정비사업 및 재건축사업(정비구역이 아닌 구역에서 시행하는 주택재건축사업을 말한다. 이하 같다) 관련 규정에 따라 행하여진 처분·절차 및 행위는 이 조례의 관련 규정에 따라 행하여진 처분·절차 및 행위로 본다.
제4조(가로주택정비사업 등에 관한 경과조치) 종전 조례에 따라 시행 중인 가로주택정비사업 및 주택재건축사업은 각각 이 조례에 따른 가로주택정비사업과 소규모재건축사업으로 본다.

● 인천광역시

1. 도시정비조례 【개정연혁】

1 **조례 제34조**(정비사업의 분양대상등)←**조례 제23조**(관리처분의 기준등)(21.3 현재~11.2.21)

② 영 제63조제1항제3호에 따른 공동주택의 분양대상자는 관리처분계획기준일 현재 다음 각 호의 기준에 적합하여야 한다.
~~4. 구역지정 공람공고일 이후 한 필지의 토지를 수개의 필지로 분할한 경우~~ 〈삭제〉

③ 제2항에 불구하고 다음 각 호의 어느 하나에 해당하는 토지등소유자에게는 공동주택을 공급할 수 있다.
  1. 공람공고일 이전에 분할된 필지의 면적이 30㎡ 이상인 토지를 소유한 자로서 다음 각 목의 모든 요건에 저촉되지 아니하는 토지등소유자
    가. 소유하고 있는 토지의 지목이 도로인 경우에는 해당 토지가 사실상의 도로가 아닐 것
    나. 공람공고일부터 무주택세대주 일 것
  2. 생략

④ 제1항부터 제3항까지의 규정에 따른 관리처분의 기준을 적용할 때에는 토지등소유자 1명에게 1주택만 공급한다.

11.2.21 종전 제2항4호를 삭제하고 아래의 제23조제3항(현행 제34조제3항)을 신설함

부 칙 〈2011.2.21〉
제1조(시행일) 이 조례는 공포한 날부터 시행한다.
제2조(처분 등에 관한 경과조치) 이 조례 시행 당시 종전의 규정에 따라 행한 처분·절차 그 밖의 행위는 이 조례에 따라 행하여진 것으로 본다.

2 조례 제24조(현금청산 대상)제3항제4호(11.2.20~04.7.19)
③ 제1항 및 제2항을 적용함에 있어 다음 각 호의 어느 하나에 해당하는 경우에는 수인의 분양신청자를 1인의 분양대상자로 본다.
    4. 구역지정 공람공고일 이후 한 필지의 토지를 수개의 필지로 분할한 경우

부 칙〈2004.7.19〉
제1조(시행일) 이 조례는 공포한 날부터 시행한다.
제4조(일반적 경과조치) 인천광역시 재개발사업조례「인천광역시 주거환경개선지구조례」에 행하여진 처분·절차 그 밖의 행위는 이 조례에 의하여 행하여진 것으로 본다.

2. 소규모주택정비조례 【개정연혁】

조례 상 조합설립인가일, 주민협의체 구성신고일, 공공시행자 지정고시일, 지정개발자 지정고시일을 권리산정기준일로 규정함

1 조례 제19조제2항제4호(21.3 현재~18.11.5)
② 제1항에도 불구하고 다음 각 호의 어느 하나에 해당하는 경우에는 여러 명의 분양신청자를 1인의 분양대상자로 본다.
    4. 1필지의 토지를 권리산정기준일 후 여러 개의 필지로 분할한 경우

부 칙〈2018.11.5〉
제1조(시행일) 이 조례는 공포한 날부터 시행한다.
제2조(다른 조례와의 관계) 이 조례 시행 당시 다른 조례에서 종전의「인천광역시 도시정비조례」또는 그 규정을 인용한 경우 이 조례 중 그에 해당하는 규정이 있으면 종전의「인천광역시 도시정비조례」의 규정은 이 조례 또는 이 조례의 해당 규정을 인용한 것으로 본다.

● 광주광역시

1. 도시정비조례 【개정연혁】

1 조례 제37조제2항제4호(21.3 현재~18.11.15)
② 다음 각 호의 어느 하나에 해당하는 경우에는 여러 명의 분양신청자를 1인의 분양대상자로 본다.
   4. 권리산정기준일 후 한 필지의 토지를 여러 개의 필지로 분할한 경우

부 칙 〈2018.11.15〉
제1조(시행일) 이 조례는 공포한 날로부터 시행한다.

2 조례 제25조제2항제4호(18.11.14~12.5.15)
② 다음 각 호의 어느 하나에 해당하는 경우에는 여러 명의 분양신청자를 1인의 분양대상자로 본다.
   4. 구역지정 공람공고일 이후 한 필지의 토지를 수개의 필지로 분할한 경우〈개정 2012.5.15〉

12.5.15 조례시행일(04.3.25)→구역지정 공람공고일로 기준일로 개정됨

부 칙 〈2012.5.15〉
제1조(시행일) 이 조례는 공포 후 30일이 경과한 날부터 시행한다. 다만 제25조 규정은 2009년 2월 6일(법 제50조의2 시행일)부터 시행하며, 제42조로부터 제52조의 규정은 공포 후 6개월이 경과한 날부터 시행한다.
제2조(일반적 경과조치) 이 조례 시행 전에 종전의 규정에 의하여 행하여진 처분·절차 그 밖의 행위는 이 조례의 규정에 의하여 행하여진 것으로 본다.

3 조례 제25조제2항제4호(12.5.14~04.3.25)

② 다음 각 호의 어느 하나에 해당하는 경우에는 여러 명의 분양신청자를 1인의 분양대상자로 본다.
　4. 이 조례 시행일 이후 한 필지의 토지를 수개의 필지로 분할한 경우

부칙〈2004.3.25〉
제1조(시행일) 이 조례는 공포한 날로부터 시행한다.
제3조(일반적 경과조치) 이 조례 시행 전에 종전의 규정에 의하여 행하여진 처분, 절차 기타의 행위는 이 조례의 규정에 의하여 행하여진 것으로 본다.

2. 소규모주택정비조례 【개정연혁】

권리산정기준일은 토지등소유자가 사업시행자인 경우(주민합의체 구성을 신고한 날), 조합이 사업시행자가 되는 경우(조합설립인가일), 광주광역시 관할 자치구의 구청장 또는 토지주택공사 등이 사업시행자가 되는 경우(공공시행자 지정고시일), 지정개발자가 사업시행자로 지정되는 경우(지정개발자 지정고시일)에 따라 다름.

1 조례 제19조제2항제4호(21.3 현재~19.4.15)

② 제1항에도 불구하고 다음 각 호의 어느 하나에 해당하는 경우에는 여러 명의 분양신청자를 1인의 분양대상자로 본다.
　4. 1필지의 토지를 권리산정기준일 후 여러 개의 필지로 분할한 경우

부칙〈신설 2019.4.15〉
제1조(시행일) 이 조례는 공포한 날부터 시행한다.
제2조(다른 조례의 폐지) 「광주광역시 빈집 정비 지원 조례」는 폐지한다

● 대구광역시

1. 도시정비조례 【개정연혁】

1 조례 제36조(재개발사업의 분양대상 등)**제2항제3호**(21.3 현재~18.12.31)
② 제1항에 따른 공동주택 분양대상자 중 다음 각 호의 어느 하나에 해당하는 경우에는 여러 명의 분양신청자를 1명의 분양대상자로 본다.
   4. 1필지의 토지를 <u>권리산정기준일</u> 이후 여러 개의 필지로 나눈 경우

부 칙〈조례 제5197호, 2018.12.31〉
제1조(시행일) 이 조례는 공포한 날로부터 시행한다.
제6조(일반적 경과조치) 이 조례 시행 당시 종전의 「대구광역시 도시정비조례」에 따른 결정·처분·절차 및 그 밖의 행위는 이 조례에 따라 행하여진 것으로 본다.

2 조례 제22조(현금청산)**제1항제4호**(18.12.30~04.7.12)
① 주택재개발사업의 경우 법 제48조제2항제3호 및 영 제52조제1항제3호의 단서에 의하여 현금으로 청산할 수 있는 토지 또는 건축물은 다음 각 호의 1에 해당하는 경우를 말한다.
   4. 지적법 제2조제3호에 의한 1필지의 토지를 <u>구역지정공람 공고일</u> 이후에 분할취득 또는 공유지분으로 취득한 경우

부 칙〈2004.7.12〉
제1조(시행일) 이 조례는 공포한 날부터 시행한다.
제3조(일반적 경과조치) 이 조례 시행 전에 대구광역시 도시재개발사업조례, 「대구광역시 주거환경개선지구를 위한 특례에 관한 조례」 등에 의한 처분, 절차 및 그 밖의 행위는 이 조례의 규정에 의하여 행하여진 것으로 본다.

2. 소규모주택정비조례 【개정연혁】

조례 상 조합설립인가일, 주민협의체 구성신고일, 공공시행자 지정고시일, 지정개발자 지정고시일을 권리산정기준일로 규정함

1 조례 제26조제2항제4호(21.3 현재~18.10.1)
② 제1항에도 불구하고 다음 각 호의 어느 하나에 해당하는 경우에는 여러 명의 분양신청자를 1인의 분양대상자로 본다.
   4. 1필지의 토지를 권리산정기준일 후 여러 개의 필지로 분할한 경우

부 칙〈조례 제5161호, 2018.10.1〉
제1조(시행일) 이 조례는 공포한 날부터 시행한다.
제3조(일반적 경과조치) 이 조례 시행 당시 종전의 「대구광역시 도시정비조례」의 가로주택정비사업 및 주택재건축사업(정비구역이 아닌 구역에서 시행하는 주택재건축사업을 말한다. 이하 같다) 관련 규정에 따라 행하여진 처분·절차 및 행위는 이 조례의 관련 규정에 따라 행하여진 처분·절차 및 행위로 본다.
제4조(가로주택정비사업 등에 관한 경과조치) 종전 조례에 따라 시행 중인 가로주택정비사업 및 주택재건축사업은 각각 이 조례에 따른 가로주택정비사업과 소규모재건축사업으로 본다.

● 울산광역시

1. 도시정비조례 【개정연혁】

1 조례 제29조제2항제4호←제23조(재개발사업의 분양대상등)제2항제4호(21.3 현재 ~16.12.29)

② 제1항에도 불구하고 다음 각 호의 어느 하나에 해당하는 경우에는 여러 명의 분양신청자를 1명의 분양대상자로 본다.
   4. 1필지의 토지를 <u>권리산정 기준일</u> 후 수개의 필지로 분할한 경우

16.12.29 기준일을 구역지정 공람공고일→권리산정기준일로 개정함

부 칙 〈개정 2016.12.29 조례 제1691호〉
제1조(시행일) 이 조례는 공포한 날부터 시행한다.

2 조례 제23조(현금청산)제1항제4호(16.12.28~04.6.10)

① 주택재개발사업의 경우 법 제48조제2항제3호 및 영 제52조제1항제3호의 단서에 의하여 현금으로 청산할 수 있는 토지 또는 건축물은 다음 각 호의 1에 해당하는 경우를 말한다.
   4. 지적법 제2조제3호에 의한 1필지의 토지를 <u>구역지정공람 공고일</u> 이후에 분할취득 또는 공유지분으로 취득한 경우

부 칙 〈2004.6.10〉
①(시행일) 이 조례는 공포한 날부터 시행한다.
③(경과조치) 이 조례 시행 전에 종전 규정에 의하여 행하여진 처분 · 절차 그 밖의 행위는 이 조례에 의하여 행하여진 것으로 본다.

2. 소규모주택정비조례 【개정연혁】

조례 상 조합설립인가일, 주민협의체 구성신고일, 공공시행자 지정고시일, 지정개발자 지정고시일을 권리산정기준일로 규정함

1 조례 제19조제2항제4호(21.3 현재~19.7.11)
② 제1항에도 불구하고 다음 각 호의 어느 하나에 해당하는 경우에는 여러 명의 분양신청자를 1명의 분양대상자로 본다.
    4. 1필지의 토지를 권리산정기준일 후 여러 개의 필지로 분할한 경우

부 칙〈2019.7.11〉
이 조례는 공포한 날부터 시행한다.

● 경기도

권리산정기준일을 적용하지 않음

1. 도시정비조례 【개정연혁】

1 조례 제26조제1항(21.3 현재~18.10.1)
관련 규정 없음

전부개정으로 조문만 18조제3항→제26조제1항으로 이동함

부 칙 〈2018.10.1〉
제1조(시행일) 이 조례는 공포한 날로부터 시행한다.
제5조(주택공급 기준 등에 관한 적용례)
① 제26조제1항제3호의 개정규정은 조례 제3771호 경기도 도시정비조례 일부개정조례 시행일인 2008년 7월 25일 이후 최초로 건축허가 신청서를 접수한 분부터 적용한다.

2 조례 제18조제3항제4호(18.9.30~16.5.17)
③ 영 제63조제1항제3호에 의거 다음 각 호의 어느 하나에 해당하는 경우에는 분양대상자를 1인으로 본다.
   4. 삭제〈2016.05.17〉
   4. 한 필지의 토지를 수개의 필지로 분할한 경우

16.5.16 제4호와 함께 제1호, 제3호도 삭제함
1. 단독주택 또는 다가구주택 등의 건축물 준공 이후 다세대주택으로 전환된 경우
3. 하나의 대지 범위 안에 속하는 동일인 소유의 토지와 주택을 건축물 준공이후 토지와 주택으로 각각 분리하여 소유한 경우

부 칙 〈2016.5.17〉
제1조(시행일) 이 조례는 공포한 날부터 시행한다.

3 조례 제18조제3항제4호(16.5.16~07.4.9)

③ 영 제52조제1항제3호에 의거 다음 각 호의 어느 하나에 해당하는 경우에는 분양대상자를 1인으로 본다. [신설 2007.4.9]
  4. 한 필지의 토지를 수개의 필지로 분할한 경우

04.5.17~07.4.8 관련 규정 없다가, 07.4.9 신설함

부 칙〈2007.4.9〉
① (시행일) 이 조례는 공포한 날부터 시행한다.
② (분양대상 기준의 경과조치) 제18조제3항의 개정규정은 이 조례 시행 일 전에 지분 또는 구분소유 등기를 완료한 경우에는 가구별 또는 토지별 각각 1인을 분양대상자로 할 수 있다.

2. 소규모주택정비조례 【개정연혁】

조례에서 별도로 권리산정기준일을 정하지 않음

1 조례 제19조제1항(21.2 현재~18.11.29)

① 영 제31조제1항제3호 단서에 따라 분양대상에서 제외하는 토지 등 소유자는「경기도 도시정비조례」제26조제1항을 준용한다.

부 칙〈2018.11.29〉
제1조(시행일) 이 조례는 공포한 날부터 시행한다.
제2조(일반적 경과조치) 이 조례 시행 당시 종전의「경기도 도시정비조례」에 따른 결정·처분·절차 및 행위는 이 조례의 규정에 따라 행하여진 것으로 본다.

● 수원시

1. 도시정비조례 【개정연혁】

1 조례 제30조제3항제4호←제24조제3항제4호(21.3 현재~12.8.14)
③ 영 제52조제1항제3호에 의거 다음 각 호의 어느 하나에 해당하는 경우에는 분양대상자를 1인으로 본다.
  4. 한 필지의 토지를 권리산정기준일 후 여러 개의 필지로 분할한 경우

19.5.17 전부개정으로 내용 변경 없이 종전의 제24제3항제4호→제30조제3항제4호로 이동함

부 칙〈2019.5.17 조례 제3905호〉
제1조(시행일) 이 조례는 공포한 날부터 시행한다.
제5조(일반적 경과조치) 이 조례 시행당시 종전의 규정에 의한 결정·처분·절차 그 밖의 행위는 이 조례의 규정에 따라 행하여진 것으로 본다

부 칙〈2012.8.14〉
제1조(시행일) 이 조례는 공포한 날부터 시행한다.
제5조(권리산정기준일에 관한 적용례 및 경과조치) ① 제24조제3항은 이 조례 시행 후 최초로 기본계획(2020년 수원시 정비기본계획 포함)을 수립하는 분부터 적용한다.
② 이 조례 시행 전에 2010년 수원시 정비기본계획에 포함된 주택재개발사업 지역은 종전 경기도 도시정비조례(제4238호) 제18조제3항에 따른다.

2. 소규모주택정비조례 【개정연혁】

경기도와 달리 권리산정기준일을 주민협의체 구성 신고일, 조합설립인가일, 공공시행자 지정고시일, 지정개발자 지정고시일로 정함

1 조례 제20조제2항제2호(21.3 현재~19.3.29)
② 제1항에도 불구하고 다음 각 호의 어느 하나에 해당하는 경우에는 여러 명의 분양신청자를 1인의 분양대상자로 본다.
　2. 1필지의 토지를 권리산정기준일 후 여러 개의 필지로 분할한 경우

부 칙〈2019.3.29 조례 제3893호〉
제1조(시행일) 이 조례는 공포한 날부터 시행한다.
제3조(다른 조례의 개정) 수원시 도시계획조례 제70조제1항4호 및 5호 중「도시정비법」을「도시정비법」및「빈집 및 소규모주택 정비에 관한 특례법」으로 한다.
제4조(일반적 경과조치) 이 조례 시행 당시 종전의「수원시 도시정비조례」및「수원시 빈집정비 지원조례」에 따른 결정·처분·절차 및 행위는 이 조례의 규정에 따라 행하여진 것으로 본다.

서울특별시 도시정비조례 제36조제2항(토지와 건물 분리)

② 제1항에도 불구하고 다음 각 호의 어느 하나에 해당하는 경우에는 여러 명의 분양신청자를 1명의 분양대상자로 본다.
  5. 하나의 대지범위에 속하는 동일인 소유의 토지와 주택을 건축물 준공 이후 토지와 건축물로 각각 분리하여 소유하는 경우. 다만, 권리산정기준일 이전부터 소유한 토지의 면적이 90㎡ 이상인 자는 예외로 한다.

- "하나의 건축물이 하나의 대지범위 안에 속하는 토지를 점유하고 있는 경우로서 권리산정기준일 후 그 건축물과 분리하여 취득한 토지"는 해당 안 됨

제5호는 점유토지(종전 대전광역시의 경우)가 아닌 소유 토지이며, 단독주택 재건축사업에는 해당되지 않는 조문임

토지 총면적이 아닌 면적으로 합산에 해당되지 않음

법 제77조(권리산정기준일) 제1항제3호와 비교.
정비사업을 통하여 분양받을 건축물이 "하나의 대지 범위에 속하는 동일인 소유의 토지와 주택 등 건축물을 토지와 주택 등 건축물로 각각 분리하여 소유하는 경우"에 해당하면 제16조제2항 전단에 따른 고시가 있은 날 또는 시·도지사가 투기를 억제하기 위하여 기본계획 수립 후 정비구역 지정·고시 전에 따로 정하는 날(이하 이 조에서 "기준일")의 다음 날을 기준으로 건축물을 분양받을 권리를 산정한다.

■ 서울특별시 제36조제2항제5호

1. 도시정비조례 【개정연혁】

1 조례 제36조제2항제5호←제27조제2항제5호(21.3 현재~10.7.16)
② 제1항에도 불구하고 다음 각 호의 어느 하나에 해당하는 경우에는 여러 명의 분양신청자를 1명의 분양대상자로 본다.
  5. 하나의 대지범위에 속하는 동일인 소유의 토지와 주택을 건축물 준공 이후 토지와 건축물로 각각 분리하여 소유하는 경우. 다만, 권리산정기준일 이전부터 소유한 토지의 면적이 90㎡ 이상인 자는 예외로 한다.

10.7.16부터 '03.12.30 전→권리산정기준일 전'으로 변경함

부 칙 〈2018.7.19 제6899호〉
제1조(시행일) 이 조례는 공포한 날부터 시행한다.
제29조(권리산정기준일에 관한 적용례 및 경과조치) ① 제36조 개정규정은 서울특별시조례 제5007호 도시정비조례 일부개정조례 시행 이후 최초로 기본계획(정비예정구역에 신규로 편입지역 포함)을 수립하는 분부터 적용한다.
② 서울특별시조례 제5007호 도시정비조례 일부개정조례 시행 전에 기본계획이 수립되어 있는 지역 및 지구단위계획이 결정·고시된 지역은 종전의 도시정비조례(서울특별시조례 제5007호로 개정되기 전의 것을 말한다) 제27조에 따른다.

Q. 하나의 대지범위 안에 속하는 동일인 소유의 토지와 건축물을 건축물 준공이후 토지와 근린생활시설로 각각 분리하여 소유한 경우 토지소유자 분양권이 가능한지(구 조례 적용구역)?
A. 서울시 도시정비조례 부칙 제29조제2항에 '조례 제5007호 서울시 도시정비조례 일부개정조례 시행 전에 기본계획이 수립되어 있는 지역 및 지구단위계획이 결정·고시된 지역은 종전의 「서울시 도시정비조례」(조례 제5007호로 개정되기 전의 것을 말한다) 제27조 및 제28조에 따른다'고 규정하고 있고

구 도시정비조례 제27조1항제2호에서 '주택재개발사업으로 건립되는 공동주택의 분양대상자는 관리처분계획기준일 현재 분양신청자가 소유하고 있는 종전토지의 총면적이 건축조례 제29조제1호(90㎡)의 규모 이상인 자'로 규정하고 있으며,

같은 조 제2항5호에 따르면 '제1항에도 불구하고 하나의 대지범위 안에 속하는 동일인 소유의 토지와 주택을 건축물 준공 이후 토지와 주택으로 각각 분리하여 소유한 경우 수인의 분양신청자를 1인의 분양대상자로 본다.'고 규정하고 있음(서울시 주거정비과 2020.12.9)

Q. 하나의 대지범위에 속하는 토지와 단독주택을 각각 분리하여 소유한 경우 재개발사업 추진 시 각각 분양대상자가 될 수 있는지 [토지(109㎡) A소유, 단독주택 B소유] ?

A. 「서울시 도시정비조례」 제36조제2항제5호에 따르면 '하나의 대지범위에 속하는 동일인 소유의 토지와 주택을 건축물 준공 이후 토지와 건축물로 각각 분리하여 소유하는 경우 여러 명의 분양신청자를 1명의 분양대상자로 본다. 다만, 권리산정기준일 이전부터 소유한 토지의 면적이 90㎡ 이상인 자는 예외로 한다.'고 규정하고 있으므로

질의하신 분양대상 여부는 상기 규정에 해당 여부를 검토하여 판단할 사항임(서울시 주거정비과 2020.11.30)

② 조례 제27조제2항제5호←제24조제2항제5호(10.7.15~06.1.1)

② 제1항에 불구하고 다음 각 호의 어느 하나에 해당하는 경우에는 수인의 분양신청자를 1인의 분양대상자로 본다

5. 하나의 대지범위 안에 속하는 동일인 소유의 토지와 주택을 건축물 준공 이후 토지와 주택으로 각각 분리하여 소유한 경우.

다만, 2003.12.30 전에 토지와 주택으로 각각 분리하여 소유한 경우로서 토지의 규모가 건축조례 제25조제1호에 의한 규모 이상인 경우에는 그러하지 아니하다

조례 제정 시의 공유토지 지분면적이 아닌 토지와 주택을 각각 분리하여 소유한 토지의 규모를 대상으로 함

06.1.1부터 종전의 기준일을 '조례 시행일→2003.12.30'로 개정했으나, 사실상 내용은 바뀐 것이 없음

도시재정비법 제33조(토지등 분할거래)가 시행되면서 06.7.1 권리산정기준일이 재정비촉진지구 지정고시일로 규정됨(재정비촉진지구 지정고시 후 토지가 수개 필지로 분할, 단독, 다가구를 다세대로 전환, 토지와 주택등이 각각 분리하여 소유되는 경우)
이 조문은 09.2.6 도시정비법에 도입, 계수되어 시행됨.

부칙〈2006.1.1〉
①(시행일) 이 조례는 공포한 날부터 시행한다.

3 조례 제24조제2항제5호(05.12.3~03.12.30)
② 제1항에 불구하고 다음 각 호의 어느 하나에 해당하는 경우에는 수인의 분양신청자를 1인의 분양대상자로 본다
  5. 하나의 대지범위 안에 속하는 동일인 소유의 토지와 주택을 건축물 준공 이후 토지와 주택으로 각각 분리하여 소유한 경우. 다만 이 조례 시행일 전부터 공유지분으로 소유한 토지의 지분면적이 건축조례 제25조제1호에 의한 규모 이상인 자는 그러하지 아니하다.

조례 시행일(03.12.30)전부터 "공유지분으로 소유한 토지의 지분면적"이 건축조례 제25조제1호에 의한 규모 이상인 자를 분양대상자로 함

부칙〈2003.12.30〉
제1조(시행일) 이 조례는 공포한 날부터 시행한다.

2. 소규모주택정비조례 【개정연혁】

조례 상 조합설립인가일, 주민협의체 구성신고일, 공공시행자 지정고시일, 지정개발자 지정고시일을 권리산정기준일로 규정함

1 조례 제37조제2항제5호 (21.3 현재~18.12.31)

② 제1항에도 불구하고 다음 각 호의 어느 하나에 해당하는 경우에는 여러 명의 분양신청자를 1인의 분양대상자로 본다.
  5. 하나의 대지범위 안에 속하는 동일인 소유의 토지와 주택을 건축물 준공 이후 토지와 건축물로 각각 분리하여 소유하는 경우. 다만, 권리산정기준일 이전부터 소유한 토지의 면적이 90㎡ 이상인 자는 그러하지 아니한다.

Q. 권리산정기준일(조합설립인가일) 이전부터 토지와 건축물을 각각 분리하여 소유하고 있는 경우로서 토지 면적이 90㎡ 이상인 경우 토지 소유자도 분양자격이 있는지?

A. 서울시 소규모주택정비조례 제37조제2항제5호에 의거 "하나의 대지범위 안에 속하는 동일인 소유 토지와 주택을 준공 이후 토지와 건축물로 각각 분리하여 소유하는 경우"에는 원칙적으로 여러 명의 분양신청자를 1인의 분양대상자로 보도록 하고 있으나,
같은 호 단서규정 "권리산정기준일 이전부터 소유한 토지 면적이 90㎡ 이상인 자는 그러하지 아니하다"에 의거 토지면적 90㎡ 이상인 경우에는 상기 규정을 적용받지 않음 (서울시 주거환경개선과 2020.4.2)

부 칙 〈2018.12.31 제6946호〉
제1조(시행일) 이 조례는 공포한 날부터 시행한다.
제3조(경과조치) 이 조례 시행 당시 종전의 「서울특별시 빈집 활용 및 관리에 관한 조례」에 따른 지원은 이 조례에 의하여 행하여진 것으로 본다.

● 대전광역시

1. 도시정비조례 【개정연혁】

1 조례 제32조제2항제5호←제22조제2항제5호(21.3 현재~09.6.5)
② 다음 각 호의 어느 하나에 해당되는 경우에는 여러 명의 분양신청자를 1명의 분양대상자로 본다.
   5. 하나의 대지 범위에 속하는 동일인 소유의 토지와 주택 등 건축물을 토지와 주택등 건축물로 각각 분리하여 소유한 경우

토지와 주택의 분리 기준일 "건축물 준공일"을 삭제함
09.2.6 도시정비법 개정으로 '건축물 준공 이후'인 기준일을 삭제하고, 건축 준공 전이라도 건축물을 토지와 주택등 건축물로 각각 분리하여 소유한 경우 분양대상자에서 제외함

부 칙〈2009.6.5 조례 제3747호〉
이 조례는 공포한 날부터 시행한다.

2 조례 제22조제2항제5호(09.6.4~04.10.1)
② 다음 각 호의 어느 하나에 해당되는 경우에는 여러 명의 분양신청자를 1명의 분양대상자로 본다.
   5. 하나의 대지 범위 안에 속하는 동일인 소유의 토지와 주택을 건축물 준공 이후 토지와 주택으로 각각 분리하여 소유한 경우

토지와 주택의 분리 기준일을 '건축물 준공'으로 함

부 칙〈2004.10.1〉
제1조(시행일) 이 조례는 공포한 날부터 시행한다.
제3조(일반적 경과조치) 이 조례 시행당시 대전광역시 재개발사업조례 및 「대전광역시 주거환경개선지구조례」에 의한 처분·절차 및 그 밖의 행위는 이 조례에 의하여 행하여 진 것으로 본다.

2. 소규모주택정비조례 【개정연혁】

조례 상 조합설립인가일, 주민협의체 구성신고일, 공공시행자 지정고시일, 지정개발자 지정고시일을 권리산정기준일로 규정함

1 조례 제20조제2항제5호(21.3 현재~18.10.5)
② 제1항에도 불구하고 다음 각 호의 어느 하나에 해당하는 경우에는 여러 명의 분양신청자를 1명의 분양대상자로 본다.
  5. 하나의 대지범위 안에 속하는 동일인 소유의 토지와 주택을 <u>건축물 준공</u> 이후 토지와 건축물로 각각 분리하여 소유하는 경우

현행 도시정비조례에서는 건축물과 토지를 분리에 대한 기준일이 없으나, 소규모주택정비조례에서는 건축물 준공일로 함

부 칙 〈2018.10.5 조례 제5173호〉
제1조(시행일) 이 조례는 공포한 날부터 시행한다.
제2조(일반적 경과조치) 이 조례 시행 당시 종전의 「대전광역시 도시정비조례」의 가로주택정비사업 및 주택재건축사업(정비구역이 아닌 구역에서 시행하는 주택재건축사업을 말한다) 관련 규정에 따라 행하여진 처분·절차 및 행위는 이 조례의 관련 규정에 따라 행하여진 처분·절차 및 행위로 본다.

● 부산광역시

1. 도시정비조례 【개정연혁】

1 조례 제37조제2항제5호←조례 제22조제2항제5호(21.3 현재~12.12.26)
② 제1항에 따른 공동주택분양대상자중 다음 각 호의 어느 하나에 해당하는 경우에는 여러 명의 분양신청자를 1명의 분양대상자로 본다.
  5. 하나의 대지 범위에 속하는 동일인 소유의 토지와 주택을 법 제77조에 따른 <u>권리산정 기준일</u> 이후 토지와 주택으로 각각 분리하여 소유한 경우

부 칙〈2012.12.26〉
제1조(시행일) 이 조례는 공포한 날부터 시행한다.

2 조례 제22조제2항제5호(12.12.25~04.4.22)
② 제1항에 따른 공동주택분양대상자중 다음 각 호의 어느 하나에 해당하는 경우에는 여러 명의 분양신청자를 1명의 분양대상자로 본다.
  5. 하나의 대지 범위 안에 속하는 동일인 소유의 토지와 주택을 <u>건축물 준공</u> 이후 토지와 주택으로 각각 분리하여 소유한 경우

부 칙〈2004.4.22〉
제1조(시행일) 이 조례는 공포 후 1월이 경과한 날부터 시행한다.
제3조(일반적 경과조치) 이 조례 시행 전에 부산광역시 재개발사업조례 또는 「부산광역시 주거환경개선지구조례」에 의한 처분·절차 및 그 밖의 행위는 이 조례의 규정에 의하여 행하여진 것으로 본다.

2. 소규모주택정비조례 【개정연혁】

조례 상 조합설립인가일, 주민협의체 구성신고일, 공공시행자 지정고시일, 지정개발자 지정고시일을 권리산정기준일로 규정함

1 조례 제19조제2항제5호(21.3 현재~18.7.11)

② 제1항에도 불구하고 다음 각 호의 어느 하나에 해당하는 경우에는 여러 명의 분양신청자를 1인의 분양대상자로 본다.
  5. 하나의 대지범위 안에 속하는 동일인 소유의 토지와 주택을 권리산정기준일 이후 토지와 건축물로 각각 분리하여 소유하는 경우

부칙〈2018.7.11〉
제1조(시행일) 이 조례는 공포한 날부터 시행한다.
제3조(일반적 경과조치) 이 조례 시행 당시 종전의 「부산광역시 도시정비조례」의 가로주택정비사업 및 주택재건축사업(정비구역이 아닌 구역에서 시행하는 주택재건축사업을 말한다. 이하 같다) 관련 규정에 따라 행하여진 처분·절차 및 행위는 이 조례의 관련 규정에 따라 행하여진 처분·절차 및 행위로 본다.
제4조(가로주택정비사업 등에 관한 경과조치) 종전 조례에 따라 시행 중인 가로주택정비사업 및 주택재건축사업은 각각 이 조례에 따른 가로주택정비사업과 소규모재건축사업으로 본다.

● 인천광역시

1. 도시정비조례 【개정연혁】

1 조례 제34조제3항(정비사업의 분양대상 등)←**조례 제24조제3항**(21.3 현재~11.2.21)
③ 제2항에 불구하고 다음 각 호의 어느 하나에 해당하는 토지등소유자에게는 공동주택을 공급할 수 있다.
~~5. 하나의 대지범위에 속하는 동일인 소유의 토지와 주택을 건축물 준공이후 주택과 토지를 각각 분리하여 소유한 경우. 다만, 구역지정 공람공고일 이전 공유지분으로 소유한 토지의 지분면적이 건축조례 제28조에 의한 규모 이상인 자는 그러하지 아니하다.~~

11.2.21 전부개정으로 삭제됨

◆ 조례 제34조

제34조(정비사업의 분양대상 등) ① 법 제76조제1항제7호 가목에 따라 같은 세대에 속하지 아니하는 2명 이상이 공람공고일 이전에 하나의 토지를 공유한 경우에는 각 공유지분의 규모에 따라 다음 각 호와 같이 주택을 공급한다.
1. 토지면적 90㎡ 이상의 공유지분을 소유한 자에게는 각 1주택을 공급할 것
2. 토지면적 90㎡ 미만의 공유지분을 소유한 자가 2명 이상인 경우에는 해당 공유지분의 합이 토지면적 90㎡ 이상인 경우에 그 대표자에게 1주택을 공급할 것
② 영 제63조제1항제3호에 따른 공동주택의 분양대상자는 관리처분계획기준일 현재 다음 각 호의 기준에 적합하여야 한다.
1. 사업시행인가일을 기준으로 산정한 토지 및 건축물(기존무허가건축물을 포함한다) 가액의 합(부족한 금액을 해당 토지등소유자가 부담하는 경우 그 부담하는 금액을 포함한다)이 공동주택의 단위 세대별 추산액 중 최저가액 이상일 것
2. 토지만을 소유하고 있는 경우에는 해당 토지면적의 합(국·공유지를 점유·사용하고 있는 소유자에게 우선 매각하는 경우 그 면적을 포함한다)이 90㎡ 이상일 것
3. 둘 이상의 필지를 하나의 대지로 구획한 토지의 일부를 필지단위로 취득한 경우 취득시기 (부동산등기부상의 접수일자를 기준으로 한다)가 공람공고일 이전일 것

③ 제2항에 불구하고 다음 각 호의 어느 하나에 해당하는 토지등소유자에게는 공동주택을 공급할 수 있다.
1. 공람공고일 이전에 분할된 필지의 면적이 30㎡ 이상인 토지를 소유한 자로서 다음 각 목의 모든 요건에 저촉되지 아니하는 토지등소유자
   가. 소유하고 있는 토지의 지목이 도로인 경우에는 해당 토지가 사실상의 도로가 아닐 것
   나. 공람공고일부터 무주택세대주 일 것
2. 법 제123조제1항에 따라 재개발사업의 시행방식이 전환된 경우로서 종전의 사업시행방식에 따라 환지를 지정받은 토지등소유자
④ 제1항부터 제3항까지의 규정에 따른 관리처분의 기준을 적용할 때에는 토지등소유자 1명에게 1주택만 공급한다.

부칙〈2011.2.21〉
제1조(시행일) 이 조례는 공포한 날부터 시행한다.
제2조(처분 등에 관한 경과조치) 이 조례 시행 당시 종전의 규정에 따라 행한 처분·절차 그 밖의 행위는 이 조례에 따라 행하여진 것으로 본다.

2 조례 제24조(현금청산)제3항제5호(11.2.20~04.7.19)

③ 제1항 및 제2항을 적용함에 있어 다음 각 호의 어느 하나에 해당하는 경우에는 수인의 분양신청자를 1인의 분양대상자로 본다.
   5. 하나의 대지범위에 속하는 동일인 소유의 토지와 주택을 건축물 준공 이후 주택과 토지를 각각 분리하여 소유한 경우. 다만, 구역지정 공람공고일 이전 공유지분으로 소유한 토지의 지분면적이 건축조례 제28조에 의한 규모 이상인 자는 그러하지 아니하다.

부칙〈2004.7.19〉
제1조(시행일) 이 조례는 공포한 날부터 시행한다.
제3조(다른 조례와의 관계) 이 조례 시행 당시 다른 조례에서 종전 조례의 규정을 인용하고 있는 경우 이 조례 또는 이 조례의 해당규정을 인용한 것으로 본다.
제4조(일반적 경과조치) 인천광역시 재개발사업조례,「인천광역시 주거환경개선지구조례」에 행하여진 처분·절차 그 밖의 행위는 이 조례에 의하여 행하여진 것으로 본다.

2. 소규모주택정비조례 【개정연혁】

조례 상 조합설립인가일, 주민협의체 구성신고일, 공공시행자 지정고시일, 지정개발자 지정고시일을 권리산정기준일로 규정함
건축조례 규모 이상인 자가 아닌 90㎡로 한정함

1 조례 제19조제2항제5호(21.3 현재~18.11.5)
② 제1항에도 불구하고 다음 각 호의 어느 하나에 해당하는 경우에는 여러 명의 분양신청자를 1인의 분양대상자로 본다.
  5. 하나의 대지범위 안에 속하는 동일인 소유의 토지와 주택을 건축물 준공 이후 토지와 건축물로 각각 분리하여 소유하는 경우. 다만, 권리산정기준일 현재 해당 토지를 3년 이상 소유한 자로서 토지의 면적(해당 필지를 기준으로 한다)이 90㎡ 이상인 경우는 그러하지 아니하다.

도시정비조례와 달리, 권리산정기준일 현재 해당 토지를 3년 이상 소유한 자로서 토지의 면적(해당 필지를 기준으로 한다)이 90㎡ 이상인 경우는 분양대상자로 함.

부 칙〈2018.11.5 조례 제6029호〉
제1조(시행일) 이 조례는 공포한 날부터 시행한다.
제2조(다른 조례와의 관계) 이 조례 시행 당시 다른 조례에서 종전의 「인천광역시 도시정비조례」 또는 그 규정을 인용한 경우 이 조례 중 그에 해당하는 규정이 있으면 종전의 「인천광역시 도시정비 조례」의 규정은 이 조례 또는 이 조례의 해당 규정을 인용한 것으로 본다.

● 광주광역시

1. 도시정비조례 【개정연혁】

1 조례 제37조제2항(21.3 현재~20.12.15)

② 다음 각 호의 어느 하나에 해당하는 경우에는 여러 명의 분양신청자를 1인의 분양대상자로 본다.
  5. 하나의 대지범위에 속하는 동일인 소유의 토지와 주택을 권리산정기준일 이후 토지와 주택으로 각각 분리하여 소유한 경우〈개정 2019.4.15, 2020.12.15〉
     ~~다만 권리산정기준일 이전부터 공유지분으로 소유한 토지의 지분면적이 「광주광역시 건축조례」 제31조제1호에 따른 규모(용도지역 미구분) 이상인 자는 예외로 한다~~
     〈삭제〉

20.12.15 단서 조항 삭제

부 칙〈2020.12.15〉
제1조(시행일) 이 조례는 공포한 날부터 시행한다.

2 조례 제37조제2항제3호(19.12.31~19.4.15)

② 다음 각 호의 어느 하나에 해당하는 경우에는 여러 명의 분양신청자를 1인의 분양대상자로 본다.
  5. 하나의 대지범위에 속하는 동일인 소유의 토지와 주택을 건축물 준공이후 토지와 주택으로 각각 분리하여 소유한 경우. 다만 권리산정기준일 이전부터 공유지분으로 소유한 토지의 지분면적이 「광주광역시 건축조례」 제31조제1호에 따른 규모(용도지역 미구분) 이상인 자는 예외로 한다

19.4.15 조례 개정으로 괄호안의 내용이 추가됨
건축조례 제31조제1호의 규모는 주거지역의 대지 분할 제한면적인 60㎡ 이하를 말하는 것으로, 괄호안의 '용도지역 미구분'은 건축조례가 변경되어도 주거지역의 대지분할 제한면적을 의미하는 것임.

부칙〈2019.4.15〉
이 조례는 공포한 날부터 시행한다.

3 조례 제37조제2항제5호←제25조제2항제5호(19.4.14~18.11.15)

② 다음 각 호의 어느 하나에 해당하는 경우에는 여러 명의 분양신청자를 1인의 분양대상자로 본다.

  5. 하나의 대지범위에 속하는 동일인 소유의 토지와 주택을 건축물 준공이후 토지와 주택으로 각각 분리하여 소유한 경우. 다만 권리산정기준일 이전부터 공유지분으로 소유한 토지의 지분면적이 「광주광역시 건축조례」 제31조제1호에 따른 규모 이상인 자는 예외로 한다.

18.11.15 "구역지정 공람공고일→권리산정기준일"로 바뀜

부칙〈2018.11.15〉
제1조(시행일) 이 조례는 공포한 날로부터 시행한다.
제6조(일반적 경과조치) 이 조례 시행 당시 종전의 「광주광역시 도시정비조례」에 따른 결정·처분·절차 및 그 밖의 행위는 이 조례의 규정에 따라 행하여진 것으로 본다.

4 조례 제25조제2항제5호(18.11.14~12.5.15)

② 다음 각 호의 어느 하나에 해당하는 경우에는 여러 명의 분양신청자를 1인의 분양대상자로 본다.

  5. 하나의 대지범위 안에 속하는 동일인 소유의 토지와 주택을 건축물 준공 이후 토지와 주택으로 각각 분리하여 소유한 경우. 다만 구역지정 공람공고일 전부터 공유지분으로 소유한 토지의 지분면적이 건축조례 제31조제1호에 따른 규모 이상인 자는 그러하지 아니하다. 〈개정 2010.1.1, 2012.5.15〉

12.5.15 기준일이 "조례 제정 시행일(04.3.25)→구역지정 공람공고일"로 바뀜

부 칙〈2012.5.15〉

제1조(시행일) 이 조례는 공포 후 30일이 경과한 날부터 시행한다. 다만 제25조 규정은 2009.2.6(법 제50조의2 시행일)부터 시행하며, 제42조로부터 제52조의 규정은 공포 후 6개월이 경과한 날부터 시행한다.

제2조(일반적 경과조치) 이 조례 시행 전에 종전의 규정에 의하여 행하여진 처분ㆍ절차 그 밖의 행위는 이 조례의 규정에 의하여 행하여진 것으로 본다.

5 조례 제25조제2항제5호(12.5.14~04.3.25)

② 다음 각 호의 어느 하나에 해당하는 경우에는 여러 명의 분양신청자를 1인의 분양대상자로 본다.

　5. 하나의 대지범위 안에 속하는 동일인 소유의 토지와 주택을 건축물 준공 이후 토지와 주택으로 각각 분리하여 소유한 경우. 다만 이 조례 시행일 전부터 공유지분으로 소유한 토지의 지분면적이 건축조례 제41조제1호에 의한 규모 이상인 자는 그러하지 아니하다.

04.7.19 인천광역시 제정 시행된 도시정비조례도 이와 유사함

부 칙〈2004.3.25〉

제1조(시행일) 이 조례는 공포한 날로부터 시행한다.

제3조(일반적 경과조치) 이 조례 시행 전에 종전의 규정에 의하여 행하여진 처분, 절차 기타의 행위는 이 조례의 규정에 의하여 행하여진 것으로 본다.

2. 소규모주택정비조례 【개정연혁】

권리산정기준일은 토지등소유자가 사업시행자인 경우(주민합의체 구성을 신고한 날), 조합이 사업시행자가 되는 경우(조합설립인가일), 광주광역시 관할 자치구의 구청장 또는 토지주택공사 등이 사업시행자가 되는 경우(공공시행자 지정고시일), 지정개발자가 사업시행자로 지정되는 경우(지정개발자 지정고시일)에 따라 다름.

1 조례 제19조제2항제5호(21.3 현재~19.4.15)

② 제1항에도 불구하고 다음 각 호의 어느 하나에 해당하는 경우에는 여러 명의 분양신청자를 1인의 분양대상자로 본다.

    5. 하나의 대지범위 안에 속하는 동일인 소유의 토지와 주택을 권리산정기준일 이후 토지와 주택으로 각각 분리하여 소유한 경우

부 칙 〈신설 2019.4.15〉
제1조(시행일) 이 조례는 공포한 날부터 시행한다.
제2조(다른 조례의 폐지) 「광주광역시 빈집 정비 지원 조례」는 폐지한다.

● 대구광역시

1. 도시정비조례 【개정연혁】

1 **조례 제36조(재개발사업의 분양대상 등)제2항제5호**(21.3 현재~18.12.31)

② 제1항에 따른 공동주택 분양대상자 중 다음 각 호의 어느 하나에 해당하는 경우에는 여러 명의 분양신청자를 1명의 분양대상자로 본다.
  5. 하나의 대지 범위에 속하는 동일인 소유의 토지와 주택을 <u>권리산정기준일</u> 이후 토지와 주택으로 각각 분리하여 소유한 경우

부 칙〈조례 제5197호, 2018.12.31〉
제1조(시행일) 이 조례는 공포한 날로부터 시행한다.
제6조(일반적 경과조치) 이 조례 시행 당시 종전의 「대구광역시 도시정비조례」에 따른 결정·처분·절차 및 그 밖의 행위는 이 조례에 따라 행하여진 것으로 본다.

2 **조례 제22조(현금청산)제1항제3호**(18.12.30~04.7.12)

① 주택재개발사업의 경우 법 제48조제2항제3호 및 영 제52조제1항제3호의 단서에 의하여 현금으로 청산할 수 있는 토지 또는 건축물은 다음 각 호의 1에 해당하는 경우를 말한다.
  3. 하나의 건축물이 하나의 대지에 속하는 토지를 점유하고 있는 경우로서 <u>구역지정 공람공고일</u> 이후에 그 건축물과 토지를 분리하여 취득하거나, 그 건축물 또는 토지의 일부를 취득한 경우

부 칙〈2004.7.12〉
제1조(시행일) 이 조례는 공포한 날부터 시행한다.
제3조(일반적 경과조치) 이 조례 시행 전에 대구광역시 도시재개발사업조례,「대구광역시 주거환경개선지구를 위한 특례에 관한 조례」 등에 의한 처분, 절차 및 그 밖의 행위는 이 조례의 규정에 의하여 행하여진 것으로 본다.

2. 소규모주택정비조례 【개정연혁】

조례 상 조합설립인가일, 주민협의체 구성신고일, 공공시행자 지정고시일, 지정개발자 지정고시일을 권리산정기준일로 규정함

1 조례 제26조제2항제5호(21.3 현재~18.10.1)
② 제1항에도 불구하고 다음 각 호의 어느 하나에 해당하는 경우에는 여러 명의 분양신청자를 1인의 분양대상자로 본다.
　5. 하나의 대지범위 안에 속하는 동일인 소유의 토지와 주택을 권리산정기준일 이후 토지와 주택으로 각각 분리하여 소유한 경우

부 칙 〈조례 제5161호, 2018.10.1〉
제1조(시행일) 이 조례는 공포한 날부터 시행한다.
제3조(일반적 경과조치) 이 조례 시행 당시 종전의 「대구광역시 도시정비조례」의 가로주택정비사업 및 주택재건축사업(정비구역이 아닌 구역에서 시행하는 주택재건축사업을 말한다. 이하 같다) 관련 규정에 따라 행하여진 처분·절차 및 행위는 이 조례의 관련 규정에 따라 행하여진 처분·절차 및 행위로 본다.
제4조(가로주택정비사업 등에 관한 경과조치) 종전 조례에 따라 시행 중인 가로주택정비사업 및 주택재건축사업은 각각 이 조례에 따른 가로주택정비사업과 소규모재건축사업으로 본다.

● 울산광역시

1. 도시정비조례 【개정연혁】

1 조례 제29조제2항제5호←제23조(재개발사업의 분양대상등)제2항제5호(21.3 현재~ 16.12.29)

② 제1항에도 불구하고 다음 각 호의 어느 하나에 해당하는 경우에는 수인의 분양 신청자를 1인의 분양대상자로 본다.

   5. 하나의 대지범위 안에 속하는 동일인 소유의 토지와 주택을 건축물 준공 이후 토지와 건축물로 각각 분리하여 소유하는 경우. 다만, 권리산정 기준일 이전부터 소유한 토지의 면적이 「울산광역시 건축조례」 제50조제1호의 규모 이상인 자는 그러하지 아니한다.

◆ 조례 제23조제5항의 개정

제23조(주택재개발사업의 분양대상 등) ③ 제1항제2호의 종전 토지의 총면적 및 제1항제3호의 권리가액을 산정함에 있어 다음 각 호의 어느 하나에 해당하는 토지는 포함하지 아니한다. 〈개정 2007.5.10, 2010.12.31, 2013.3.14, 2016.12.29〉

1. 「건축법」 제2조제1항제1호에 따른 하나의 대지범위 안에 속하는 토지가 여러 필지인 경우 권리산정 기준일 후에 그 토지의 일부를 취득하였거나 공유 지분으로 취득한 토지
2. 하나의 건축물이 하나의 대지범위 안에 속하는 토지를 점유하고 있는 경우로서 권리산정 기준일 후 그 건축물과 분리하여 취득한 토지
   가. 삭제 〈2016.12.29〉
   나. 삭제 〈2016.12.29〉
3. 1필지의 토지를 권리산정 기준일 후 분할하여 취득하거나 공유로 취득한 토지

부 칙 〈개정 2016.12.29 조례 제1691호〉
제1조(시행일) 이 조례는 공포한 날부터 시행한다.

2 조례 제23조(현금청산)제1항제3호(16.12.28~04.6.10)

① 주택재개발사업의 경우 법 제48조제2항제3호 및 영 제52조제1항제3호에 의하여 현금으로 청산할 수 있는 토지 또는 건축물은 다음 각 호의 1에 해당하는 경우를 말한다.

　3. 하나의 건축물이 하나의 대지에 속하는 토지를 점유하고 있는 경우로서 <u>구역지정 공람공고일</u> 후에 그 건축물과 토지를 분리하여 취득하거나, 그 건축물 또는 토지의 일부를 취득한 경우

③ 제1항 및 제2항을 적용함에 있어 다음 각 호의 1에 해당하는 경우에는 수인의 분양신청자를 1인의 분양대상자로 본다.

　1. 수인의 분양신청자가 하나의 세대(세대주와 동일한 세대별 주민등록표상에 등재되어 있지 아니한 세대주의 배우자 및 배우자와 동일한 세대를 이루고 있는 세대원을 포함한다)인 경우

　2. 하나의 토지 또는 주택을 수인이 소유하고 있는 경우. 다만, 정비구역 지정공람공고일 3월 이전부터 다가구주택을 건축물 준공 이후 다세대주택으로 전환된 주택을 취득하여 부동산등기를 완료한 경우에는 포함하지 아니한다.

부칙〈2004.6.10〉

①(시행일) 이 조례는 공포한 날부터 시행한다.

③(경과조치) 이 조례 시행 전에 종전 규정에 의하여 행하여진 처분·절차 그 밖의 행위는 이 조례에 의하여 행하여진 것으로 본다.

2. 소규모주택정비조례 【개정연혁】

조례 상 조합설립인가일, 주민협의체 구성신고일, 공공시행자 지정고시일, 지정개발자 지정고시일을 권리산정기준일로 규정함

1 조례 제19조제2항제5호(21.3 현재~19.7.11)

② 제1항에도 불구하고 다음 각 호의 어느 하나에 해당하는 경우에는 여러 명의 분양신청자를 1명의 분양대상자로 본다.
  5. 하나의 대지범위 안에 속하는 동일인 소유의 토지와 주택을 건축물 준공 이후 토지와 건축물로 각각 분리하여 소유하는 경우

부 칙〈2019.7.11〉
이 조례는 공포한 날부터 시행한다.

● 경기도

1. 도시정비조례 【개정연혁】

1 조례 제26조제1항←제18조제3항제3호(21.3 현재~16.5.17)
관련 규정 없음

~~제18조(주택공급 기준등)~~
~~③ 영 제52조제1항제3호에 의거 다음 각 호의 어느 하나에 해당하는 경우에는 분양대상자를 1인으로 본다.~~
~~3. 하나의 대지 범위 안에 속하는 동일인 소유의 토지와 주택을 건축물 준공이후 토지와 주택으로 각각 분리하여 소유한 경우~~

◆ 조례 제26조

제26조(주택공급 기준 등) ① 영 제63조제1항제3호 단서에 따라 다음 각 호의 어느 하나에 해당하는 경우에는 분양대상자를 1명으로 본다.
1. 관리처분계획 기준일 현재 여러 명의 분양신청자가 하나의 세대인 경우. 이 경우 세대주와 동일한 세대별 주민등록표에 등재되어 있지 않은 세대주의 배우자 및 배우자와 동일한 세대를 이루고 있는 세대원을 포함한다.
2. 하나의 주택 또는 한 필지의 토지를 수인이 소유하고 있는 경우. 다만, 2008년 7월 25일 이전부터 공유지분으로 소유한 토지의 지분면적이 「건축법」 제57조제1항에 따른 해당 시·군 조례로 정하는 면적 이상인 자는 그러하지 아니하다.
3. 기존 건축물을 철거하고 공동주택을 건축하는 경우(건축물이 없는 토지에 신축하는 경우를 포함한다). 다만, 해당 공동주택의 주거전용면적이 해당 정비사업으로 건립되는 분양용 공동주택의 최소 주거전용면적 이상인 자에 대하여는 그러하지 아니한다.

2016.5.17 제3호 삭제함

부칙 〈2016.5.17〉
제1조(시행일) 이 조례는 공포한 날부터 시행한다.

2 조례 제18조제3항제3호(16.5.16~07.4.9)

③ 영 제52조제1항제3호에 의거 다음 각 호의 어느 하나에 해당하는 경우에는 분양대상자를 1인으로 본다.
  3. 하나의 대지 범위 안에 속하는 동일인 소유의 토지와 주택을 건축물 준공이후 토지와 주택으로 각각 분리하여 소유한 경우

04.5.17~07.4.8까지 관련 규정 없음

부칙 〈2007.4.9〉
① (시행일) 이 조례는 공포한 날부터 시행한다.
② (분양대상 기준의 경과조치) 제18조제3항의 개정규정은 이 조례 시행 일 전에 지분 또는 구분소유 등기를 완료한 경우에는 가구별 또는 토지별 각각 1인을 분양대상자로 할 수 있다.

2. 소규모주택정비조례 【개정연혁】

조례에서 권리산정기준일을 정하지 않음

1 조례 제19조제1항(21.3 현재~18.11.29)

① 영 제31조제1항제3호 단서에 따라 분양대상에서 제외하는 토지 등 소유자는 「경기도 도시정비조례」 제26조제1항을 준용한다.

'하나의 대지 범위 안에 속하는 동일인 소유의 토지와 주택을 건축물 준공 이후 토지와 주택으로 각각 분리하여 소유한 경우'에 대한 규정을 삭제한 도시정비조례를 준용함

부칙 〈2018.11.29〉
제1조(시행일) 이 조례는 공포한 날부터 시행한다.
제2조(일반적 경과조치) 이 조례 시행 당시 종전의 「경기도 도시정비조례」에 따른 결정·처분·절차 및 행위는 이 조례의 규정에 따라 행하여진 것으로 본다.

● 수원시

1. 도시정비조례 【개정연혁】

1 조례 제30조제3항제3호←제24조제3항제3호(21.3 현재~12.8.14)

③ 영 제63조제1항제3호에 따라서 다음 각 호의 어느 하나에 해당하는 경우에는 분양대상자를 1명으로 본다.

   3. 하나의 대지 범위 안에 속하는 동일인 소유의 토지와 주택을 권리산정기준일 후 토지와 주택으로 각각 분리하여 소유한 경우

19.5.17 전부개정으로 내용 변화 없이 제24조제3항제3호→제30조제3항제3호로 위치만 이동함

부칙
제1조(시행일) 이 조례는 공포한 날부터 시행한다.
제5조(권리산정기준일에 관한 적용례 및 경과조치) ① 제24조제3항은 이 조례 시행 후 최초로 기본계획(2020년 수원시 정비기본계획 포함)을 수립하는 분부터 적용한다.
② 이 조례 시행 전에 2010년 수원시 정비기본계획에 포함된 주택재개발사업 지역은 종전 경기도 도시정비조례(제4238호) 제18조제3항에 따른다.
제6조(일반적 경과조치) 이 조례 시행당시 종전의 규정에 의한 결정·처분·절차 그 밖의 행위는 이 조례의 규정에 따라 행하여진 것으로 본다. 다만, 인가·허가·승인(심의 포함) 등 신청 중인 경우에는 종전의 규정에 따른다

2. 소규모주택정비조례 【개정연혁】

경기도와 달리 권리산정기준일을 주민협의체 구성 신고일, 조합설립인가일, 공공시행자 지정고시일, 지정개발자 지정고시일로 정함

1 조례 제20조제2항(21.3 현재~19.3.29)
관련 규정 없음

◆ 조례 제20조

제20조(가로주택정비사업의 분양대상) ② 제1항에도 불구하고 다음 각 호의 어느 하나에 해당하는 경우에는 여러 명의 분양신청자를 1인의 분양대상자로 본다.
1. 단독주택 또는 다가구주택을 권리산정기준일 후 다세대주택으로 전환한 경우
2. 1필지의 토지를 권리산정기준일 후 여러 개의 필지로 분할한 경우
3. 권리산정기준일 후 나대지에 건축물을 새로이 건축하거나 기존 건축물을 철거하고 다세대주택, 그 밖에 공동주택을 건축하여 토지등소유자가 증가되는 경우

부 칙 〈2019.3.29 조례 제3893호〉
제1조(시행일) 이 조례는 공포한 날부터 시행한다.
제3조(다른 조례의 개정) 수원시 도시계획조례 제70조제1항4호 및 5호 중 「도시정비법」을 「도시정비법」 및 「빈집 및 소규모주택 정비에 관한 특례법」으로 한다.
제4조(일반적 경과조치) 이 조례 시행 당시 종전의 「수원시 도시정비조례」 및 「수원시 빈집정비 지원조례」에 따른 결정·처분·절차 및 행위는 이 조례의 규정에 따라 행하여진 것으로 본다.

서울특별시 도시정비조례 제36조제2항(신축쪼개기, 신축다세대 또는 신축빌라)

② 제1항에도 불구하고 다음 각 호의 어느 하나에 해당하는 경우에는 여러 명의 분양신청자를 1명의 분양대상자로 본다.
   6. 권리산정기준일 후 나대지에 건축물을 새로 건축하거나 기존 건축물을 철거하고 다세대주택, 그밖에 공동주택을 건축하여 토지등소유자가 증가되는 경우

- 06.7.1 도시재정비법 시행으로 제33조(토지등분할거래)에서 최초로 권리산정기준일 제도가 도입되고, 08.7.30 도시정비조례를 개정하여 신축다세대(신축조개기)를 규제함.
08.12.31 도시재정비법상 신축쪼개기 금지가 추가되고 09.2 6 도시정비법에 그대로 계수됨(같은 날 법 제19조를 개정해 공유자, 1세대, 1인의 다주택자에 대한 규제를 재건축, 재개발 모두에 적용시킴)

08.7.30 신축쪼개기 금지 도입 당시 "다만, 해당 공동주택의 주거전용면적이 당해 정비사업으로 건립되는 분양용 공동주택의 최소 주거전용면적 이상인 경우에는 그러하지 아니하다"는 예외규정을 두었다가, 10.7.15 조례 개정 시에 단서 삭제함(10.7.16 전까지 정비기본계획이 수립되어 있으면 단서 조항의 적용을 받지만, 그 이후의 경우에는 적용받지 못함)

반면 대전광역시는 신축쪼개기에 대한 도시정비조례에서 규제 규정이 없음. 그러나 재정비촉진지구 내 신축쪼가기의 경우, 도시재정비법 제33조에 의한 규제를 받는지 여부에 대한 검토가 필요(재정비 촉진지구 지정일이 권리산정기준일)

단독주택 재건축도 같은 조문을 두고 있음
재개발은 10.7.15까지 정비기본계획이나 지구단위계획이 수립되어 있으면 08.7.29까지 건축허가 신청분까지 각자 분양대상이 될 수 있음.

단독주택 재건축의 경우에는 09.4.21까지 건축허가 신청 분의 경우 각자 분양대상자임

법 제77조(권리산정기준일)제1항제4호와 비교.

정비사업을 통하여 분양받을 건축물이 "나대지에 건축물을 새로 건축하거나 기존 건축물을 철거하고 다세대주택, 그 밖의 공동주택을 건축하여 토지등소유자의 수가 증가하는 경우"에 해당하는 경우 제16조제2항 전단에 따른 고시가 있은 날 또는 시·도지사가 투기를 억제하기 위하여 기본계획 수립 후 정비구역 지정·고시 전에 따로 정하는 날(이하 이 조에서 "기준일")의 다음 날을 기준으로 건축물을 분양받을 권리를 산정한다.

■ 서울특별시 제36조제2항제6호

1. 도시정비조례 【개정연혁】

1 조례 제36조제2항제6호←제27조제2항제6호(21.3 현재~10.7.16)
② 제1항에도 불구하고 다음 각 호의 어느 하나에 해당하는 경우에는 여러 명의 분양신청자를 1인의 분양대상자로 본다.
　6. 권리산정기준일 후 나대지에 건축물을 새로 건축하거나 기존 건축물을 철거하고 다세대주택, 그밖에 공동주택을 건축하여 토지등소유자가 증가되는 경우. ~~다만, 신축한 공동주택의 주거전용면적이 해당 정비사업으로 건립되는 분양용 공동주택의 최소 주거전용면적 이상인 경우에는 그러하지 아니하다.~~

종전과 달리 단독, 비주거용건축물이 아닌 나대지, 기존건축물을 대상으로 함.
"기존의 공동주택을 세대수를 늘려 신축한 경우로 포함한다"는 규정이 삭제되었으나, 신설된 "그밖에 공동주택을 건축하여 토지등소유자가 증가되는 경우"에 포함되는 것으로 보임

10.7.16부터 단서가 삭제되어 예외규정 적용이 불가함. 단 10.7.16 이전 정비기본계획이 수립되어 있는 지역은 삭제된 단서를 적용 받을 수 있음

부 칙 〈2010.7.15 제5007호〉
제1조(시행일) 이 조례는 2010.7.16부터 시행한다.
제3조(권리산정기준일에 관한 적용례 및 경과조치) ① 제27조 및 제28조 개정규정은 최초로 기본계획(정비예정구역에 신규로 편입지역 포함)을 수립하는 분부터 적용한다.
② 이 조례 시행 전에 기본계획이 수립되어 있는 지역 및 지구단위계획이 결정·고시된 지역은 종전규정(제27조 및 제28조)에 따른다.

부 칙 〈2018.7.19 제6899호〉
제1조(시행일) 이 조례는 공포한 날부터 시행한다.
제26조(분양대상 기준의 적용례 및 경과조치) ③ 제36조제2항6호의 개정규정에도 불구하고 서울특별시 조례 제4657호 도시정비조례 일부개정조례 시행 후 최초로 건축허가를 신청하는 경

우 분부터 적용한다.

제29조(권리산정기준일에 관한 적용례 및 경과조치) ① 제36조 개정규정은 서울특별시조례 제5007호 도시정비조례 일부개정조례 시행 이후 최초로 기본계획(정비예정구역에 신규로 편입지역 포함)을 수립하는 분부터 적용한다.

② 서울특별시조례 제5007호 도시정비조례 일부개정조례 시행 전에 기본계획이 수립되어 있는 지역 및 지구단위계획이 결정·고시된 지역은 종전의 도시정비조례(조례 제5007호로 개정되기 전의 것을 말한다) 제27조에 따른다.

Q. 도시정비조례 제36조제2항제6호 '권리산정기준일 후 나대지에 건축물을 새로 건축하거나 기존 건축물을 철거하고 다세대주택, 그 밖에 공동주택을 건축하여 토지등소유자가 증가되는 경우'와 관련. '건축'의 의미가 건축허가일인지? 등기접수일인지?

A. '토지등소유자"는 도시정비법 제2조 제9호에 의거 정비구역에 위치한 토지 또는 건축물 소유자 또는 그 지상권자로 규정하고 있으며,

'건축'이란 건축법 제2조제1항제8호 건축물을 신축·증축·개축·재축·하거나 건축물을 이전하는 것을 말한다고 규정하고 있으며, 부동산등기법 제6조 제2항 등기관이 등기를 마친 경우 그 등기는 접수한 때부터 효력 발생한다고 규정하고 있음(서울시 주거정비과 2020.11.26).

---

2 조례 제27조제2항제6호(10.7.15~09.7.30)

② 제1항에도 불구하고 다음 각 호의 어느 하나에 해당하는 경우에는 여러 명의 분양신청자를 1인의 분양대상자로 본다.

   6. 단독주택 또는 <u>비주거용건축물</u>을 공동주택으로 신축한 경우(기존의 공동주택을 세대수를 늘려 신축한 경우를 포함한다). 다만, <u>신축한 공동주택</u>의 주거전용면적이 해당 정비사업으로 건립되는 분양용 공동주택의 최소 주거전용면적 이상인 경우에는 그러하지 아니하다.

03.12.30~10.7.15까지 규제 대상이 단독주택 도는 비주거용건축물이 그 대상이었고, 기존의 공동주택을 세대수를 늘려 신축한 경우도 포함됨

09.7.30 개정 시에 종전의 "해당 공동주택"을 "신축한 공동주택"으로 그 범위를 명확히 함

부칙 〈2009.7.30〉
제1조(시행일) 이 조례는 공포한 날부터 시행한다

Q1. (가칭)전농9구역의 경우 기본계획이 수립되어 있다면, 2008.7.30 이후 건축한 다세대주택(빌라)의 전용면적이 새로 짓는 아파트의 최소전용면적 이하인 경우에는 각 세대별(빌라)수에 따라 아파트 입주권을 받지 못하고 현금청산해야 하는지?

Q2. (가칭)전농9구역은 기본계획이 수립된 지역이라 하더라도 정비'예정'구역으로 향후 정비구역으로 지정 고시된다면 그 고시일이 권리산정기준일이 되어야 맞는 것 같은데, 기본계획이 수립되고 정비예정구역으로 지정 고시된 지역이라는 이유만으로 서울시 구 조례를 적용한다는 것은 상위에 있는 도시정비법과 차이가 없는지?

Q3. 정비예정구역으로 지정된 지역 외에 추가로 인근 주변지역을 편입 확대하여 정비구역 지정 할 경우 2008.7.30 이후에 건축된 다세대주택(빌라) 중에서 기존 정비예정구역 안에 신축된 다세대주택(빌라)은 아파트 입주권을 못 받고 추가로 편입된 지역의 신축 다세대주택(빌라)은 아파트 입주권을 받을 수 있는 것에 대한 형평성이 있는지?

Q4. 서울시에서 따로 정해 놓은 기준일이 고시되어 있는지?

Q5. 2008.7.30 이후 건축한 다세대주택(빌라)이 아파트 입주권을 받지 못하고 현금청산 해야 하는 경우가 있다면 그 근거는 무엇인지?

A1. (가칭)전농9구역은 서울시고시 제2004-204호(2004.6.25)에 의거 정비기본계획 상 정비예정구역으로 편입된 지역으로 서울시 도시정비조례(2008.7.30) 제24제2항제6호에 따르면, 단독주택 또는 비주거용건축물을 공동주택으로 신축한 경우(기존의 공동주택을 세대수를 늘려 신축한 경우를 포함한다)에 그 수인의 분양신청자를 1인의 분양 대상자로 본다고 규정하고 있으나, 다만, 해당 공동주택의 주거전용면적이 당해 정비사업으로 건립되는 분양용 공동주택의 최소 주거전용면적 이상인 경우에는 그러하지 아니한다고 규정하고 이 조례의 부칙(제4657호)제1조에 따라 공포한 날(2008.7.30)부터 시행한다고 규정하고 있음.

A2. 서울시 도시정비조례 제2조제11호에 따르면, '권리산정기준일'은 도시정비법 제77조에 따른 건축물의 분양받을 권리를 산정하기 위한 기준일로서 같은 법 제16조제2항에 따른 고시가 있는 날 또는 시장이 투기를 억제하기 위하여 기본계획 수립 후 정비구역 지정·고시 전에 따로 정하는 날을 규정하고 있음.

A3, A4. 정비예정구역으로 지정된 지역 외에 추가로 인근 주변지역을 편입 확대하여 정비구역 지정할 경우 2008.7.30 이후 건축된 다세대주택(빌라) 중에서 기존 정비예정구역 안에 신축된 다세대주택(빌라)은 아파트 입주권을 못 받고 추가로 편입된 지역의 신축 다세대주택(빌라)은 아파트 입주권을 받을 수 있는 것은 도시정비법 등 서울특별시 정비조례 규정이 외는 별도의 규정이 없으며, 또한 기본계획 수립 후 정비구역 지정·고시 전에 따로 정하는 날을 고시한 사항이 없음.

A5. 입주권을 받지 못하고 현금청산 해야 하는 경우가 있다면 도시정비법 제73조제1항제4호에 따라 같은 법 제74조에 따라 인가된 관리처분계획에 따라 분양대상에서 제외된 자는 사업시행자는 관리처분계획이 인가·고시된 다음 날부터 90일 이내에 토지, 건축물 또는 그 밖의 권리의 손실보상에 관한 협의를 하여야 한다고 규정하고 있음(서울시 재생협력과 2018.9.21).

---

3 조례 제24조제2항제6호(09.7.29~08.7.30)

② 제1항에도 불구하고 다음 각 호의 어느 하나에 해당하는 경우에는 여러 명의 분양신청자를 1인의 분양대상자로 본다.
  6. 단독주택 또는 비주거용건축물을 공동주택으로 신축한 경우(기존의 공동주택을 세대수를 늘려 신축한 경우를 포함한다). 다만, <u>해당 공동주택</u>의 주거전용면적이 당해 정비사업으로 건립되는 분양용 공동주택의 최소 주거전용면적 이상인 경우에는 그러하지 아니하다.

08.7.30 신축다세대 규제 조항이 신설되어 이 날부터 최초 건축허가 신청분부터 적용함

부 칙 〈조례 제4657호, 2008.7.30〉
제3조(분양대상 등에 관한 경과조치) 제24조제2항제6호의 개정규정은 이 조례 시행(08.7.30) 후 최초로 건축허가를 신청하는 분부터 적용한다.

2. 소규모주택정비조례 【개정연혁】

조례 상 조합설립인가일, 주민합의체 구성신고일, 공공시행자 지정고시일, 지정개발자 지정고시일을 권리산정기준일로 규정함

1 조례 제37조제2항제6호(2-.3 현재~18.12.31)
② 제1항에도 불구하고 다음 각 호의 어느 하나에 해당하는 경우에는 여러 명의 분양신청자를 1인의 분양대상자로 본다.
  6. 권리산정기준일 후 나대지에 건축물을 새로이 건축하거나 기존 건축물을 철거하고 다세대주택, 그밖에 공동주택을 건축하여 토지등소유자가 증가되는 경우

서울특별시 구 도시정비조례 제27조제2항제6호 단서인 "신축한 공동주택의 주거전용면적이 해당 정비사업으로 건립되는 분양용 공동주택의 최소 주거전용면적 이상인 경우에는 그러하지 아니하다"는 규정은 두지 않음

부 칙 〈2018.12.31 제6946호〉
제1조(시행일) 이 조례는 공포한 날부터 시행한다.
제3조(경과조치) 이 조례 시행 당시 종전의 「서울특별시 빈집 활용 및 관리에 관한 조례」에 따른 지원은 이 조례에 의하여 행하여진 것으로 본다.

● 대전광역시

1. 도시정비조례 【개정연혁】

도시정비조례에 신축쪼개기 규제를 21.3월 현재까지 하지 않음
재정비촉진지구 내 존치정비구역이나 존치관리구역에서의 신축쪼개기(예, 서구 도마변동의 경우)로 빌라나 다세대가 증가하고 있으나 신축쪼개기 규제 대책이 없는 실정임.

도시재정비법 제33조(토지등 분할거래)에서 06.7.1 권리산정기준일이 재정비촉진지구지정고시일이라 규정한 바 있으며, 08.12.31 나대지 또는 기존 건축물 철거 후 신축다세대의 경우도 추가됨.

2. 소규모주택정비조례 【개정연혁】

도시정비조례에 신축쪼개기 규정이 없는 반면, 소규모주택정비조례에서는 제정 시부터 규정을 둠
소규모주택정비조례 상 권리산정기준일은 조합설립인가일, 주민협의체 구성신고일, 공공시행자 지정고시일, 지정개발자 지정고시일로 정함

1 조례 제20조제2항제6호(21.3 현재~18.10.5)
② 제1항에도 불구하고 다음 각 호의 어느 하나에 해당하는 경우에는 여러 명의 분양신청자를 1명의 분양대상자로 본다.
   6. 권리산정기준일 후 나대지에 건축물을 새로 건축하거나 기존 건축물을 철거하고 다세대주택, 그 밖의 공동주택을 건축하여 토지등소유자가 증가되는 경우
④ 법 제33조제3항제7호 가목[36]에 따라 2명 이상이 하나의 토지를 공유한 경우 「건축법」 제정(1962.1.20) 이전에 가구별로 독립된 주거의 형태로 건축물이 건축되어 있고 가구별로 지분등기가 되어 있는 토지로서 정관등에서 가구별 지분등기된 토지에 대하여 주택을 공급할 수 있다.

부칙 〈2018.10.5 조례 제5173호〉

제1조(시행일) 이 조례는 공포한 날부터 시행한다.

제2조(일반적 경과조치) 이 조례 시행 당시 종전의 대전광역시 도시정비조례의 가로주택정비사업 및 주택재건축사업(정비구역이 아닌 구역에서 시행하는 주택재건축사업을 말한다) 관련 규정에 따라 행하여진 처분·절차 및 행위는 이 조례의 관련 규정에 따라 행하여진 처분·절차 및 행위로 본다.

---

36) 소규모주택정비법 제33조(관리처분계획의 내용 및 수립기준)
③ 제1항에 따른 관리처분계획의 내용은 다음 각 호의 기준에 따른다. 〈개정 2018.3.20., 2019.8.20〉
   6. 1세대 또는 1명이 하나 이상의 주택 또는 토지를 소유한 경우 1주택을 공급하고, 같은 세대에 속하지 아니하는 2명 이상이 1주택 또는 1토지를 공유한 경우에는 1주택만 공급한다.
   7. 제6호에도 불구하고 다음 각 목의 경우에는 각 목의 방법에 따라 주택을 공급할 수 있다.
      가. 2명 이상이 1토지를 공유한 경우로서 시도 조례로 주택공급을 따로 정하고 있는 경우에는 시도 조례로 정하는 바에 따라 주택을 공급할 수 있다.
      나. 다음 어느 하나에 해당하는 토지등소유자에게는 소유한 주택 수만큼 공급할 수 있다.
         1) 수도권정비계획법 제6조제1항제1호에 따른 과밀억제권역에 위치하지 아니한 소규모재건축사업의 토지등소유자
         2) 근로자(공무원인 근로자를 포함한다) 숙소, 기숙사 용도로 주택을 소유하고 있는 토지등소유자
         3) 국가, 지방자치단체 및 토지주택공사등
         4) 국가균형발전 특별법 제18조에 따른 공공기관지방이전 및 혁신도시 활성화를 위한 시책 등에 따라 이전하는 공공기관이 소유한 주택을 양수한 자
      다. 제1항제5호에 따른 가격의 범위 또는 종전 주택의 주거전용면적의 범위에서 2주택을 공급할 수 있고, 이 중 1주택은 주거전용면적을 60㎡ 이하로 한다. 다만, 60㎡ 이하로 공급받은 1주택은 제40조제2항에 따른 이전고시일 다음 날부터 3년이 지나기 전에는 주택을 전매(매매·증여나 그밖에 권리의 변동을 수반하는 모든 행위를 포함하되 상속의 경우는 제외한다)하거나 전매를 알선할 수 없다.
      라. 가로주택정비사업의 경우에는 3주택 이하로 한정하되, 다가구주택을 소유한 자에 대하여는 제1항제5호에 따른 가격을 분양주택 중 최소분양단위 규모의 추산액으로 나눈 값(소수점 이하는 버린다)만큼 공급할 수 있다.
      마. 수도권정비계획법 제6조제1항제1호에 따른 과밀억제권역에서 투기과열지구에 위치하지 아니한 소규모재건축사업의 경우에는 토지등소유자가 소유한 주택수의 범위에서 3주택 이하로 한정하여 공급할 수 있다.

● 부산광역시

조례 제정 시~18.7.10까지 신축조개기에 대한 규제가 없다가, 18.7.11 전부개정되면서 규제를 둠

1. 도시정비조례 【개정연혁】

1 조례 제37조제2항제6호(21.3 현재~18.7.11)
② 제1항에 의한 공동주택분양대상자 중 다음 각 호의 1에 해당하는 경우에는 수인의 분양신청자를 1인의 분양대상자로 본다.
　6. 법 제77조에 따른 권리산정 기준일 후 나대지에 건축물을 새로 건축하거나 기존 건축물을 철거하고 다세대주택, 그 밖의 공동주택을 건축하여 토지등소유자의 수가 증가하는 경우

18.7.11 조례 전부개정으로 신축쪼개기 규제사항인 제6호를 신설함

부 칙〈2018.7.11〉
제1조(시행일) 이 조례는 공포한 날부터 시행한다.
제3조(일반적 경과조치) 이 조례 시행 당시 종전의 「부산광역시 도시정비조례」에 따른 결정 · 처분 · 절차 및 그 밖의 행위는 이 조례의 규정에 따라 행하여진 것으로 본다.

2 조례 제22조제2항(18.7.10~04.4.22)
② 제1항에 의한 공동주택분양대상자 중 다음 각 호의 1에 해당하는 경우에는 수인의 분양신청자를 1인의 분양대상자로 본다.
　1. 단독주택 또는 다가구주택이 건축물 준공 이후 다세대 주택으로 전환된 경우
　2. 수인의 분양신청자가 하나의 세대인 경우. 이 경우 세대주와 동일한 세대별 주민등록표상에 등재되어 있지 아니한 세대주의 배우자 및 배우자와 동일한 세대를 이루고 있는 세대원을 포함한다.
　3. 1주택 또는 1필지의 토지를 수인이 소유하고 있는 경우. 다만, 구역지정공람공고일 이전에 공유지분으로 소유한 토지의 지분면적이 부산광역시건축조례 제39조의 규정에 의한 규모 이상인 자는 그러하지 아니하다.

4. 구역지정 공람공고일 이후에 1필지의 토지를 수개의 필지로 분할한 경우
5. 하나의 대지 범위 안에 속하는 동일인 소유의 토지와 주택을 건축물 준공이후 토지와 주택으로 각각 분리하여 소유한 경우

제1호~제5호까지만 규정하고, 신축쪼개기(6호)에 대한 규제 사항이 없음

부 칙〈2004.4.22〉
제1조(시행일) 이 조례는 공포 후 1월이 경과한 날부터 시행한다.
제3조(일반적 경과조치) 이 조례 시행 전에 부산광역시 재개발사업조례 또는「부산광역시 주거환경개선지구조례」에 의한 처분·절차 및 그 밖의 행위는 이 조례의 규정에 의하여 행하여진 것으로 본다.

2. 소규모주택정비조례 【개정연혁】

신축쪼개기에 대한 규제사항 없음
조례 상 조합설립인가일, 주민협의체 구성신고일, 공공시행자 지정고시일, 지정개발자 지정고시일을 권리산정기준일로 규정함

1 조례 제19조제2항(21.3 현재~18.7.11)

② 제1항에도 불구하고 다음 각 호의 어느 하나에 해당하는 경우에는 여러 명의 분양신청자를 1인의 분양대상자로 본다.
　1. 단독주택 또는 다가구주택이 권리산정기준일 후 다세대 주택으로 전환된 경우
　2. 여러 명의 분양신청자가 하나의 세대인 경우. 이 경우 세대주와 동일한 세대별 주민등록표상에 등재되어 있지 아니한 세대주의 배우자 및 배우자와 동일한 세대를 이루고 있는 세대원을 포함한다.
　3. 1주택 또는 1필지의 토지를 여러 명이 소유하고 있는 경우. 다만, 권리산정기준일 이전에 공유지분으로 소유한 토지의 지분면적이 「부산광역시 건축조례」 제39조에 따른 규모 이상인 자는 그러하지 아니하다.
　4. 권리산정기준일 후에 1필지의 토지를 수개의 필지로 분할한 경우
　5. 하나의 대지 범위에 속하는 동일인 소유의 토지와 주택을 권리산정기준일 후 토지와 주택으로 각각 분리하여 소유한 경우

부 칙 〈2018.7.11〉
제1조(시행일) 이 조례는 공포한 날부터 시행한다.
제3조(일반적 경과조치) 이 조례 시행 당시 종전의 「부산광역시 도시정비조례」의 가로주택정비사업 및 주택재건축사업(정비구역이 아닌 구역에서 시행하는 주택재건축사업을 말한다. 이하 같다) 관련 규정에 따라 행하여진 처분·절차 및 행위는 이 조례의 관련 규정에 따라 행하여진 처분·절차 및 행위로 본다.

● 인천광역시

1. 도시정비조례 【개정연혁】

1 조례 제34조(정비사업의 분양대상)←제24조(현금청산)제3항(21.3 현재~11.2.21)
　규정 삭제

11.2.21 신축쪼개기 규제사항을 삭제함

부칙〈2011.2.11〉
제1조(시행일) 이 조례는 공포한 날부터 시행한다.
제2조(처분 등에 관한 경과조치) 이 조례 시행 당시 종전의 규정에 따라 행한 처분·절차 그 밖의 행위는 이 조례에 따라 행하여진 것으로 본다

2 조례 제24조제3항제6호(11.2.20~08.10.20)
③ 제1항 및 제2항을 적용함에 있어 다음 각 호의 어느 하나이 해당하는 경우에는 수인의 분양신청자를 1인의 분양대상자로 본다
　6. "인천광역시 정비기본계획"의 결정·고시일 이후에 기준 건축물을 철거하고 공동주택을 건축하는 경우(건축물이 없는 토지에 신축하는 경우를 포함한다). 다만, 해당 공동주택의 주거전용면적이 $40m^2$ 이상인 자에 대하여는 그러하지 아니한다.〈신설 2008.10.20〉

18.10.20 신축쪼개기 등 무분별한 투기행위를 차단하기 위하여 신설함.

부칙〈2008.10.20 조례 제4219호〉
제1조(시행일) 이 조례는 공포한 날부터 시행한다.
제2조(분양대상자 등에 관한 경과조치) 본 조례 시행일 이전에 건축허가를 신청한 자는 종전 조례에 의한다.

3 조례 제24조(현금청산 대상)(08.10.19~04.7.19)
　신축쪼개기 관련 규정 없음

2. 소규모주택정비조례 【개정연혁】

신축쪼개기 규제사항을 둠
조례 상 조합설립인가일, 주민협의체 구성신고일, 공공시행자 지정고시일, 지정개발자 지정고시일을 권리산정기준일로 규정함

1 조례 제19조제2항(21.3 현재~18.11.5)

② 제1항에도 불구하고 다음 각 호의 어느 하나에 해당하는 경우에는 여러 명의 분양신청자를 1인의 분양대상자로 본다.
  6. 권리산정기준일 후 나대지에 건축물을 새로이 건축하거나 기존 건축물을 철거하고 다세대주택, 그밖에 공동주택을 건축하여 토지등소유자가 증가되는 경우

신축쪼개기 규제사항을 둠

부 칙 〈2018.11.5 조례 제6029호〉
제1조(시행일) 이 조례는 공포한 날부터 시행한다.
제2조(다른 조례와의 관계) 이 조례 시행 당시 다른 조례에서 종전의 「인천광역시 도시정비조례」 또는 그 규정을 인용한 경우 이 조례 중 그에 해당하는 규정이 있으면 종전의 「인천광역시 도시정비조례」의 규정은 이 조례 또는 이 조례의 해당 규정을 인용한 것으로 본다.

● 광주광역시

1. 도시정비조례 【개정연혁】

1 조례 제37조제2항제6호(21.3 현재~18.11.15)
② 다음 각 호의 어느 하나에 해당하는 경우에는 여러 명의 분양신청자를 1인의 분양대상자로 본다.
  6. 권리산정기준일 후 나대지에 건축물을 새로 건축하거나 기존 건축물을 철거하고 다세대주택, 그밖에 공동주택을 건축하여 토지등소유자가 증가되는 경우

18.11.15 신축쪼개기 규제를 신설함

부 칙〈2018.11.15〉
제1조(시행일) 이 조례는 공포한 날로부터 시행한다.
제6조(일반적 경과조치) 이 조례 시행 당시 종전의 「광주광역시 도시정비조례」에 따른 결정·처분·절차 및 그 밖의 행위는 이 조례의 규정에 따라 행하여진 것으로 본다.

2 조례 제25조제2항(18.11.14~04.3.25)
② 다음 각 호의 어느 하나에 해당하는 경우에는 수인의 분양신청자를 1인의 분양대상자로 본다.
  1. 단독주택 또는 다가구주택이 건축물준공 이후 다세대주택으로 전환된 경우
  2. 관리처분계획기준일 현재 수인의 분양신청자가 하나의 세대인 경우. 이 경우 세대주와 동일한 세대별 주민등록표상에 등재되어 있지 아니한 세대주의 배우자 및 배우자와 동일한 세대를 이루고 있는 세대원을 포함한다.
  3. 하나의 주택 또는 한 필지의 토지를 수인이 소유하고 있는 경우. 다만 구역지정 공람공고일 전부터 공유지분으로 소유한 토지의 지분면적이 「광주광역시 건축조례」 제31조제1호에 따른 규모 이상인 자는 그러하지 아니하다.
  4. 구역지정 공람공고일 이후 한 필지의 토지를 수개의 필지로 분할한 경우
  5. 하나의 대지범위 안에 속하는 동일인 소유의 토지와 주택을 건축물 준공이후 토지와 주택으로 각각 분리하여 소유한 경우. 다만 구역지정 공람공고일 전부터 공유지분으

로 소유한 토지의 지분면적이 건축조례 제31조제1호에 따른 규모 이상인 자는 그러하지 아니하다.

신축쪼개기 규제 사항이 없음

부칙〈2004.3.25〉
제1조(시행일) 이 조례는 공포한 날부터 시행한다.

2. 소규모주택정비조례 【개정연혁】

권리산정기준일은 토지등소유자가 사업시행자인 경우(주민합의체 구성을 신고한 날), 조합이 사업시행자가 되는 경우(조합설립인가일), 광주광역시 관할 자치구의 구청장 또는 토지주택공사 등이 사업시행자가 되는 경우(공공시행자 지정고시일), 지정개발자가 사업시행자로 지정되는 경우(지정개발자 지정고시일)에 따라 다름.
신축쪼개기 규제를 둠

1 조례 제19조제2항제6호 (21.3 현재~19.4.16)

② 제1항에도 불구하고 다음 각 호의 어느 하나에 해당하는 경우에는 여러 명의 분양신청자를 1인의 분양대상자로 본다.
  6. 권리산정기준일 후 나대지에 건축물을 새로이 건축하거나 기존 건축물을 철거하고 다세대주택, 그밖에 공동주택을 건축하여 토지등소유자가 증가하는 경우

신축쪼개기 규제 사항을 둠

부칙〈신설 2019.4.15〉
제1조(시행일) 이 조례는 공포한 날부터 시행한다.

● **대구광역시**

1. 도시정비조례 【개정연혁】

1 조례 제36조제2항제6호(21.3 현재~18.12.31)

② 제1항에 따른 공동주택 분양대상자 중 다음 각 호의 어느 하나에 해당하는 경우에는 여러 명의 분양신청자를 1명의 분양대상자로 본다.
  6. 권리산정기준일 이후 나대지에 건축물을 새로 건축하거나 기존 건축물을 철거하고 다세대주택이나 공동주택을 건축하여 토지등소유자가 증가되는 경우

18.12.31 신축쪼개기 규제 사항을 신설함

부 칙 〈조례 제5197호, 2018.12.31〉
제1조(시행일) 이 조례는 공포한 날로부터 시행한다. 다만, 제13조제1항과 제14조부터 제18조까지 및 제20조제2항의 개정 규정은 공포 후 1년이 경과한 날부터 시행한다.
제6조(일반적 경과조치) 이 조례 시행 당시 종전의「대구광역시 도시정비조례」에 따른 결정·처분·절차 및 그 밖의 행위는 이 조례에 따라 행하여진 것으로 본다.

2 조례 제22조(현금청산 대상)제1항, 제2항(18.12.30~04.7.12)

신축쪼개기 관련 규정 없음

04.7.12~18.12.30: 신축쪼개기 규제사항 없음

◆ 조례 제22조

제22조(현금청산 대상) ① 주택재개발사업의 경우 법 제48조제2항제3호 및 영 제52조제1항제3호의 단서에 의하여 현금으로 청산할 수 있는 토지 또는 건축물은 다음 각 호의 1에 해당하는 경우를 말한다.
1. 분양신청자가 소유하고 있는 종전의 토지 및 건축물의 가액이 당해 사업시행구역의 분양예정 토지 및 건축물중 분양예정 최소 규모 공동주택 1세대의 추산액(제23조제1항제1호 및 제

2호에 의한 지분 대지가격을 포함한 공동주택가격을 말한다)이하인 경우. 이 경우 종전의 토지 및 건축물의 가액은 사업시행인가일을 기준으로 산정하며, 구체적인 산정기준을 규칙에서 정하는 경우 이에 따라 산정한다.

2. 「건축법」 제2조제1호에 의한 하나의 대지에 속하는 토지가 여러 필지이거나 그 대지안에 수개의 건축물이 있는 경우로서 정비구역 지정을 위한 공람공고일 후에 그 토지의 일부를 취득(여러 필지 중 1필지 이상을 필지 단위로 취득하였거나 필지의 일부를 공유지분으로 취득한 것을 모두 포함한다) 하였거나, 그 건축물의 일부를 취득(여러 동의 건축물중 1동 이상을 취득하였거나 1동의 건축물 일부를 공유지분으로 취득한 것을 모두 포함한다)한 경우

3. 하나의 건축물이 하나의 대지에 속하는 토지를 점유하고 있는 경우로서 구역지정공람공고일 이후에 그 건축물과 토지를 분리하여 취득하거나, 그 건축물 또는 토지의 일부를 취득한 경우

4. 「공간정보의 구축 및 관리 등에 관한 법률」 제2조제20호에 따른 1필지의 토지를 구역지정 공람 공고일 이후에 분할취득 또는 공유지분으로 취득한 경우 〈개정 2013.3.11, 2016.3.2〉

5. 신발생무허가 건축물의 소유자의 경우

6. 분양신청자가 소유하고 있는 종전 토지의 총면적(국·공유지를 매수하는 경우에는 그 면적을 포함한다)이 「대구광역시 건축조례」 제37조에 의한 분할제한면적 미만인 경우

② 제1항에 불구하고 다음 각 호의 1에 해당하는 경우 현금으로 청산하지 아니하고 주택을 공급할 수 있다.

1. 구역지정 공람공고일 이전에 분할된 1필지의 토지로서 그 면적이 20㎡ 이상인 토지(다만, 지목이 도로이며 도로로 이용되고 있는 경우는 제외한다)의 소유자는 사업시행인가고시일 이후부터 준공인가일까지 분양신청자를 포함한 세대원(세대주 및 세대주와 동일한 세대별 주민등록표상에 등재되어 있지 아니한 세대주의 배우자 및 배우자와 동일한 세대를 이루고 있는 세대원을 포함한다) 전원이 주택을 소유하고 있지 아니한 경우에 한하여 분양대상자로 한다. 이 경우 주택소유여부에 관하여 필요한 사항은 「주택공급에 관한 규칙」 제6조제3항을 준용하며, 분양 받을 권리를 양도받은 자의 경우에는 권리양수일(제4항의 부동산 등기부상 접수일자)부터 공사완료공고일 기간 동안 양도받은 자를 포함한 세대원 전원이 주택을 소유하고 있지 아니하여야 한다.

2. 구역지정 공람공고일 이전에 주택(사실상 주거용으로 사용되고 있는 건축물을 포함한다)을 소유한 자. 다만, 제1항제5호에 해당하는 경우에는 그러하지 아니하다.

부칙〈2004.7.12〉

제1조(시행일) 이 조례는 공포한 날부터 시행한다.

제3조(일반적 경과조치) 이 조례 시행 전에 대구광역시 도시재개발사업조례, 「대구광역시 주거환경개선지구를 위한 특례에 관한 조례」 등에 의한 처분, 절차 및 그 밖의 행위는 이 조례의 규정에 의하여 행하여진 것으로 본다.

2. 소규모주택정비조례 【개정연혁】

조례 상 조합설립인가일, 주민협의체 구성신고일, 공공시행자 지정고시일, 지정개발자 지정고시일을 권리산정기준일로 규정함

1 조례 제26조제2항제6호(21.3 현재~18.10.1)

② 제1항에도 불구하고 다음 각 호의 어느 하나에 해당하는 경우에는 여러 명의 분양신청자를 1인의 분양대상자로 본다.
  6. 권리산정기준일 후 나대지에 건축물을 새로이 건축하거나 기존 건축물을 철거하고 다세대주택, 그밖에 공동주택을 건축하여 토지등소유자가 증가되는 경우

부칙〈조례 제5161호, 2018.10.1〉

제1조(시행일) 이 조례는 공포한 날부터 시행한다.

제3조(일반적 경과조치) 이 조례 시행 당시 종전의 「대구광역시 도시정비조례」의 가로주택정비사업 및 주택재건축사업(정비구역이 아닌 구역에서 시행하는 주택재건축사업을 말한다. 이하 같다) 관련 규정에 따라 행하여진 처분·절차 및 행위는 이 조례의 관련 규정에 따라 행하여진 처분·절차 및 행위로 본다.

제4조(가로주택정비사업 등에 관한 경과조치) 종전 조례에 따라 시행 중인 가로주택정비사업 및 주택재건축사업은 각각 이 조례에 따른 가로주택정비사업과 소규모재건축사업으로 본다.

● 울산광역시

1. 도시정비조례 【개정연혁】

1 조례 제29조제2항제6호←제23조제2항제6호(21.3 현재~16.12.29)
② 제1항에도 불구하고 다음 각 호의 어느 하나에 해당하는 경우에는 수인의 분양 신청자를 1인의 분양대상자로 본다.
　6. 권리산정기준일 후 나대지에 건축물을 새로이 건축하거나 기존건축물을 철거하고 다세대주택, 그밖에 공동주택을 건축하여 토지등소유자가 증가되는 경우

16.12.29 신축쪼개기 규제 사항을 신설함

부 칙〈개정 2016.12.29 조례 제1691호〉
제1조(시행일) 이 조례는 공포한 날부터 시행한다.

2 조례 제23조(현금청산)(16.12.28~04.6.10)
　규제사항 없음

04.6.10~16.12.28 신축쪼개기 규제 규정 없음

2. 소규모주택정비조례 【개정연혁】

조례 상 조합설립인가일, 주민협의체 구성신고일, 공공시행자 지정고시일, 지정개발자 지정고시일을 권리산정기준일로 규정함

1 조례 제19조제2항제6호(21.3 현재~19.7.11)

② 제1항에도 불구하고 다음 각 호의 어느 하나에 해당하는 경우에는 여러 명의 분양신청자를 1명의 분양대상자로 본다.
  6. 권리산정기준일 후 나대지에 건축물을 새로 건축하거나 기존 건축물을 철거하고 공동주택을 건축하여 토지등소유자가 증가되는 경우

부칙 〈2019.7.11〉
이 조례는 공포한 날부터 시행한다.

● 경기도

1. 도시정비조례 【개정연혁】

1 조례 제26조제1항제3호(21.3 현재~20.1.13)

① 영 제63조제1항제3호 단서에 따라 다음 각 호의 어느 하나에 해당하는 경우에는 분양대상자를 1명으로 본다.
   3. 권리산정기준일 이후 나대지에 건축물을 새로 건축하거나 기존 건축물을 철거하고 다세대주택, 그밖에 공동주택을 건축하여 토지등소유자의 수가 증가하는 경우

부 칙 〈2020.1.13〉

제1조(시행일) 이 조례는 공포한 날부터 시행한다.

제2조(주택공급 기준 등에 관한 경과조치) 2020년 1월 13일 당시 다음 각 호의 어느 하나에 해당하는 경우에는 제26조제1항제2호 및 제3호의 개정규정에 불구하고 종전의 규정에 따른다. 〈개정 2020.07.15〉

1. 법 제7조에 따라 고시한 정비기본계획에 포함된 정비예정구역
2. 정비기본계획을 수립하지 아니한 시·군으로서 법 제16조에 따른 정비구역 지정 고시된 정비구역

2 조례 제26조제1항제3호←제18조제3항제6호(20.1.12~08.7.25)

③ 영 제63조제1항제3호에 의거 다음 각 호의 어느 하나에 해당하는 경우에는 분양대상자를 1인으로 본다.

1. 기존 건축물을 철거하고 공동주택을 건축하는 경우(건축물이 없는 토지에 신축하는 경우를 포함한다). 다만, 해당 공동주택의 주거전용면적이 당해 정비사업으로 건립되는 분양용 공동주택의 최소 주거전용면적 이상인 자에 대하여는 그러하지 아니한다.

04.5.17~08.7.24까지 신축쪼개기 규제사항이 없었다가, 08.7.25 신설함
18.10.1 전부개정으로 내용 변경 없이 종전의 제18조제3항제6호→제26조제1항제3호로 조위치만 이동함

부칙 〈2008.7.25〉
제1조(시행일) 이 조례는 공포한 날부터 시행한다.
제2조(주택공급 기준 등에 관한 적용례) 제18조제3항제6호의 개정규정은 조례 시행 이후 최초로 건축허가 신청서 접수 분부터 적용한다

2. 소규모주택정비조례 【개정연혁】

조례에서 별도로 권리산정기준일을 정하지 않음

1 조례 제19조제1항(21.3 현재~18.11.29)

① 영 제31조제1항제3호 단서에 따라 분양대상에서 제외하는 토지 등 소유자는 「경기도 도시정비조례」 제26조제1항을 준용한다.

부칙 〈2018.11.29〉
제1조(시행일) 이 조례는 공포한 날부터 시행한다.
제2조(일반적 경과조치) 이 조례 시행 당시 종전의 「경기도 도시정비조례」에 따른 결정·처분·절차 및 행위는 이 조례의 규정에 따라 행하여진 것으로 본다.

● 수원시

1. 도시정비조례 【개정연혁】

1 조례 제30조제3항제6호←제24조제3항제6호(21.3 현재~12.8.14)

③ 영 제63조제1항제3호에 따라 다음 각 호의 어느 하나에 해당하는 경우에는 분양대상자를 1명으로 본다.
   6. 권리산정기준일 이후 기존 건축물을 철거하고 공동주택을 건축하는 경우를 말한다.(건축물이 없는 토지에 신축하는 경우를 포함한다) 다만, 해당 공동주택의 주거전용면적이 해당 정비사업으로 건립되는 분양용 공동주택의 최소 주거전용면적 이상인 자에 대해서는 그렇지 않다.

19.5.17 전부개정으로 내용은 변화 없이 종전 제24조제3항제6호→제30조제3항제6호로 조 위치만 이동함

부 칙 〈2012.8.14〉
제1조(시행일) 이 조례는 공포한 날부터 시행한다.
제5조(권리산정기준일에 관한 적용례 및 경과조치)
① 제24조제3항은 이 조례 시행 후 최초로 기본계획(2020년 수원시 정비기본계획 포함)을 수립하는 분부터 적용한다.
② 이 조례 시행 전에 2010년 수원시 정비기본계획에 포함된 주택재개발사업 지역은 종전 경기도 도시정비조례(제4238호) 제18조제3항에 따른다.
제6조(일반적 경과조치) 이 조례 시행당시 종전의 규정에 의한 결정 · 처분 · 절차 그 밖의 행위는 이 조례의 규정에 따라 행하여진 것으로 본다. 다만, 인가 · 허가 · 승인(심의 포함) 등 신청 중인 경우에는 종전의 규정에 따른다.

2. 소규모주택정비조례 【개정연혁】

경기도와 달리 권리산정기준일을 주민협의체 구성 신고일, 조합설립인가일, 공공시행자 지정고시일, 지정개발자 지정고시일로 정함

1 조례 제20조제2항제3호(21.3 현재~19.3.29)

② 제1항에도 불구하고 다음 각 호의 어느 하나에 해당하는 경우에는 여러 명의 분양신청자를 1인의 분양대상자로 본다.
  3. 권리산정기준일 후 나대지에 건축물을 새로이 건축하거나 기존 건축물을 철거하고 다세대주택, 그밖에 공동주택을 건축하여 토지등소유자가 증가되는 경우

부 칙 〈2019.3.29 조례 제3893호〉
제1조(시행일) 이 조례는 공포한 날부터 시행한다.
제3조(다른 조례의 개정) 수원시 도시계획조례 제70조제1항4호 및 5호 중 「도시경정비법」을 「도시정비법」 및 「빈집 및 소규모주택 정비에 관한 특례법」으로 한다.
제4조(일반적 경과조치) 이 조례 시행 당시 종전의 「수원시 도시정비조례」 및 「수원시 빈집정비 지원조례」에 따른 결정·처분·절차 및 행위는 이 조례의 규정에 따라 행하여진 것으로 본다.

(서울특별시) 단독주택 재건축사업 분양대상자

제2편 (서울특별시) 단독주택 재건축사업 분양대상자

서울특별시 도시정비조례 제37조(21.3 현재~18.7.19)←제28조(18.7.18~09.7.30)←제24조의2(09.7.29~09.4.22~)

09.4.22 제정·시행된 단독주택재건축 분양대상 조문이, 09.7.30 내용 개정 없이 제28조로 조 이동하였다가 18.7.19 전부개정으로 현재 제37조에 위치함.

도시정비법 시행령 제24007호, 12.7.31 개정으로 단독주택재건축 정비계획 입안 불가함 (14.8.3부터 정비계획 수립이 폐지)
그러나 부칙 제6조제1항에 의해 이 영 시행 당시인 2014.8.3 이전에 정비기본계획이 수립된 경우(즉 단독주택 재건축정비예정구역을 말함), 정비계획의 수립은 개정 불구하고 종전의 규정인 2011년도 이하 2003.7.1 영 별표1에 따르도록 함

재정비촉진구역 내 단독주택 재건축사업의 경우(신정4, 방화5 재정비촉진구역 단독주택 재건축사업)도 계속적으로 시행됨[37]

폐지된 도시정비법 시행령 별표1은 시행령이 시행된 03.7.1부터 폐지된 14.8.2까지 존속해 있었으며, 서울특별시의 경우 단독주택 재건축사업의 분양대상 조례 조문은 09.4.22에 만들어지게 된 것임

특정무허가건축물(종전의 기존무허가건축물)의 경우 조합정관등에서 정하면 분양대상이 가능하나, 단독주택 재건축사업에서는 이러한 규정이 없음. 또한 사업 특성상 재개발사업과 달리 종전토지나 권리가액 산정 합산 규정인 제36조제3항을 두지 않았음.
일부 단독주택 재건축사업에서는 재개발사업과 같이 취급하여 분양대상으로 취급하고 있지만 잘못된 것임.

---

37) 도시정비법 시행령 부칙[대통령령 제24007호, 2012.7.31 일부개정]
    제1조(시행일) 이 영은 2012년 8월 2일부터 시행한다. 다만, 제27조의2의 개정규정은 2013년 2월 2일부터 시행하고, 제52조제2항제1호 및 별표 1 제3호의 개정규정은 2014년 8월 3일부터 시행한다.
    제6조(단독주택재건축사업에 관한 경과조치)
      ① 이 영 시행 당시 정비기본계획이 수립된 경우 정비계획의 수립에 대해서는 제52조제2항제1호 및 별표1 제3호의 개정규정에도 불구하고 종전의 규정에 따른다.
      ② 이 영 시행 당시 「도시재정비 촉진을 위한 특별법」 제5조에 따라 지정된 재정비촉진지구에 대해서는 제52조제2항제1호 및 별표1 제3호의 개정규정에도 불구하고 종전의 규정에 따른다.

서울특별시 도시정비조례 제37조제1항

① 단독주택재건축사업(대통령령 제24007호 도시정비법 시행령 일부개정령 부칙 제6조에 따른 사업을 말한다. 이하 같다)으로 건립되는 공동주택의 분양대상자는 관리처분계획기준일 현재 다음 각 호의 어느 하나에 해당하는 토지등소유자로 한다.
   1. 종전의 건축물 중 주택 및 그 부속토지를 소유한 자

- 단독주택재건축사업의 분양대상자의 자격을 정하는 한편, 지분쪼개기 방지를 위하 09.4.22 서울특별시 도시정비조례에 신설되어 현재까지 존속하고 있으나, 다른 시도에서는 규정이 없음

단독주택 재건축사업의 토지등소유자는 도시정비법 제2조제9호 공동주택재건축사업의 토지등소유자 개념과 동의어(재건축구역에 위치한 "건축물 및 그 부속토지의 소유자")

단독주택재건축 분양대상 기준에도 불구하고, 단독주택 또는 다가구주택이 건축물 준공이후 다세대주택으로 전환된 경우는 이 조례 시행 후 다세대주택으로 전환한 분부터 적용하고, 단독주택 또는 비주거용 건축물을 공동주택으로 신축한 경우 이 조례 시행 후 최초로 건축허가를 신청하는 분부터 적용함.

종전「서울특별시 주택개량재개발사업시행조례」제4조제2항에 따라 건축된 협동주택으로서 1988년 5월 7일 전에 지분 또는 구분소유등기를 필한 세대는 사실상 구분된 가구 수에 한하여 각각 1인을 분양대상자로 하고, 이 개정규정은 이 조례 시행 당시 최초로 조합설립인가를 신청하는 분부터 적용함.

■ 서울특별시 제37조제1항제1호

1. 도시정비조례 【개정연혁】

1 조례 제37조제1항제1호←제28조제1항제1호←제24조의2제1항제1호(21.3 현재~09.4.22)

① 단독주택 재건축사업(대통령령 제24007호 도시정비법 시행령 일부개정령 부칙 제6조에 따른 사업을 말한다)으로 건립되는 공동주택의 분양대상자는 관리처분계획기준일 현재 다음 각 호의 어느 하나에 해당하는 토지등소유자로 한다.
  1. 종전의 건축물 중 주택 및 그 부속토지를 소유한 자

단독주택 재건축사업 관련 조문이 09.4.22 신설되었으며, 09.7.30 제28조로 내용 변경 없이 조 위치만 이동됨
18.7.19 전부개정으로 내용 개정 없이 '제28조→제37조'로 조 위치만 이동됨

부 칙〈2009.4.22〉
제1조(시행일) 이 조례는 공포한 날부터 시행한다.

Q. 단독주택 재건축사업에서 「서울시 도시정비조례」 제36조제1항제1호를 준용하여 주거용으로 사용하는 특정무허가건축물 중 조합정관으로 정한 건축물도 분양대상에 포함할 수 있는지?

A. 도시정비조례 제36조제1항제1호에 관리처분계획기준일 현재 종전 건축물 중 주택(주거용으로 사용하는 특정무허가건축물 중 조합 정관등에서 정한 건축물을 포함)을 소유한 토지등소유자를 재개발사업으로 건립되는 공동주택 분양대상자로 규정하고,
같은 조례 제37조제1항제1호에 관리처분계획기준일 현재 종전 건축물 중 주택 및 그 부속토지를 소유한 토지등소유자를 단독주택재건축사업으로 건립되는 분양대상자로 별도로 규정하고 있음.
따라서, 재개발사업 분양대상 등을 규정한 도시정비조례 제36조를 같은 조례 제37조에 별도로 분양대상 등을 규정한 단독주택재건축사업에 적용하는 것은 어려울 것으로 판단됨
(서울시 주거정비과 2021.2.8)

Q. 단독주택 재건축구역에서 화재로 건축물이 전소되어 그 토지만 남아 있으나 건축물대장 및 건축물등기부등본에 해당 건축물이 등재되어 있는 경우, 해당 소유자가 조합설립동의서를 제출하였을 경우 조합원 자격이 있는지?

A. 도시정비법 제48조의2제2항에 따르면 사업시행자는 「재난 및 안전관리 기본법」· 주택법 · 건축법 등 관계 법령에 따라 기존 건축물의 붕괴 등 안전사고의 우려가 있는 경우 또는 폐공가의 밀집으로 우범지대화의 우려가 있는 경우에는 기존 건축물의 소유자의 동의 및 시장 · 군수의 허가를 얻어 해당 건축물을 철거할 수 있으며,

이 경우 건축물의 철거에도 불구하고 토지등소유자로서의 권리 · 의무에 영향을 주지 않는다고 규정하고 있음(서울시 재생협력과 2017.7.12)

부 칙 〈2009.4.22〉

제1조(시행일) 이 조례는 공포한 날부터 시행한다.

제2조(단독주택재건축사업의 분양대상 등에 관한 적용례)

① 제24조의2제2항제1호의 개정규정은 이 조례 시행 후 다세대주택으로 전환한 분부터 적용한다.

② 제24조의2제2항제2호에 따른 세대의 기준은 2009년 8월 7일 이후 최초 조합설립인가를 얻은 분부터 적용한다.

③ 제24조의2제2항제4호의 개정규정은 이 조례 시행 후 최초로 건축허가를 신청하는 분부터 적용한다.

2. 소규모주택정비조례 【개정연혁】
없음

● 대전, 부산, 인천, 광주, 대구, 울산, 경기도, 수원시(도시정비조례, 소규모주택정비조례)
없음

서울특별시 도시정비조례 제37조제1항

① 단독주택재건축사업(대통령령 제24007호 도시정비법 시행령 일부개정령 부칙 제6조에 따른 사업을 말한다. 이하 같다)으로 건립되는 공동주택의 분양대상자는 관리처분계획기준일 현재 다음 각 호의 어느 하나에 해당하는 토지등소유자로 한다.
   2. 분양신청자가 소유하고 있는 권리가액이 분양용 최소규모 공동주택 1가구의 추산액 이상인 자. 다만, 분양신청자가 동일한 세대인 경우의 권리가액은 세대원 전원의 가액을 합하여 산정할 수 있다.

재개발사업에서 토지의 일부를 취득하거나, 건축물과 분리된 토지 또는 권리산정기준일 이후 분할하여 취득하거나 공유로 취득한 토지를 합산할 수 있음
반면 단독주택 재건축사업은 사업 특성상 토지만을 취득하면 토지등소유자가 아니므로 합산이 불가능함(토지와 주택을 동시에 취득해야 하는 요건에 충족되지 않기 때문)

2010.7.15 조례 개정으로 재개발사업(조례 제36조제1항제3호)과 같이 단독주택 재건축사업에도 구 도시정비법 제19조제1항제2호(현 제39조제1항제2호)에 해당되어 1세대1주택을 공급하도록 개정됨에 따라, 동일 세대에 대한 권리가액을 합산함
(이는 토지 또는 분리취득이 아닌 배우자 등 1세대가 취득한 토지 및 주택을 선정된 대표자1인에게 합산하도록 한 것임)

강서구 방화 재정비촉진5구역의 경우 2003.11.18 방화뉴타운 지구지정(서고 제2003-372호), 05.8.4 방화뉴타운 개발기본계획 승인(서고 제2005-1044호), 2006.12.21 방화재정비촉진지구 지정 및 재정비촉진계획 결정(서고 제2006-443호)으로 권리산정기준일이 10.7.16 조례 개정 이전이므로 종전의 조례가 적용됨

■ 서울특별시 제37조제1항제2호

1. 도시정비조례 【개정연혁】

1 조례 제37조제1항제2호←제28조제1항제2호(21.3 현재~10.7.16)
① 단독주택 재건축사업(대통령령 제24007호 도시정비법 시행령 일부개정령 부칙 제6조에 따른 사업을 말한다)으로 건립되는 공동주택의 분양대상자는 관리처분계획기준일 현재 다음 각 호의 어느 하나에 해당하는 토지등소유자로 한다.
  2. 분양신청자가 소유하고 있는 권리가액이 분양용 최소규모 공동주택 1가구의 추산액 이상인 자. 다만, 분양신청자가 동일한 세대인 경우의 권리가액은 세대원 전원의 가액을 합산하여 산정할 수 있다.

10.7.15 제2호 단서 조항이 신설됨

부 칙 〈2010.7.15 제5007호〉
제1조(시행일) 이 조례는 2010년 7월 16일부터 시행한다.
제3조(권리산정기준일에 관한 적용례 및 경과조치)
① 제27조 및 제28조 개정규정은 최초로 기본계획(정비예정구역에 신규로 편입지역 포함)을 수립하는 분부터 적용한다.
② 이 조례 시행 전에 기본계획이 수립되어 있는 지역 및 지구단위계획이 결정·고시될 지역은 종전규정(제28조)에 따른다.

Q. 단독주택재건축사업의 분양대상과 관련, 조례 제37조제2항제1호의 개정규정은 「서울시 도시정비조례」 (제4768호, 2009.4.22) 일브개정 조례 시행 후 다세대주택으로 전환한 분부터 적용하는지?

A. 「서울시 도시정비조례」 제37조(단독주택재건축사업의 분양대상 등) 제2항 제1호에 단독주택 또는 다가구주택을 권리산정기준일 후 다세대주택으로 전환한 경우 여러 명의 분양신청자를 1명의 분양대상자로 본다고 정하고 있으나,

부칙〈제6899호, 제2018.7.19〉 제9조(단독주택재건축사업의 분양대상 등에 관한 적용례)에 따르면 제37조 제2항 제1호의 개정규정은 「서울시 도시정비조례」(제4768호, 2009.4.22) 일부개정 조례 시행 후 다세대주택으로 전환한 분부터 적용하도록 정하고 있음(서울시 주거사업과 2020.3.10)

Q1. 조합원 분양신청 시 특정 주택규모에 대한 조합원 분양 세대수 및 분양하는 층을 조합에서 강제할 수 있는지?

Q2. 조합원이 소유한 근린생활시설 건물이 도시정비법 시행령 제63조제2항제2호 단서의 1주택 공급대상에 해당하지 않고, 조례 제37조제1 제2호(권리가액이 공동주택 1가구의 추산액 이상인자)에도 해당하지 않는 경우 부대시설·복리시설의 분양신청이 가능한지?

A1. 조합원 분양신청 시 특정 주택규모에 대한 조합원 분양 세대수 및 층에 대한 분양기준은 별도로 정하고 있지 않음.

A2. 관리처분의 기준은 2012.8.2 「도시정비법 시행령」 개정으로 인해 단독주택재건축사업이 폐지됨에 따라 "부칙"〈대통령령 제24007호, 2012.7.31〉 제6조(단독주택재건축사업에 관한 경과조치) 제1항에 근거하여 종전의 규정인 구 「도시정비법 시행령」 제52조(관리처분의 기준 등)를 따르며, 단독주택재건축사업의 분양대상 및 주택공급 기준은 「서울시 도시정비조례」 제37조, 제38조 제1항을 적용함(서울시 주거사업과 2020.2.17)

부 칙〈2018.7.19 제6899호〉

제1조(시행일) 이 조례는 공포한 날부터 시행한다.

제29조(권리산정기준일에 관한 적용례 및 경과조치) ① 제37조 개정규정은 서울특별시조례 제5007호 도시정비조례 일부개정조례 시행 이후 최초로 기본계획(정비예정구역에 신규로 편입지역 포함)을 수립하는 분부터 적용한다.

② 서울특별시조례 제5007호 도시정비조례 일부개정조례 시행 전에 기본계획이 수립되어 있는 지역 및 지구단위계획이 결정·고시된 지역은 종전의 「서울특별시 도시정비조례」(조례 제5007호로 개정되기 전의 것을 말한다) 제28조에 따른다.

2 조례 제28조제1항제2호←제24조의2제1항제2호(10.7.15~09.4.22)

① 단독주택 재건축사업(대통령 제24007호 도시정비법 시행령 일부개정령 부칙 제6조에 따른 사업을 말한다)으로 건립되는 공동주택의 분양대상자는 관리처분계획기준일 현재 다음 각 호의 어느 하나에 해당하는 토지등소유자로 한다.
　2. 분양신청자가 소유하고 있는 권리가액이 분양용 최소규모 공동주택 1가구의 추산액 이상인 자

분양신청자가 동일한 세대인 경우의 세대원 전원의 가액을 합산할 수 있는 규정이 없어 조례 제27조제3항의 적용을 받지 않음

부칙〈2009.4.22〉
제1조(시행일) 이 조례는 공포한 날부터 시행한다.

2. 소규모주택정비조례 【개정연혁】
　없음

● 대전, 부산, 인천, 광주, 대구, 울산, 경기도, 수원시(도시정비조례, 소규모주택정비조례)
　없음

서울특별시 도시정비조례 제37조제2항(단독, 다가구를 다세대로 전환)
② 제1항에도 불구하고 다음 각 호의 어느 하나에 해당하는 경우에는 여러 명의 분양신청자를 1명의 분양대상자로 본다.
　　1. 단독주택 또는 다가구주택을 권리산정기준일 후 다세대주택으로 전환한 경우

재개발사업에서는 03.12.30부터 21.3 현재까지 존속해 오던 조문으로, 단독주택 재건축사업의 경우 09.4.22 이 규정이 시행되면서 신설됨

재개발사업과 같이 경과조치를 두지 않고, 조례 시행일 09.4.22 이후 다세대주택으로 전　환한 분부터 적용함

따라서 종전 정비기본계획상 단독주택 재건축정비예정구역인 경우, 09.4.22 이전에 다세대로 전환되어 있으면 각각 분양대상이 될 수 있었음(특히 일부 재정비촉진구역에서 이러한 특혜가 가능함)

■ 서울특별시 제37조제2항제1호

1. 도시정비조례 【개정연혁】

1 조례 제37조제2항제1호←제28조제2항제1호(21.3 현재~10.7.16)
② 제1항에도 불구하고 다음 각 호의 어느 하나에 해당하는 경우에는 여러 명의 분양신청자를 1명의 분양대상자로 본다.
  1. 단독주택 또는 다가구주택을 권리산정기준일 후 다세대주택으로 전환한 경우

Q1. 권리산정기준일(정비구역 지정고시일) 이후 다세대주택 1호를 2호로 나눈 경우 2호 모두 분양대상자인지?

Q2. 권리산정기준일(정비구역 지정 고시일) 이후 기존 공동주택을 증축하여 한 층을 늘린 경우에 증축한 부분 소유자는 분양대상자인지?

A. 도시정비조례 제37조제2항은 제1호부터 제4호까지의 경우에는 여러 명의 분양신청자를 1명의 분양 대상자로 본다고 규정하며 단독주택재건축사업 구역에서 지분을 나누는 행위 등에 대해 구체적으로 제한하고 있고, 도시정비법 제19조(행위제한 등)는 정비구역에서 건축물의 건축을 하려는 자는 시장·군수(자치구청장) 등의 허가를 받아야 건축할 수 있다고 규정하고 있으므로
질의하신 건축물이 정비구역 지정 이후 적법하게 허가를 받아 증축 등 건축행위가 이루어진 것인지, 다가구주택을 다세대주택으로 전환한 것인지 등의 사실관계를 토대로 관리처분계획인가권자인 해당 자치구청장에게 문의바람(서울시 주거정비과 2019.3.6)

부 칙 ⟨2010.7.15 제5007호⟩
제1조(시행일) 이 조례는 2010년 7월 16일부터 시행한다.
제3조(권리산정기준일에 관한 적용례 및 경과조치) ① 제28조 개정규정은 최초로 기본계획(정비예정구역에 신규로 편입지역 포함)을 수립하는 분부터 적용한다.
② 이 조례 시행 전에 기본계획이 수립되어 있는 지역 및 지구단위계획이 결정·고시된 지역은 종전규정(제28조)에 따른다.

부 칙 〈2018.7.19 제6899호〉

제1조(시행일) 이 조례는 공포한 날부터 시행한다.

제9조(단독주택재건축사업의 분양대상 등에 관한 적용례) ① 제37조제2항제1호의 개정규정은 서울특별시조례 제4768호 도시정비조례 일부개정조례 시행 후 다세대주택으로 전환한 분부터 적용한다.

Q. 단독주택재건축사업의 분양대상과 관련, 부칙〈제6899호, 제2018.7.19〉제9조(단독주택재건축사업의 분양대상 등에 관한 적용례)에 따르면 제37조제2항제1호의 개정규정은?

A. 「서울시 도시정비조례」 제37조(단독주택재건축사업의 분양대상 등) 제2항 제1호에 단독주택 또는 다가구주택을 권리산정기준일 후 다세대주택으로 전환한 경우 여러 명의 분양신청자를 1명의 분양대상자로 본다고 정하고 있으나,

부칙〈제6899호, 제2018.7.19〉제9조(단독주택재건축사업의 분양대상 등에 관한 적용례)에 따르면 제37조 제2항 제1호의 개정규정은 「서울시 도시정비조례」(제4768호, 2009.4.22) 일부개정 조례 시행 후 다세대주택으로 전환한 분부터 적용하도록 정하고 있음(서울시 주거사업과 2020.3.10).

제29조(권리산정기준일에 관한 적용례 및 경과조치) ① 제37조 개정규정은 서울특별시조례 제5007호 도시정비조례 일부개정조례 시행 이후 최초로 기본계획(정비예정구역에 신규로 편입지역 포함)을 수립하는 분부터 적용한다.

② 서울특별시조례 제5007호 도시정비조례 일부개정조례 시행 전에 기본계획이 수립되어 있는 지역 및 지구단위계획이 결정·고시된 지역은 종전의 「도시정비조례」(조례 제5007호로 개정되기 전의 것을 말한다) 제28조에 따른다.

❷ 조례 제28조제2항제1호←제24조의2제2항제1호(10.7.15~09.4.22)

② 제1항에도 불구하고 다음 각 호의 어느 하나에 해당하는 경우에는 여러 명의 분양신청자를 1명의 분양대상자로 본다.

1. 단독주택 또는 다가구주택이 건축물 준공 이후 다세대주택으로 전환된 경우

부칙 〈2009.4.22〉

제1조(시행일) 이 조례는 공포한 날부터 시행한다.
제2조(단독주택재건축사업의 분양대상 등에 관한 적용례) ① 제24조의2제2항제1호의 개정규정은 이 조례 시행 후 다세대주택으로 전환한 분부터 적용한다.

부칙 〈2009.7.30 제4824호〉

제1조(시행일) 이 조례는 공포한 날부터 시행한다.
제3조(다세대주택으로 전환된 주택의 분양기준에 관한 경과조치 등) ① 제28조제2항제1호에 불구하고 1997.1.15 전에 가구별로 지분 또는 구분소유등기를 끝한 다가구주택이 건축허가 받은 가구수의 증가 없이 다세대주택으로 전환된 경우에는 가구별 각각 1인을 분양대상자로 한다.
② 제1항의 개정규정은 이 조례 시행 당시 최초로 사업시행인가를 신청하는 분부터 적용한다.
제4조(세대의 기준변경에 따른 경과조치) ① 제27조제1항 및 제2항에 따라 개정된 세대의 기준은 2009년 8월 7일 이후 최초로 조합설립인가를 얻은 분부터 적용한다.
② 이 조례 시행 당시 종전의 규정에 따른 조합설립인가 신청 분은 제27조제1항 및 제2항 개정규정에도 불구하고 종전의 규정에 따른다.

2. 소규모주택정비조례 【개정연혁】
없음

● 대전, 부산, 인천, 광주, 대구, 울산, 경기도, 수원시(도시정비조례, 소규모주택정비조례)
없음

서울특별시 도시정비조례 제37조제2항

② 제1항에도 불구하고 다음 각 호의 어느 하나에 해당하는 경우에는 여러 명의 분양신청자를 1명의 분양대상자로 본다.
   2. 법 제39조제1항제2호에 따라 여러 명의 분양신청자가 1세대에 속하는 경우

- 1세대: 법 제39조제1항제2호←법 제19조제1항제2호←관리처분계획 기준일

- 10.7.15 조례 개정으로 재개발(조례 제36조제1항제3호)과 같이 단독주택 재건축사업에도 재개발사업과 같이 법 제1조제1항제2호(현 제39조제1항제2호)에 해당되어 1세대1주택을 공급하도록 개정됨에 따라, 동일 세대에 대한 권리가액을 합산하도록 함

즉 "❸ 조례 제28조제2항제2호←제24조의2제2항제1호(10.7.15~09.4.22)"를 적용함. 이는 현재 조합설립인가를 기준으로 하는 것과는 달리, 분양신청 종료일인 관리처분계획 기준일 전까지 세대분리가 가능함

■ 서울특별시 제37조제2항제2호

1. 도시정비조례 【개정연혁】

1 조례 제37조제2항제2호(21.3 현재~18.7.19)
② 제1항에도 불구하고 다음 각 호의 어느 하나에 해당하는 경우에는 여러 명의 분양신청자를 1명의 분양대상자로 본다.
  2. 법 제39조제1항제2호에 따라 여러 명의 분양신청자가 1세대에 속하는 경우

'도시정비법 제19조제1항제2호→제39조제1항제2호'로 바뀌면서 1세대 개념이 바뀜
여러 명의 토지등소유자가 조합설립인가 후 세대를 분리하여 동일한 세대에 속하지 아니하는 때에도 이혼 및 19세 이상 자녀의 분가(세대별 주민등록을 달리하고, 실거주지를 분가한 경우로 한정한다)를 제외하고는 1세대로 간주함

※ 도시정비법[시행 2018.2.9][법률 제14567호, 2017.2.8, 전부개정]
제39조(조합원의 자격 등) ① 제25조에 따른 정비사업의 조합원(사업시행자가 신탁업자인 경우에는 위탁자를 말한다. 이하 이 조에서 같다)은 토지등소유자(재건축사업의 경우에는 재건축사업에 동의한 자만 해당한다)로 하되, 다음 각 호의 어느 하나에 해당하는 때에는 그 여러 명을 대표하는 1명을 조합원으로 본다.〈개정 2017.8.9〉
1, 3: 생략
2. 여러 명의 토지등소유자가 1세대에 속하는 때. 이 경우 동일한 세대별 주민등록표 상에 등재되어 있지 아니한 배우자 및 미혼인 19세 미만의 직계비속은 1세대로 보며, 1세대로 구성된 여러 명의 토지등소유자가 조합설립인가 후 세대를 분리하여 동일한 세대에 속하지 아니하는 때에도 이혼 및 19세 이상 자녀의 분가(세대별 주민등록을 달리하고, 실거주지를 분가한 경우로 한정한다)를 제외하고는 1세대로 본다.

부 칙〈법률 제14567호, 2017.2.8〉
제1조(시행일) 이 법은 공포 후 1년이 경과한 날부터 시행한다.(효력발생시기는 2018.2.9)

부칙 〈2018.7.19 제6899호〉
제1조(시행일) 이 조례는 공포한 날부터 시행한다.
제8조(세대의 기준변경에 따른 적용례) 제37조제2항제2호의 개정규정에 따른 세대 기준은 2009년 8월 7일 이후 최초로 조합설립인가를 받은 분부터 적용한다.

2 조례 제28조제2항제2호(18.7.18~10.7.16)

② 제1항에도 불구하고 다음 각 호의 어느 하나에 해당하는 경우에는 여러 명의 분양신청자를 1명의 분양대상자로 본다.
  2. 법 제19조제1항제2호에 따라 여러 명의 분양신청자가 1세대에 속하는 경우

부칙 〈2010.7.15 제5007호〉
제1조(시행일) 이 조례는 2010년 7월 16일부터 시행한다.

※ 도시정비법 [시행 2009.2.6] [법률 제9444호, 2009.2.6, 일부개정]
제19조(조합원의 자격 등〈개정 2003.12.31〉) ① 정비사업(시장·군수 또는 주택공사등이 시행하는 정비사업을 제외한다)의 조합원은 토지등소유자(재건축사업의 경우에는 주택재건축사업에 동의한 자에 한한다)로 하되, 다음 각 호의 어느 하나에 해당하는 때에는 그 수인을 대표하는 1인을 조합원으로 본다. 〈개정 2005.3.18, 2009.2.6〉
  2. 수인의 토지등소유자가 1세대에 속하는 때(이 경우 동일한 세대별 주민등록표 상에 등재되어 있지 아니한 배우자 및 미혼인 20세 미만의 직계비속은 1세대로 보며, 1세대로 구성된 수인의 토지등소유자가 조합설립인가 후 세대를 분리하여 동일한 세대에 속하지 아니하는 때에도 이혼 및 20세 이상 자녀의 분가를 제외하고는 1세대로 본다)

부칙 〈법률 제9444호, 2009.2.6〉
제1조(시행일) 이 법은 공포한 날부터 시행한다. 다만, 제19조제1항의 개정규정은 공포 후 6개월이 경과한 날부터 시행한다. (효력발생시기는 2009.8.7)

3 조례 제28조제2항제2호←제24조의2제2항제1호(10.7.15~09.4.22)

② 제1항에도 불구하고 다음 각 호의 어느 하나에 해당하는 경우에는 여러 명의 분양신청자를 1명의 분양대상자로 본다.

2. 관리처분계획기준일 현재 수인의 분양신청자가 하나의 세대인 경우.
    이 경우 동일한 세대별 주민등록표 상에 등재되어 있지 아니한 배우자 및 미혼인 20세 미만의 직계비속은 1세대로 보며, 1세대로 구성된 수인의 토지등소유자가 조합설립인가 후 세대를 분리하여 동일한 세대에 속하지 아니하는 때에는 이혼 및 20세 이상 자녀의 분가를 제외하고는 1세대로 보고, 권리가액은 세대원 전원의 가액을 합산하여 산정한다.

부 칙〈2009.4.22〉
제1조(시행일) 이 조례는 공포한 날부터 시행한다.
제2조(단독주택재건축사업의 분양대상 등에 관한 적용례) ② 제24조의2제2항제2호에 따른 세대의 기준은 2009.8.7 이후 최초 조합설립인가를 얻은 분부터 적용한다.

2. 소규모주택정비조례 【개정연혁】
　　없음

● 대전, 부산. 인천, 광주, 대구, 울산, 경기도, 수원시(도시정비조례, 소규모주택정비조례)
　　없음

서울특별시 도시정비조례 제37조제2항
② 제1항에도 불구하고 다음 각 호의 어느 하나에 해당하는 경우에는 여러 명의 분양신청자를 1명의 분양대상자로 본다.
   3. 1주택과 그 부속토지를 여러 명이 소유하고 있는 경우

현재까지 개정 사항 없음

재개발 분양대상과 비교
1주택 또는 1필지의 토지를 여러 명이 소유하고 있는 경우. 다만, 권리산정기준일 이전부터 공유로 소유한 토지의 지분이 제1항제2호 또는 권리가액이 제1항제3호에 해당하는 경우는 예외로 한다.

■ 서울특별시 제37조제2항제3호

1. 도시정비조례 【개정연혁】

1 조례 제37조제2항제3호←제28조제2항제3호←제24조의2제2항제3호(21.3 현재 ~09.4.22)

② 제1항에도 불구하고 다음 각 호의 어느 하나에 해당하는 경우에는 여러 명의 분양신청자를 1명의 분양대상자로 본다.
  3. 1주택과 그 부속 토지를 여러 명이 소유하고 있는 경우

부 칙 〈2009.4.22〉
제1조(시행일) 이 조례는 공포한 날부터 시행한다.
제3조(협동주택의 분양기준에 관한 경과조치 등) ① 제24조의2제2항제3호에 불구하고 종전 「서울시 주택개량재개발사업시행조례」 제4조제2항에 따라 건축된 협동주택으로서 1988.5.7 전에 지분 또는 구분소유등기를 필한 세대는 사실상 구분된 가구 수에 한하여 각각 1인을 분양대상자로 한다.
② 제1항의 개정규정은 이 조례 시행 당시 최초로 조합설립인가를 신청하는 분부터 적용한다.
제4조(다가구주택의 분양기준에 관한 경과조치 등) ① 1997.1.15 전에 가구별로 지분 또는 구분소유등기를 필한 다가구 주택(1990.4.21 다가구주택 제도 도입이전에 단독주택으로 건축허가를 받아 지분 또는 구분등기를 필한 사실상의 다가구주택을 포함한다)은 제24조의2제2항제3호에 불구하고 다가구주택으로 건축허가 받은 가구 수에 한하여 가구별 각각 1인을 분양대상자로 한다.
② 제1항의 개정규정은 이 조례 시행 당시 최초로 사업시행인가를 신청하는 분부터 적용하며, 사업시행인가를 얻은 조합으로서 제1항에 따라 사업시행인가를 변경하고자 하는 경우에는 토지등소유자 전원의 동의를 얻어야 한다.

2015.5.14 개정 부칙 〈2009.4.22 제4768호〉

부 칙 〈2009.4.22 제4768호〉
제1조(시행일) 이 조례는 공포한 날부터 시행한다.
제3조(협동주택의 분양기준에 관한 경과조치 등) ① 제28조제2항제3호에 불구하고 종전 「서울특

별시 주택개량재개발사업시행조례」 제4조제2항에 따라 건축된 협동주택으로서 지분 또는 구분소유등기를 필한 세대는 사실상 구분된 가구 수에 한하여 각각 1인을 분양대상자로 한다. 〈개정 2015.5.14〉
② 제1항의 개정규정은 이 조례 시행 당시 최초로 조합설립인가를 신청하는 분부터 적용한다.

88.5.7 폐지된 「서울특별시 주택개량재개발사업시행조례」 제4조제2항에 따라 건축된 협동주택의 경우 「도시정비조례」 부칙〈4768호, 2009.4.22〉 제3조제1항에 88.5.7 전에 지분 또는 구분소유등기를 필한 세대는 사실상 구분된 가구 수에 한하여 각각 1인을 분양대상자로 인정[38]한 바 있음

15.5.14 개정으로 「서울특별시 주택개량재개발사업시행조례」 폐지일(88.5.7) 전에 합법적으로 건축허가를 득하였으나 조례 폐지일 이후 지분 또는 구분소유등기를 한 세대이거나, 조례 폐지일 이후 건축허가를 받아 건축한 주택이지만 건축물대장이나 건축물 등기부등본에 "협동주택"으로 등재되어 있는 세대도 있어 이들에 대한 분양자격에 대한 분쟁이 상존해 있었음.

따라서, 협동주택으로서 지분 또는 구분소유등기를 필한 세대로 사실상 구분된 가구 수에 대해 각각 1인을 분양대상자로 인정하는 것으로 분양자격을 확대함

이 규정은 주택재개발사업에서 같이 적용됨

부 칙〈2018.7.19 제6899호〉
제1조(시행일) 이 조례는 공포한 날부터 시행한다.
제28조(다가구주택의 분양기준에 관한 경과조치) ② 1997.1.15 전에 가구별로 지분 또는 구분소유등기를 필한 다가구주택(1990.4.21 다가구주택 제도 도입 이전에 단독주택으로 건축허가를 받아 지분 또는 구분등기를 필한 사실상의 다가구주택을 포함한다)은 제37조제2항제3호의 개정규정에도 불구하고 조례 제4768호 서울시 도시정비조례 일부개정조례 시행 당시 최초로 사업시행인가를 신

---

[38] 서울시 도시정비조례 부 칙〈2009.04.22〉
제1조(시행일) 이 조례는 공포한 날부터 시행한다.
제3조(협동주택의 분양기준에 관한 경과조치 등)
① 제24조제2항제3호와 제24조의2제2항제3호에 불구하고 종전 「서울특별시주택개량재개발사업시행조례」 제4조제2항에 따라 건축된 협동주택으로서 1988년 5월 7일 전에 지분 또는 구분소유등기를 필한 세대는 사실상 구분된 가구 수에 한하여 각각 1인을 분양대상자로 한다.

청하는 분부터 적용하며, 이미 사업시행인가를 받은 조합으로서 사업시행인가를 변경하고자 하는 경우에는 토지등소유자 전원의 동의를 받아야 한다.

제31조(협동주택의 분양기준에 관한 경과조치 등) 제37조제2항제3호의 개정규정에도 불구하고 서울특별시조례 제4768호 서울특별시 도시정비조례 일부개정조례 시행 당시 최초로 조합설립인가를 신청하는 분부터 종전의 「서울특별시 주택개량재개발사업시행조례」[39] 제4조제2항에 따라 건축된 협동주택으로서 지분 또는 구분소유등기를 필한 세대는 사실상 구분된 가구 수로 한정하여 각각 1명을 분양대상자로 하여 적용한다.

Q1. 도시정비조례 부칙 제28조의 제2항에 따른 같은 조례 제4768호 이후에 사업시행인가를 신청한 구역의 경우 별도의 사업시행의 변경 없이 같은 조례 제28조를 적용할 수 있는지?

Q2. '이미 사업시행인가를 받은 조합으로서 사업시행인가를 변경하고자 하는 경우에는 토지등소유자 전원의 동의를 받아야 한다'는 이 규정의 적용 범위는?

A. 서울시 도시정비조례 부칙 〈제6899호, 2018.7.19〉 제28조제2항에 따르면, 1997년 1월 15일 전에 가구별로 지분 또는 구분소유등기를 필한 다가구주택(1999년 4월 21일 다가구주택 제도 도입 이전에 단독주택으로 건축허가를 받아 지분 또는 구분등기를 필한 사실상의 다가구주택을 포함한다)은 제37조제2항제3호의 개정규정에도 불구하고,

서울시 조례 제4768(2009.4.22)호 서울시 도시정비조례 일부개정조례 시행 당시 최초로 사업시행인가를 신청하는 분부터 적용하며, 이미 사업시행인가를 받은 조합으로서 사업시행인가를 변경하고자 하는 경우에는 토지등소유자 전원의 동의를 받아야 한다고 규정하고 있음

- 질의하신 시 조례 제4768(2009.4.22)호「도시정비조례」일부개정 같은 조례 시행 당시 최초로 사업시행인가를 신청하는 분부터 적용한다고 규정하고 있으며,

---

[39] 서울특별시 주택개량재개발사업시행조례[시행 1977.5.13] [조례 제1166호, 1977.5.13, 전부개정]
　제4조(사업방법)
　　② 주택을 건축하는 경우에는 구획 및 건축계획에 적합한 4가구 이상 입체화된 협동주택으로 건축함을 원칙으로 한다. 이 경우 협동주택은 단독주택에 준하여 관계법규를 적용한다.
　제12조(환지 및 분양기준)
　　① 공공복리에 기여되는 토지로서 면적이 협소하여 사업목적 달성이 어렵다는 이유로 사업주체가 증환지를 신청한 때에는 유상으로 특별증환지를 지정할 수 있다.
　　② 협동주택 건축을 위한 분양지는 165㎡이상으로 하며 이때에는 수인의 연고권자에게 1필지로 하여 분양할 수 있다. 다만, 사유토지기거나 건물보존 기타 토지여건상 특별한 사유가 있다고 인정되는 경우에는 90㎡이상으로 분양할 수 있다.
　　③ 사유지주가 동일 구역내에서 국공유지를 점유하고 있을 때에는 국공유지는 이를 분양하지 아니한다. 다만, 사유지만으로 토지이용이 곤란한 경우 증환지하고 그 대금은 금전으로 징수 할 수 있다.
　　④ 사유토지에 대한 환지예정면적이 90㎡ 만일 때에는 환지교부 대신 금전으로 청산한다. 다만, 인접토지의 소유자 또는 연고권자와 협의하여 제2항의 기준평수를 확보하는 경우에는 그러하지 아니하다.

또한 이미 사업시행인가를 받은 조합으로서 사업시행인가를 변경하고자 하는 경우에는 토지등소유자 전원의 동의를 받아야 함'이라는 이 규정의 범위는 이 부칙 제28조제2항의 같은 조례 제37조제2항제3호 개정 규정에 따라 처리할 사항임(서울시 재생협력과-17223, 2018.11.22)

2. 소규모주택정비조례 【개정연혁】
없음

● 대전, 부산, 인천, 광주, 대구, 울산, 경기도, 수원시(도시정비조례, 소규모주택정비조례)
없음

서울특별시 도시정비조례 제37조제2항(신축다세대, 신축쪼개기)
② 제1항에도 불구하고 다음 각 호의 어느 하나에 해당하는 경우에는 여러 명의 분양신청자를 1명의 분양대상자로 본다.
    4. 권리산정기준일 후 나대지에 건축물을 새로 건축하거나 기존 건축물을 철거하고 다세대주택, 그밖에 공동주택을 건축하여 토지등소유자가 증가되는 경우

'신축쪼개기(또는 신축다세대)'란 나대지에 건축물을 새로 건축하거나 기존 건축물을 철거하고 다세대, 그 밖의 공동주택을 건축하여 토지등소유자 수가 늘어나는 행위를 말함. 반면 '지분쪼개기'란 이와 달리 다가구를 구분등기하거나, 토지와 건축물로 분리하여 토지등소유자 수가 증가하는 행위를 말함

재개발사업도 같은 조문을 두고 있지만 단독주택 재건축사업보다 그 이전인 08.7.30 제정 시행됨
재개발은 08.7.30 단독주택재건축은 09.4.22 신축다세대 규제가 신설되어 재개발은 08.7.29까지, 단독주택 재건축은 09.4.21까지 건축허가 신청을 한 경우 각자 분양대상자임.

10.7.15 개정 조례에서 종전의 조례를 적용할 수 있는 근거규정으로 부칙 제3조제2항에서의 "이 조례 시행 전에 기본계획이 수립되어 있는 지역"이 쟁점으로, 정비예정구역이 해제되었다고 기본계획이 수립되어 있지 않는 지역인가에 대해선 의견이 갈리고 있음. 기본계획이 수립되어 있지만 그 간의 정비예정구역이 해제된 것이라는 것에 의하면 09.4.21 전까지 건축허가 신청해야 각 분양대상이 될 수 있다는 견해임.

따라서 단독주택 재건축정비사업예정구역에서 정비기본계획이 없어졌다는 이유로 신축다세대로 각자 분양대상자로 인식해서는 안 되며 09.4.21 이전 건축허가 신청해야 가능함.
이 해제지역을 단독주택 재건축사업으로도 가능하지만, 재개발사업으로 재추진 시의 권리산정기준일 역시 09.4.22 이전 건축허가분이며, 재개발사업의 규정인 08.7.30 이전으로 해석할 것인지는 문제로 남는다.

■ 서울특별시 제37조제2항제4호

1. 도시정비조례 【개정연혁】

1 조례 제37조제2항제4호←제28조제2항제4호(21.3 현재~10.7.16)
② 제1항에도 불구하고 다음 각 호의 어느 하나에 해당하는 경우에는 여러 명의 분양신청자를 1명의 분양대상자로 본다.
　4. 권리산정기준일 후 나대지에 건축물을 새로 건축하거나 기존 건축물을 철거하고 다세대주택, 그 밖에 공동주택을 건축하여 토지등소유자가 증가되는 경우

부 칙〈2010.7.15 제5007호〉
제1조(시행일) 이 조례는 2010년 7월 16일부터 시행한다.
제3조(권리산정기준일에 관한 적용례 및 경과조치) ① 제28조 개정규정은 최초로 기본계획(정비예정구역에 신규로 편입지역 포함)을 수립하는 분부터 적용한다.
② 이 조례 시행 전에 기본계획이 수립되어 있는 지역 및 지구단위계획이 결정·고시된 지역은 종전규정(제28조)[40]에 따른다.

종전규정(제28조)에 따른다는 것은 10.7.15 이전인 10.3.2 도시정비조례 제28조를 적용한다는 의미임
즉 "단독주택 또는 비주거용건축물을 공동주택으로 신축한 경우(기존의 공동주택을 세대수를 늘려 신축한 경우를 포함한다). 다만, 해당 공동주택의 주거전용면적이 당해 정비사업으로 건립되는 분양용 공동주택의 최소 주거전용면적 이상인 경우에는 그러하지 아니하다"고 하여 신축다세대의 주거전용면적이 분양용 최소 주거전용면적 이상이면 분양대상이라는 규정을 적용함

---

[40] Q. 2010.7.16 이전에 정비기본계획에 따른 단독주택정비예정구역에 포함된 경우의 다세대주택에 대한 주택 분양권은?
　　A. 서울시 도시정비조례 부칙〈제5007호, 2010.7.15〉 제3조에 따르면 제28조 개정규정은 최초로 기본계획(정비예정구역에 신규로 편입지역 포함)을 수립하는 분부터 적용하도록 하고 있고, 이 조례 시행 전에 기본계획이 수립되어 있는 지역 및 지구단위계획이 결정·고시된 지역은 종전규정(제28조)에 따르도록 하고 있으며,
　　같은 조례(2010.3.2) 제28조제2항제4호에 따르면 단독주택 재건축 분양대상은 단독주택 또는 비주거용건축물을 공동주택으로 신축한 경우(기존의 공동주택을 세대수를 늘려 신축한 경우를 포함한다) 수인의 분양신청자를 1인의 분양대상자로 보도록 하고 있고, 단지, 신축한 공동주택의 주거전용면적이 해당 정비사업으로 건립되는 분양용 공동주택의 최소 주거전용면적 이상인 경우에는 그러하지 아니하도록 하고 있음.

부칙 〈2018.7.19 제6899호〉

제1조(시행일) 이 조례는 공포한 날부터 시행한다.
제9조(단독주택재건축사업의 분양대상 등에 관한 적용례) ② 제37조제2항제4호의 개정규정은 서울특별시조례 제4768호 조례 일부개정조례 시행 후 최초로 건축허가를 신청하는 분부터 적용한다.

Q. 재건축사업에서 대지면적 27평 단독주택을 2명이 공유로 소유할 경우 분양권은 지와 주택을 모두 공유해야 주택을 공급받을 수 있는지, 관련조례에 규정하는 사항이 있는지?

A. 도시정비법 제2조제9호 나목에 따르면 재건축사업의 경우에는 정비구역에 위치한 건축물 및 그 부속토지의 소유자를 토지등소유자로 보고 있으며, 같은 법 제39조제1항제1호에 따르면 조합원은 토지등소유자(재건축사업의 경우에는 재건축사업에 동의한 자만 해당한다)로 하되, 토지 또는 건축물의 소유권과 지상권이 여러 명의 공유에 속하는 때에는 그 여러 명을 대표하는 1명을 조합원으로 보도록 하고 있음.
서울시 도시정비조례 제37조제2항제3호에 따르면 단독주택재건축사업의 분양대상은 1주택과 그 부속토지를 여러 명이 소유하고 있는 경우 여러 명의 분양신청자를 1명의 분양대상자로 보도록 하고 있음(서울시 재생협력과 2018.10.8).

---

2 조례 제28조제2항제4호←제24조의2제2항제4호(10.7.15~09.4.22)

② 제1항에도 불구하고 다음 각 호의 어느 하나에 해당하는 경우에는 여러 명의 분양신청자를 1명의 분양대상자로 본다.
   4. 단독주택 또는 비주거용건축물을 공동주택으로 신축한 경우(기존의 공동주택을 세대수를 늘려 신축한 경우를 포함한다). 다만, 해당 공동주택의 주거전용면적이 당해 정비사업으로 건립되는 분양용 공동주택의 최소 주거전용면적 이상인 경우에는 그러하지 아니하다.

- 재개발이 08.7.30 조례 개정을 통해 규제하였지만, 단독 재건축의 경우 분양대상조문이 등장한 것은 09.4.22 신설되면서 신축다세대를 규제함.

부 칙 〈2009.4.22〉
제1조(시행일) 이 조례는 공포한 날부터 시행한다.
제2조(단독주택재건축사업의 분양대상 등에 관한 적용례) ③ 제24조의2제2항제4호의 개정규정은 이 조례 시행 후 최초로 건축허가를 신청하는 분부터 적용한다.

즉 09.4.22 전에 건축허가를 신청한 다세대의 경우 각자를 분양대상자로 함

2. 소규모주택정비조례 【개정연혁】
없음

● 대전, 부산, 인천, 광주, 대구, 울산, 경기도, 수원시(도시정비조례, 소규모주택정비조례)
없음

〈도시개발신문 2021.1.11〉

공공재건축, 재건축부담금 면제 여부가 핵심이다.

신축년(辛丑年) 새해가 밝았다.
올해는 독자 여러분의 재건축, 재개발사업이 불의의 규제를 받지 않고 잘 진행될 수 있도록 진심으로 기원한다.
공공재개발의 태동→공공재건축으로 진화
「수도권 주택공급 기반 강화 방안(20.5.9)」에 뒤이어, 지난 해 6월 17일 SH본사 사옥에서 개최한 공공재개발사업 정책 설명회에서 공공재개발이란 용어가 태동되었다.
낙후지의 주거환경을 개선하기 위해 LH나 SH인 공공시행자가 공공재개발사업에 참여하여 도심 내 주택공급을 촉진하겠다는 사업이라며, 이를 위해 '주택공급활성화지구'로 지정하여 용적률 상향, 인허가 절차 간소화, 분양가상한제 제외, 사업비 융자 등 각종 지원을 제공할 계획이라고 국토교통부는 발표한 바 있다.
이를 구체화하기 위해 2020년 9월 1일, 도시정비법 일부개정 법률안(천준호)이 발의되어 국회에 계류 중이다.
이후 언제부터인지 공공재건축이란 용어가 뒤따라 다녔다.
국토교통부 보도자료나 도시정비법 개정(안)에도 없는 용어지만, 은마아파트를 비롯한 강남의 재건축아파트도 마치 공공재건축사업에 뛰어들 것처럼 보도된 바 있다.
공공시행자란 무엇인가?
도시정비법상 '사업시행자'란 정비사업을 시행하는 자이다.
재개발, 재건축사업은 조합이 사업시행자인 원칙이지만, 조합과 함께 LH 또는 SH가 함께 시행할 수도 있다, 이를 '공동시행자'라 한다.
LH나 SH가 참여한다고 해도, '공공시행자'는 공동시행자와 다르다.
조합을 구성하지 않고 LH나 SH등이 사업시행자인 경우가 공공시행자다(법 제26조 참조).

이를 위한 요건이 8가지 있는데, "추진위원회가 승인을 받은 날부터 3년 이내에 조합설립인가를 신청 않거나 인가받은 날부터 3년 이내에 사업시행계획인가를 신청 못할 때, 토지면적 1/2 이상 및 토지등소유자 수의 2/3 이상에 해당하는 자가 공공시행자를 사업시행자로 지정해 줄 것을 요청하는 때가 대표적이다.

공공시행자는 해당 구청장으로부터 지정을 받게 되는데, 지정받으면 종전의 추진위원회나 조합은 '취소'된 것으로 간주된다.

아예 처음부터도 가능하지만, 추진위원회나 조합이 있더라도 지정받으면 공공시행자만 남게 된다.

공공재건축사업의 경우 시공자 선정('사업시행계획인가→공공시행자 지정'), 시기만 앞당기면 문제가 해결되나 2021년 1월 5일 국토교통부 주관으로 '주택공급 기관 간담회'가 열렸다.

이 자리에서 한국주택협회는 도심 주택공급 확대를 위해 서울 공공재건축사업장에 대한 규제 개선이 필요하다며 LH와 SH 공공시행자로 지정받은 시점에 시공자 선정기기를 앞당길 수 있도록 건의했다.

이는 사업시행계획인가 이후 뽑는 시공자 선정시기를 공공시행자로 지정되면 바로 선정할 수 있도록 하자는 내용이고, 국토교통부는 적극적으로 검토하겠단다.

시공자가 선정돼야, 선정된 다른 협력업체들의 비용도 지불할 수 있고 이주도 가능하다. 따라서 정비조합과 시공자는 필수불가결의 관계. 도시정비법상 시공자 선정시기는 지금도 조합이 설립되면 가능하다고 돼 있다.

이것을 서울시가 흔들었다.

2010년 4월 15일 공공관리(현재의 '공공지원'을 말함)를 신설해 시공자 선정기시를 조합설립인가가 아닌 사업시행계획인가 이후 조례로 늦출 수 있도록 요청하여 개정됐다.

같은 공공지원제도를 수용하고 있지만, 전국 어느 곳도 조례로 시공자를 사업시행계획 인가 이후에 뽑는 곳은 없다. 서울시만 유독 그렇다.

예를 들어, 서초구 양재동쪽은 사업시행인가 이후이지만, 길 하나 건너 과천시의 경우에는 조합만 만들어지면 바로 시공자를 선정해 사업이 진행된다.

즉 이 시스템을 공공재건축이 이뤄지는 사업장에 대해 정부는 추진위원회 단계라도 공공시행자로 선정되면 그때부터 시공사를 선정할 수 있도록 앞당기는 방안을 생각하고 있다는 것이다.

문제는 재건축부담금이다.

재건축초과이익환수법상 "재건축초과이익"이란 도시정비법에 따른 재건축사업이나 소규모재건축사업으로 인하여 정상주택가격 상승분을 초과하여 도시정비법에 따라 설립된 재건축조합(지정개발자로 지정된 신탁업자 포함) 및 소규모재건축조합에 귀속되는 주택가액의 증가분으로서 산정된 금액이다.

이 재건축부담금은 종전평가에 따른 추가부담금과는 다르다.

조합 없이 신탁회사를 지정개발자로 지정된 경우에도 재건축부담금 대상이지만 공공시행자인 재건축사업은 제외된다.

조합이 해산되거나 신탁이 종료돼도 부과대상이지만, 공공시행자로 지정되면 해산이 아닌 취소된 것이므로 대상 자체가 안 된다.

이럴 경우 재건축사업은 일대 혼란이 있게 된다.

민간인 재건축조합이 시행하면 1인 당 수억 원이 부담되지만, 공공시행자인 경우에는 면제된다면 헌법 제11조제1항인 "모든 국민은 법 앞에 평등하다. 누구든지 성별·종교 또는 사회적 신분에 의하여 정치적·경제적·사회적·문화적 생활의 모든 영역에 있어서 차별을 받지 아니한다."는 규정에 배치될 수 있다.

조합과 함께 공공시행자가 공동으로 시행하는 것을 의미한다면 조합이 있으므로 당연히 재건축부담금이 부과된다. 이 경우 시공자 선정시기만 앞당긴다고 효과가 있겠는가.

다른 시도와 달리 불리하게 정해놓은 시기를 앞당긴다고 공공재건축사업이 활성화될 수 있을지 생각해 보시라.

이런 점을 생각지 못했다면, 이제라도 수면위에 올려놓고 숙고허야 한다

〈도시개발신문 대표 전 연 규〉

※ 2021.2.4 25번째 부동산대책인 「공공주도 3080+」 대도시권 주택공급 획기적 확대 방안

【과감한 규제혁신과 개발이익 공유】
◇ (도시·건축규제 완화) 용도지역 변경 + 용적률 상향 + 기부채납 부담 완화
◇ (재초환 미부과) 공공 시행을 전제로 재건축 초과이익 부담금 미부과
◇ (인허가 신속 지원) 중앙정부 또는 지자체 지구지정 + 지자체 인허가 통합심의
◇ (개발이익 공유) 토지주 추가수익, 생활 SOC 확충, 세입자 보호, 공공자가·임대

◆ 공공 직접시행 정비사업 ⇒ 약 13.6 만호

▢ 이해관계 조율, 공익확보 등 공공 기능을 정비사업에 적용한 "공공직접시행 정비사업"을 도입·활성화 하겠습니다.

- "공공직접시행 정비사업"은 주민 동의를 거쳐 LH·SH공사 등이 재개발·재건축을 직접 시행하고, 사업·분양계획 등을 주도하여 신속히 사업을 추진하는 제도입니다.
- 조합원 과반수 요청*으로 공기업의 정비사업 시행이 시작되고, 조합총회 및 관리처분인가 절차 생략, 통합심의 등이 적용되어 기존 13년 이상의 사업 기간이 5년 이내로 대폭 단축 됩니다.
  * 조합이 없는 경우에는 토지등소유자의 과반수로 신청, 1년 내 토지등소유자 2/3 동의 要

▢ 동 사업은 1단계 종상향 또는 법적상한 용적률의 120%상향, 재건축 조합원 2년 거주 의무 미적용*, 재건축초과이익 부담금 미부과 등을 통해 사업성이 대폭 개선되며, 특별건축구역 의제 등을 통해 쾌적한 주거환경도 확보할 계획입니다.
  * 모든 사업 부지를 공기업이 소유하고 공급하는 공공분양 방식이 적용되고 조합은 해산 → 재건축 조합원 2년 거주의무 미적용

2021년 개정 예정 공공재개발(재건축), 소규모재개발사업의 권리산정기준일 등

부록 2021년 개정 예정 공공재개발(재건축), 소규모재개발사업의 권리산정기준일 등

1. 2021.3월 선정 대상 서울시 공공재개발 후보지 권리산정기준일

- 서울시 공공재개발 8개소 후보지 권리산정기준일은 공모공고일인 2020.9.21

〈2021.1.14 국토부, 서울시 보도자료〉
2021.3월 선정될 신규구역 대상 공공재개발 후보지에 대해서는 공모공고 시 발표한 바와 같이 분양받을 권리 산정기준일을 공모공고일인 '20.9.21로 고시할 계획

공공재개발 8개소 후보지
- 신문로2-12 재개발구역/양평13 재개발사업
- 양평14 재개발구역/봉천13 재개발사업
- 신설1 재개발사업/용두1-6 재개발사업
- 강북5 재개발사업/흑석2 재개발구역

〈공공재개발 신규구역 '분양받을 권리산정기준일' 고시 예정/2020.12.31 서울시 주거정비과, 공동주택과〉

- 서울시와 국토교통부는 공공재개발 신청지를 중심으로 한 투기유입을 차단하고, 기존 조합원의 권익을 보호하기 위해 9.21일 공모공고 시 '공모공고일을 분양받을 권리의 산정 기준일로 정할 수 있음'을 알린 바 있으며, 신규구역을 후보지로 선정할 때 이를 구체적으로 고시할 계획임을 다시 한 번 강조하였다.
- '분양받을 권리의 산정을 위한 기준일 별도 고시'는 시·도지사가 「도시정비법」 제77조에 따라 4가지 지분쪼개기 유형[필지분할, 용도변경(단독·다가구→다세대), 토지와 건물 분리취득, 신축]에 해당하는 토지등소유자에 대해 주택을 분양받을 권리기준일을 별도로 정하는 제도로,
  - 이를 통해 개발이익을 기대한 투기자금 유입을 차단하는 한편, 정비사업 추진의 장애가 되는 신축행위 및 조합원 수 증가도 방지하여 사업을 원활히 하고자 한다.

"2020년 공공재개발사업 후보지 공모" 공고

서울시와 국토부에서는 '20.5.6과 8.4 발표한「수도권 주택공급 기반 강화 방안」의 일환인 "장기 정체된 정비구역, 새롭게 구역지정을 검토 중인 구역(해제 구역 포함)에 대해 공공(LH, SH)이 참여, 노후된 주거환경을 개선하는 한편, 주택공급 활성화를 위해 추진하는「공공재개발사업」"의 시범사업 후보지를 아래와 같이 공모하오니, 관심 있는 주민, 조합, 추진위원회 및 자치구의 많은 참여 바랍니다.

2020년 9월 21일
서울특별시장

[공모개요]
- ■ 공 모 명 : 2020년 공공재개발사업 후보지 공모
- ■ 공모기간 : '20.9.21(월) ~ 11.4(수) 17:00 (45일간)
- ■ 공모대상
  - 기존 정비구역 : 재개발사업구역(주택정비형, 도시정비형), 주거환경개선사업구역(정비형)
  - 신규 예정구역 : 재개발구역 또는 주거환경개선구역 지정요건에 맞아 구역지정을 희망하는 구역 (해제지역 포함)
- ■ 공모신청 자격
  - "대표자(기존 구역) 또는 주민(신규 구역)"+"구청장 추천(구역지정요건 등 충족여부 확인)"
- ■ 제 출 처 : 각 자치구 정비사업부서 (직접 방문 제출만 가능)
- ■ 공모신청 시 제출서류 [1)~3) 원본 각 2부 / 4) 원본 1부, 5) 1개 제출]
  - 1) 공모신청서, 2) 사업계획서, 3) 공모참여 동의서 또는 조합·추진위 공문, 4) 대리인 위임장(추진위원장 또는 조합장이 아닌 자가 제출할 경우)
  - 5) '1)~4) 자료'를 담은 USB 또는 CD

첨부파일 1. 공모 공고문 1부.
    2. 서식 1~4(사전의향서, 공모신청서, 사업계획서, 공모참여 동의서) 각 1부.
    3. 참고 1~2(공공재개발사업 개념 및 절차도) 각 1부. 끝.

참고1. 공공재개발사업이란

□ 사업개념
- 사업성 부족 등 사유로 정체된 정비구역, 신규 예정구역(해제지역 포함)에 대해,
- 공공시행자(LH · SH 등) 참여, 공공성 요건(임대공급 확대) 충족 및 인센티브 부여를 통해 사업을 정상화 또는 촉진시켜 도심내 주택 공급 기반 강화

> (공공시행자 지정 요건) ┌ 단독 시행(토지등소유자 2/3↑, 토지면적1/2↑ 동의)
>   └ 공동시행(조합원 과반수 동의)
> (공공성 요건) 조합원 분양분 제외한 주택의 50%이상 공공임대 등 공급
>   (공공임대, 수익형전세, 지분형)
> (인센티브) 서울시, 정부는 도시규제 완화, 사업성 보장, 신속한 인허가, 사업비 지원

□ 인센티브
- (공공시행자 + 공공성 요건 충족) → '주택공급활성화지구'로 지정하여 지원

  (2021.3.24 수정안에서 '주택공급활성화지구'를 '공공재개발사업 예정구역'으로함)

도시규제 완화	사업성 보장
√ 용도지역 상향 √ 용적률 상향(도계위 심의거쳐 최대 120%) √ 기부채납 완화(임대주택 등으로 가능)	√ 관리처분 시 분담금 확정 √ 분양가상한제 적용 제외 √ 미분양 비주거시설 매입지원
사업비 지원	신속한 인허가
√ 기금으로 사업비 융자(총액50%) √ 이주비 저리융자(보증금의 70%) √ 기반시설 · 생활SOC 조성비용 국비지원	√ 도시계획 수권소위 √ 사업계획 통합심의로 절차 간소화 (건축,환경,교통 등)

참고2. 공공재개발 절차도(추진상 절차 일부 보완·변경될 수 있음)

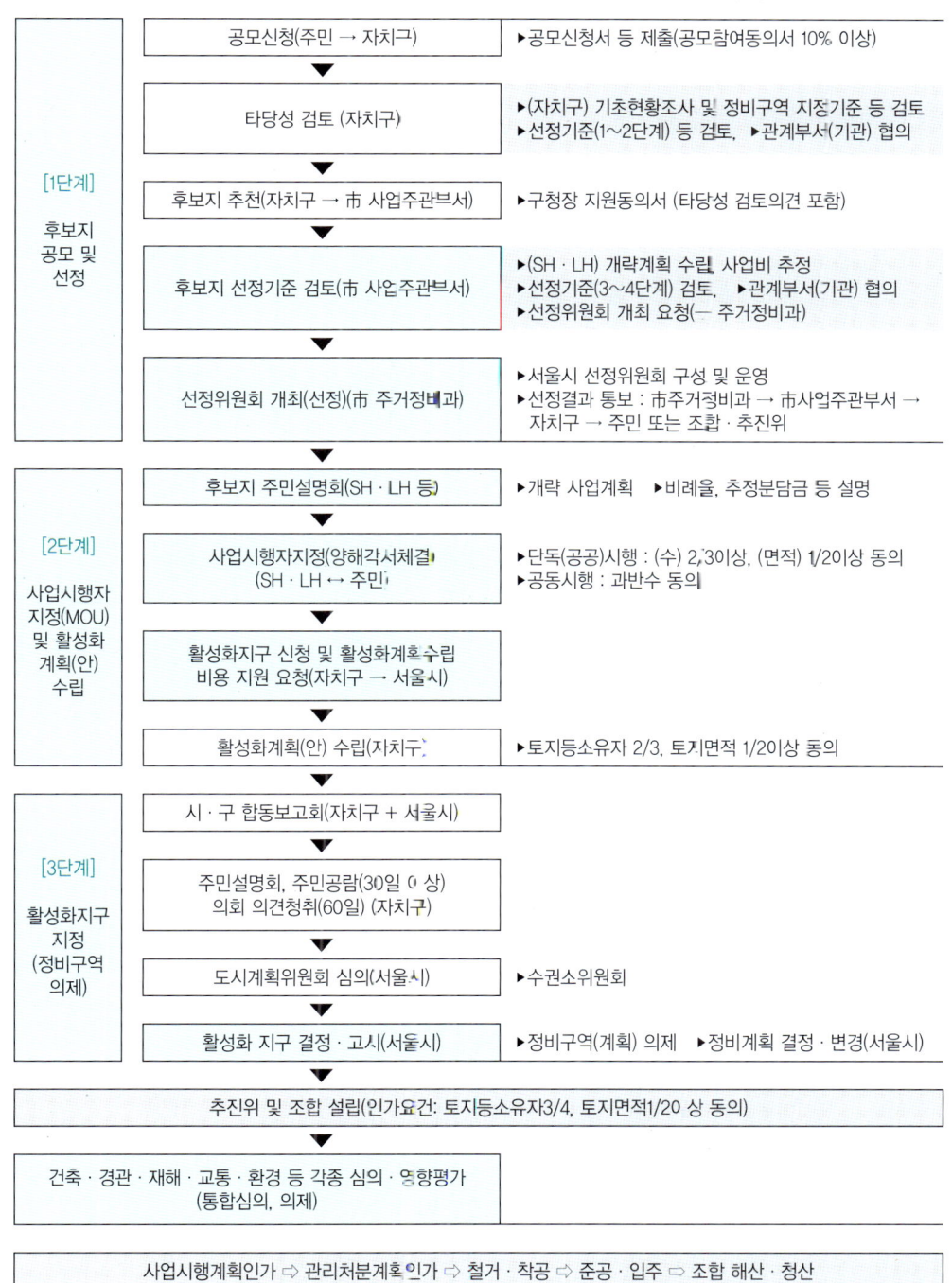

※ 2021.3.24 국토교통위 도시정비법 대안의 '공공재개발사업 예정구역'

- 행위제한 및 권리산정기준일
  1) 도시정비법 제19조제7항에 의한 행위제한
  2) 공공재개발사업 예정구역 내에 분양받을 건축물이 도시정비법 제77조제1항 각 호의 어느 하나에 해당하는 경우에는 같은 법 제77조에도 불구하고 공공재개발사업 예정구역 지정·고시가 있은 날 또는 시·도지사가 투기를 억제하기 위하여 공공재개발사업 예정구역 지정·고시 전에 따로 정하는 날의 다음 날을 기준으로 건축물을 분양받을 권리를 산정한다. 이 경우 시·도지사가 건축물을 분양받을 권리일을 따로 정하는 경우에는 제77조제2항의 절차를 따른다.

2. 공공 직접시행 재개발(재건축)사업의 우선공급 권리산정기준일

1) 공공 직접시행 입안제안 받은 토지주택공사등이 구청장에게 통지하여 고시된 지자체 공보 고시일 또는 시도지사가 공공정비구역 지정 고시 전 따로 정하는 날이 기준일
2) 변경제안의 경우에는 도시정비법 제77조 적용(전에 구역지정된 상태이므로, 종전 법 적용)
3) 공공정비구역의 토지 또는 건축물(공동주택의 경우에는 건축물 및 그 부속토지)의 소유자가 토지의 분할, 소유권의 분할 등 권리변경 행위를 한 경우의 기준일은 2021.2.4

21.2.24 도시정비법 개정 발의안(진성준 등 19인)

제101조의11(우선공급의 원칙 등)
① 공공직접시행자는 토지보상법 제63조제1항[41]에도 불구하고, 공공정비구역 내 기존 토지 또는 건축물(공동주택의 경우에는 건축물 및 그 부속토지를 말한다)을 현물납입하기로 동의한 토지등소유자에 대하여 공공 직접시행 정비사업의 시행으로 건설된 건축물(건축물에 부속된

---

41) 토지보상법 제63조
　제63조(현금보상 등)
　① 손실보상은 다른 법률에 특별한 규정이 있는 경우를 제외하고는 현금으로 지급하여야 한다. 다만, 토지소유자가 원하는 경우로서 사업시행자가 해당 공익사업의 합리적인 토지이용계획과 사업계획 등을 고려하여 토지로 보상이 가능한 경우에는 토지소유자가 받을 보상금 중 본문에 따른 현금 또는 제7항 및 제8항에 따른 채권으로 보상받는 금액을 제외한 부분에 대하여 다음 각 호에서 정하는 기준과 절차에 따라 그 공익사업의 시행으로 조성한 토지로 보상할 수 있다.
　1. 토지로 보상받을 수 있는 자: 건축법 제57조제1항에 따른 대지의 분할 제한 면적 이상의 토지를 사업시행자에게 양도한 자가 된다. 이 경우 대상자가 경합(競合)할 때에는 제7항제2호에 따른 부재부동산(不在不動産) 소유자가 아닌 자로서 제7항에 따라 채권으로 보상을 받는 자에게 우선하여 토지로 보상하며, 그 밖의 우선순위 및 대상자 결정방법 등은 사업시행자가 정하여 공고한다.
　2. 보상하는 토지가격의 산정 기준금액: 다른 법률에 특별한 규정이 있는 경우를 제외하고는 일반 분양가격으로 한다.
　3. 보상기준 등의 공고: 제15조에 따라 보상계획을 공고할 때에 토지로 보상하는 기준을 포함하여 공고하거나 토지로 보상하는 기준을 따로 일간신문에 공고할 것이라는 내용을 포함하여 공고한다.

토지를 포함한다)로 보상(이하 "우선공급")할 수 있다.
② 우선공급 대상자에 대한 우선공급은 1세대 또는 1명이 하나 이상의 주택 또는 토지를 소유한 경우 1주택을 공급하고, 같은 세대에 속하지 아니하는 2명 이상이 1주택 또는 1토지를 공유한 경우에는 1주택간 공급하는 것을 원칙으로 한다.
③ 제1항 및 제2항에 따른 우선공급의 기준 등에 필요한 사항은 대통령령으로 정한다.

아래 부칙에서의 '~~~이후'란 기준이 되는 시점을 포함하여 기산하는 것임.
공공 직접시행방식인 수용방식에서 우선공급의 원칙은 2021.2.5부터 토지 또는 건축물의 신규 매입계약을 한 경우에는 우선공급 신청을 할 수 없음. 이는 제101조의12(우선공급 받을 권리의 산정 기준일)와 연결되는 조문임.

부칙
제2조(공공 직접시행 정비사업 우선공급에 관한 적용례) 제101조의11제1항의 개정규정에 따른 우선공급은 <u>2021년 2월 5일 이후</u> 토지 또는 건축물(공동주택의 경우에는 건축물 및 그 부속토지를 말한다)의 신규 매입계약(매매·증여 그 밖의 권리의 변동을 수반하는 모든 행위를 포함하되, 상속·이혼으로 인한 권리의 변동을 제외한다)으로 공공정비구역 내의 토지 또는 건축물을 소유하게 된 자는 신청할 수 없다.

제101조의12(우선공급 받을 권리의 산정 기준일)
① 공공 직접시행 정비사업에서 제101조의18제1항에 따른 우선공급에 관한 계약을 통해 공급받을 건축물은 제101조의2제2항에 따른 고시가 있은 날 또는 시·도지사가 투기를 억제하기 위하여 공공정비구역 지정·고시 전에 따로 정하는 날(이하 "기준일")의 다음 날을 기준으로 우선공급 받을 권리를 산정한다. 다만, 제101조2제1항에 따라 변경제안을 한 경우에는 제77조제1항의 기준일에 따른다.
② 시·도지사는 제1항에 따라 기준일을 따로 정하는 경우에는 기준일·지정사유·건축물을 우선공급 받을 권리의 산정 기준 등을 해당 지방자치단체의 공보에 고시하여야 한다.

공공 직접시행에서 우선공급 권리산정기준일은 토지등소유자(또는 조합원)의 1/2 이상동의로 입안제안(변경포함)하게 되며, 이 경우 입안제안 받은 토지주택공사등은 해당 구청장에게 통지하여 지자체 공보에 고시하게 됨.

이 고시일이거나 시도지사가 공공정비구역 지정 고시 전 따로 정하는 날이 기준일로 시도지사가 선택하게 됨. 다만 변경제안의 경우에는 도시정비법 제77조의 규정에 따름.
공공정비구역의 토지 또는 건축물(공동주택의 경우에는 건축물 및 그 부속토지)의 소유자가 토지의 분할, 소유권의 분할 등 권리변경 행위를 한 경우 기준일은 2021.2.4

제101조의13(우선공급 신청 등)
① 공공직접시행자는 제101조의6제4항에 따라 공공정비구역의 지정·고시가 있은 후 다음 각 호의 사항을 토지등소유자에게 통지하고, 우선공급의 대상이 되는 대지 또는 건축물의 내역 등 대통령령으로 정하는 사항을 해당 지역에서 발간되는 일간신문에 공고하여야 한다.
  1. 토지등소유자의 종전의 토지 또는 건축물의 명세
  2. 우선공급 신청기간
  3. 그밖에 대통령령으로 정하는 사항
②~⑤ 생략
⑥ 공공직접시행자는 제5항에 따른 협의가 성립되지 아니한 경우에는 그 토지 또는 건축물(공동주택의 경우에는 건축물 및 그 부속토지를 말한다)을 제101조의8제1항에 따라 수용할 수 있다.
⑦ 우선공급 신청자 및 그 세대에 속하는 자는 제4항에 따른 우선공급 대상자 확정일부터 5년 이내에는 투기과열지구의 공공 직접시행 정비사업에 대하여 제2항에 따른 우선공급의 신청 및 대통령령으로 정하는 정비사업의 분양 신청을 할 수 없다. 다만, 상속, 결혼, 이혼으로 우선공급 신청의 자격을 취득한 경우에는 이를 적용하지 아니한다.

도시정비법 제72조제6항(분양신청 제한)과 같이, 우선공급의 경우 관리처분계획 과정 없어 분양대상 선정일이 아닌 '우선공급 대상자 확정일'을 기산점으로 하여 5년 이내에 투기과열지구의 공공 직접시행 정비사업에 대하여 우선공급의 신청 및 대통령령으로 정하는 정비사업의 분양 신청을 할 수 없음.

부 칙
제3조(공공 직접시행 정비사업의 권리의 산정 기준일에 관한 적용례) 공공정비구역의 토지 또는 건축물(공동주택의 경우에는 건축물 및 그 부속토지를 말한다)의 소유자가 토지의 분할, 소유권의 분할 등 권리변경 행위를 한 경우에는 제101조의12의 개정규정에 따른 기준일은 2021년 2월 4일로 본다.

3. 소규모주택정비사업 권리산정기준일 및 분양신청 제한
   1) 소규모재개발사업의 권리산정기준일
   2) 관리지역 가로주택정비사업의 권리산정기준일
   3) 자율주택정비사업의 분양신청 제한(현금청산)

1) 소규모재개발사업의 권리산정기준일
   - 권리산정기준일은 2021.2.4
   - 그 외 제28조의2제1항 각 호에 해당하는 경우, 사업시행예정구역 지정(변경지정 포함)에 대한 지자체 공보 고시일 또는 시도지사가 사업시행예정구역 지정 고시일 전에 따로 정하는 날이 권리산정기준일

2021.2.23 소규모주택정비법 개정안(허영 등 17인)에서 소규모주택정비사업의 종류로 자율주택정비사업, 가로주택정비사업, 소규모재건축사업 외에 소규모재개발사업을 신설함
소규모재개발사업은 25번째 부동산대책에서 역세권, 준공업지역의 5천㎡ 미만의 소규모 지역에서 간소화된 사업 추진 절차로 노후한 지역을 신속하게 정비하여 주거환경 또는 도시환경을 개선하고자 신설된 소규모주택정비사업의 일종임

2021.2.23 소규모주택정비법 개정안(허영 등 17인)

제28조의2(소규모재개발사업의 분양받을 권리의 산정 기준일)
① 소규모재개발사업을 통하여 분양받을 건축물이 다음 각 호의 어느 하나에 해당하는 경우에는 제17조의2제3항에 따른 고시가 있는 날 또는 시·도지사가 투기를 억제하기 위하여 사업시행예정구역 지정 고시 전에 따로 정하는 날(이하 이 조에서 "기준일")의 다음 날을 기준으로 건축물을 분양받을 권리를 산정한다.
   1. 1필지의 토지가 여러 개의 필지로 분할되는 경우
   2. 단독주택 또는 다가구주택이 다세대주택으로 전환되는 경우
   3. 하나의 대지 범위에 속하는 동일인 소유의 토지와 주택 등 건축물을 토지와 주택 등 건축물로 각각 분리하여 소유하는 경우
   4. 나대지에 건축물을 새로 건축하거나 기존 건축물을 철거하고 다세대주택, 그 밖의 공동주택을 건축하여 토지등소유자의 수가 증가하는 경우

② 시·도지사는 제1항에 따라 기준일을 따로 정하는 경우에는 기준일·지정사유·건축물을 분양받을 권리의 산정 기준 등을 해당 지방자치단체의 공보에 고시하여야 한다.

가로주택정비사업의 경우에만 시도 소규모주택정비조례에서 권리산정기준일을 만들어 분양자격을 결정해 왔음.[42]

개정법에서는 소규모재개발사업에 대해 도시정비법과 유사한 토지등소유자 1/4 이상 동의로 구청장에게 사업시행예정구역 지정 제안할 수 있도록 함.

이 경우 구청장은 제안 받은 사업시행예정구역 지정(변경지정 포함)을 지자체 공보에 고시하게 되는데, 이 고시일 또는 시도시자가 사업시행예정구역 지정 고시일 전에 따로 정하는 날을 권리산정기준일로 정할 수 있음

부칙
제1조(시행일) 이 법은 공포 후 3개월이 경과한 날부터 시행한다.
제3조(권리 산정일 적용례)
① 제28조의2제1항에서 정하는 분양받을 권리 산정일은 제17조제3항에 따른 소규모재개발사업을 시행하는 경우, 2021년 2월 4일을 기준으로 산정한다.
② 생략

---

[42] 서울시 빈집 및 소규모주택 정비에 관한 조례[시행 2021.2.19][조례 제7815호, 2020.12.31 일부개정]
제2조(정의)
① 이 조례에서 사용하는 용어의 뜻은 다음과 같다. 〈개정 2020.12.31〉
6. "권리산정기준일"은 소규모주택정비사업으로 인하여 주택 등 건축물을 공급하는 경우 다음 각 목에 정한 날을 말한다.
가. 토지등소유자가 사업시행자인 경우에는 주민합의체 구성을 신고한 날
나. 조합이 사업시행자인 경우에는 조합설립인가일
다. 구청장, 「한국토지주택공사법」에 따라 설립된 한국토지주택공사 또는 「서울특별시 서울주택도시공사 설립 및 운영에 관한 조례」에 따른 서울주택도시공사(이하 "토지주택공사등"이라 한다)등이 사업시행자인 경우에는 법 제18조제2항에 따른 고시일
라. 법 제19조제1항에 따른 지정개발자가 사업시행자로 지정된 경우에는 법 제19조제2항에 따른 고시일

제37조(가로주택정비사업의 분양대상)
② 제1항에도 불구하고 다음 각 호의 어느 하나에 해당하는 경우에는 여러 명의 분양신청자를 1인의 분양대상자로 본다.
1. 단독주택 또는 다가구주택을 권리산정기준일 후 다세대주택으로 전환한 경우
2. 법 제24조제1항제2호에 따라 여러 명의 분양신청자가 1세대에 속하는 경우
3. 1주택 또는 1필지의 토지를 여러 명이 소유하고 있는 경우. 다만, 권리산정기준일 이전부터 공유로 소유한 토지의 지분이 제1항제2호 또는 권리가액이 제1항제3호에 해당하는 경우에는 그러하지 아니하다.
4. 1필지의 토지를 권리산정기준일 후 여러 개의 필지로 분할한 경우
5. 하나의 대지범위 안에 속하는 동일인 소유의 토지와 주택을 건축물 준공 이후 토지와 건축물로 각각 분리하여 소유하는 경우. 다만, 권리산정기준일 이전부터 소유한 토지의 면적이 90제곱미터 이상인 자는 그러하지 아니한다.
6. 권리산정기준일 후 나대지에 건축물을 새로이 건축하거나 기존 건축물을 철거하고 다세대주택, 그 밖에 공동주택을 건축하여 토지등소유자가 증가되는 경우

2) 관리지역의 가로주택정비사업 권리산정기준일
    - 관리구역 수용방식의 가로주택정비사업의 권리산정기준일은 2021.2.4

2021.2.23 소규모주택정비법 개정안(허영 등 17인)

제43조의5(소규모주택정비 관리계획 승인·고시의 효력 등) ①~④ 생략
⑤ 관리지역에서 소규모주택정비사업의 시행으로 분양받을 건축물이 다음 각 호의 어느 하나에 해당하는 경우에는 제43조의4제2항에 따른 관리계획의 고시가 있는 날 또는 시·도지사가 투기를 억제하기 위하여 관리계획 승인·고시 전에 따로 정하는 날(이하 이 조에서 "기준일")의 다음 날을 기준으로 건축물을 분양받을 권리를 산정한다. 이 경우 시·도지사가 기준일을 따로 정하는 경우에는 기준일·지정사유·건축물을 분양받을 권리의 산정기준 등을 해당 지방자치단체의 공보에 고시하여야 한다.
  1. 1필지의 토지가 여러 개의 필지로 분할되는 경우
  2. 단독주택 또는 다가구주택이 다세대주택으로 전환되는 경우
  3. 하나의 대지 범위에 속하는 동일인 소유의 토지와 주택 등 건축물을 토지와 주택 등 건축물로 각각 분리하여 소유하는 경우
  4. 나대지에 건축물을 새로 건축하거나 기존 건축물을 철거하고 다세대주택, 그 밖의 공동주택을 건축하여 토지등소유자의 수가 증가하는 경우

구청장, 토지주택공사등은 노후·불량건축물의 밀집 등 조건을 갖춘 지역에 대하여 소규모주택정비 관리계획을 수립하여 시·도지사에게 제안 가능한데, 이 관리구역에서 수용방식의 가로주택정비사업의 권리산정기준일은 2021.2.4임.

부칙
제1조(시행일) 이 법은 공포 후 3개월이 경과한 날부터 시행한다.
제3조(권리 산정일 적용례)
② 제43조의5제5항에서 정하는 분양받을 권리 산정일은 제35조의2제2항에 따른 가로주택정비사업을 시행하는 경우, 2021년 2월 4일을 기준으로 산정한다.

3) 자율주택정비사업의 분양신청 제한(현금청산)
  - 투기과열지구에서 "주민합의체 구성의 신고 후" 건축물등 양수인은 현금청산

2021.2.23 소규모주택정비법 개정안(허영 등 17인)

제22조(주민합의체의 구성 등) ①, ② 생략
③ 관리지역에서 시행하는 자율주택정비사업의 경우에는 제1항제1호에도 불구하고 토지등소유자의 8/10 이상 및 토지면적의 2/3 이상의 토지소유자 동의(국·공유지가 포함된 경우에는 해당 토지의 관리청이 해당 토지를 사업시행자에게 매각하거나 양여할 것을 확인한 서류를 시장·군수등에게 제출하는 경우에는 동의한 것으로 본다)를 받아 주민합의체를 구성할 수 있으며, 동의를 받지 못한 토지 또는 건축물이 제35조제1항제1호에 따른 매도청구 대상에 해당하는 경우에는 해당 토지 또는 건축물 소유자를 포함하여 주민합의체를 구성할 수 있다.
④ 사업시행구역의 공동주택은 각 동(복리시설의 경우에는 주택단지의 복리시설 전체를 하나의 동으로 본다)별 구분소유자의 과반수 동의(공동주택의 각 동별 구분소유자가 5명 이하인 경우는 제외한다)를, 그 외의 토지 또는 건축물은 해당 토지 또는 건축물이 소재하는 전체 토지면적의 1/2 이상의 토지소유자 동의를 받아야 한다.
⑤ 토지등소유자는 주민합의체를 구성하는 경우 토지등소유자 전원의 합의(제2항 및 제3항에 따라 주민합의체를 구성하는 경우에는 토지등소유자의 8/10 이상 및 토지면적의 2/3 이상의 토지소유자 동의를 말함)로 주민합의체 대표자를 선임하고 국토부령으로 정하는 바에 따라 주민합의서를 작성하여 시장·군수등에게 신고하여야 한다.
⑥ 생략
⑦ 주민합의체 대표자는 제5항에 따라 신고한 사항을 변경하는 경우에는 국토부령으로 정하는 바에 따라 변경신고를 하여야 한다. 다만, 대통령령으로 정하는 경미한 사항을 변경하는 경우에는 그러하지 아니하다.
⑧ 생략
⑨ 제1항부터 제5항까지, 제7항 및 제8항에 따른 토지등소유자에 대한 동의를 받는 경우에 여러 명이 토지 또는 건축물을 공유한 때 등에는 제24조제1항을 준용하여 그 여러 명을 대표하는 1명을 토지등소유자로 본다. 이 경우 "조합설립인가"는 "주민합의체 구성의 신고"로 본다.
⑩ 투기과열지구로 지정된 지역에서 자율주택정비사업을 시행하는 경우 제24조제2항을 준용하여 주민합의체 구성의 신고 후 해당 사업의 건축물 또는 토지를 양수한 자(제24조제2항

각 호의 어느 하나에 해당하는 경우 그 양도인으로부터 그 토지와 주택 등 건축물을 양수한 경우는 제외한다)는 제7항에도 불구하고 토지등소유자가 될 수 없다.

위 제10항은 도시정비법 제72조제6항에 해당하는 분양신청 제한(현금청산)규정으로 기준일은 관리처분계획인가에 따른 분양대상자 선정일이 아닌 주민합의체 구성 신고일임.

부칙
제1조(시행일) 이 법은 공포 후 3개월이 경과한 날부터 시행한다.

4. 도심 공공주택 복합지구사업(서울역 쪽방촌 개발) 관련, 우선공급기준일

- 서울역 쪽방촌 등 도심공공주택 복합지구사업의 우선공급(현물보상) 기준일은 2021.2.4

2021.2.24 공공주택특별법 개정안(김교흥 등 22인)

제40조의11(토지등의 수용 등)
① 공공주택사업자는 복합지구의 조성을 위하여 필요한 경우에는 토지등을 수용 또는 사용할 수 있다.
② 복합지구를 지정하여 고시한 때에는 토지보상법 제20조제1항 및 같은 법 제22조에 따른 사업인정 및 사업인정의 고시가 있는 것으로 본다.
③ 공공주택사업자는 토지등소유자가 토지보상법에 따른 협의에 응하여 그가 소유하는 복합지구 내 토지등의 전부를 사업시행자에게 양도하는 경우로서 토지등소유자가 원하는 경우에는 사업시행으로 건설되는 건축물(건축물에 부속된 토지를 포함한다)로 보상(이하 "현물보상")할 수 있다. 이 경우 현물보상으로 공급하는 주택은 「주택법」 제2조제6호에 따른 국민주택규모를 초과하는 경우에도 제2조제1호에 따른 공공주택으로 본다.
④ 제3항에 따라 현물보상을 받기로 결정된 권리는 그 보상계약의 체결일부터 소유권이전등기를 마칠 때까지 전매할 수 없으며, 이를 위반할 때에는 공공주택사업자는 현물보상하기로 한 보상금을 현금으로 보상할 수 있다.
⑤ 제1항에 따른 토지등의 수용 또는 사용에 관하여 이 법에 특별한 규정이 있는 것을 제외하고는 토지보상법을 적용한다. 다만, 복합사업의 시행에 따른 손실보상의 기준 및 절차는 대통령령으로 정할 수 있다.
⑥ 제3항부터 제5항까지에서 규정한 사항 외에 현물보상에 필요한 사항은 대통령령으로 정한다. 〈신설 2021.2.24〉

도심 주택에 대한 수요 증가세가 더해지며 도시민들의 전반적인 주거비 부담이 증가하고 있어 공공주택사업에 도심공공주택 복합사업을 신설함
또한 이를 위해 "도심 공공주택 복합지구"를 신설하여 도심 내 공공주택과 상업, 산업시설 등을 복합하여 조성하는 거점으로 제40조의8제1항에 따라 지정·고시하는 지구로 하고 주택비율은 대통령령으로 정하도록 함.

부 칙

제1조(시행일) 이 법은 공포 후 3개월이 경과한 날부터 시행한다.

제2조(도심 공공주택 복합사업에 관한 규정의 유효기간) 제2조제2호의2・제3호, 제4조, 제33조, 제34조 및 제40조의7부터 제40조의14까지의 개정규정은 이 법 시행 후 3년까지 효력을 갖는다.

제3조(도심 공공주택 복합사업에 관한 규정의 유효기간 이후의 경과조치) 부칙 제2조에 따른 유효기간 중에 제40조의7의 개정규정에 따라 복합지구의 지정・변경에 관한 주민 등의 의견청취를 위해 공고한 경우에는 유효기간이 지난 후에도 이 법 제40조의7부터 제40조의14까지의 개정규정을 적용한다.

제4조(토지등소유자에 대한 현물보상에 관한 적용례) 제40조의11제3항의 개정규정에 따른 건축물로 보상을 받기로 한 권리는 2021년 2월 5일부터 매매 계약 등(매매, 증여, 그 밖의 권리의 변동을 수반하는 모든 행위를 포함하되, 상속・이혼으로 인한 권리의 변동은 제외한다)을 체결하여 소유한 자에게는 적용하지 아니한다.

제5조(다른 법률의 개정) 생략

참고문헌

- 2018 재건축 재개발 투자지도 (2018 전연규 저)
- 「도시 및 주거환경정비조례 조문해설」 (2014.8.14 전연규 저)
- 「재개발, 재건축사업에서 알려지지 않은 18가지 비법」 (2011.3.30 전연규, 황서윤 공저)
- 서울특별시, 대전, 부산, 인천, 광주, 대구, 울산광역시, 경기도, 수원시의회: 도시정비조례 개정 검토(심사)보고서 참조

재개발·재건축, 가로주택·소규모 재건축사업, 도시개발사업의 파트너

법무사법인 기린 麒麟 Est. 1999

정비업계 최고의 Manpower를 소개합니다.

법무사법인 기린은 재건축, 재개발, 도시재생 전문가이면서 각 분야의 권위자들로 구성되어 있습니다.
가로주택과 소규모 재건축사업은 신지식과 정보의 사업입니다.
우리에겐 새로운 특례법에 의한 가로주택, 소규모 재건축사업의 조합정관과 바뀐 관리처분기준을 가지고 여러분들의 사업을 성공으로 이끌겠습니다.

대표 법무사(검찰80) 전연규 ─ 도시정비법의 전설
- 서울시 토목직, 20년 경력의 검찰 특수부 출신 검찰수사관
- 사단법인 한국도시개발연구포럼 이사장
- 도시정비법 조문 해설 등 10여권 저술 및 인터넷 무료강의
- 서울대, 건국대, 대한법무사협회에서 재건축·재개발 실무 강의
- 도시개발신문 도시재생전문가과정 대표강사
- 국회입법지원위원 등 사회활동 10여 건
- 제1회 도시정비사업인 대상 수상

소속 법무사 김찬준
- 성균관대학교 대학원
- 법원행정처 법정심의관(등기, 호적, 공탁)
- 서울북부, 서울동부 사무국장, 서울행정법원 사무국장
- 법무법인(유) 세종(송무국장, 사무국장)

구성원 법무사(23회) 박정섭
- LBA부동산법률중개사
- 도시정비사
- 부동산권리분석사, 부동산경매분석사

구성원 법무사(21회) 오민철
- 대한법률구조공단 속초출장소, 대구지부 근무
- 가압류·가처분·명도 전문 법무사

법무사법인 기린 서울특별시 강남구 테헤란로 322, 동관 901호 (역삼동, 한신인터밸리24) **대표전화 02)2183-2855 팩스 02)2183-2865**

양팔석

(주)부성 대표
- 부자아빠부동산연구소
- 모두가부동산중개법인

명지대 부동산대학원 석사 졸업
부동산미디어협회 대표
서울 수도권 핵심 발전지역 투자 및 시행
수십년의 재개발 재건축 투자경력 및 상담
부동산 방송 다수 출연
RTN, MTN, 매일경제, 서울경제, 아시아경제 등

"부동산으로 성공하기!"

"대한민국 마지막 투자처 도시재생 저자"

부자아빠 카카오톡 친구추가!

www.bu-sung.com

소규모주택개발의 선두주자!

가로주택 정비사업, 지주공동사업
소규모 재건축등 **문의 환영**

문의 : **02-545-1140**